Kohlhammer

ETHIK AKTUELL
Herausgeber Anselm Winfried Müller,
Forschungsstelle für aktuelle Fragen der Ethik,
Universität Trier

Auf dem Hintergrund der öffentlichen Diskussion behandelt die Reihe ETHIK AKTUELL Fragen der Ethik, die jeden betreffen. Jeder Band der Reihe ist einem klar umrissenen Thema gewidmet und fragt nach Maßstäben für einen zentralen Bereich des individuellen oder sozialen Lebens. Es werden Tendenzen unserer gegenwärtigen gesellschaftlichen Praxis beleuchtet, moralphilosophische Positionen diskutiert und Antworten argumentativ entwickelt. Das ergänzende Gespräch mit einer Persönlichkeit des öffentlichen Lebens unterstreicht den Bezug des jeweiligen Themas zur gesellschaftlichen Wirklichkeit.

Band 3

Anselm Winfried Müller

Tötung auf Verlangen – Wohltat oder Untat?

Verlag W. Kohlhammer
Stuttgart Berlin Köln

Die Deutsche Bibliothek – CIP-Einheitsaufnahme

Müller, Anselm Winfried:
Tötung auf Verlangen – Wohltat oder Untat? / Anselm Winfried
Müller. - Stuttgart ; Berlin ; Köln : Kohlhammer, 1997
(Ethik aktuell ; Bd. 3)
ISBN 3-17-015110-X

Inhaltsverzeichnis

Vorwort

Das Euthanasie-Problem, das seit einigen Jahrzehnten am Rande
der öffentlichen Diskussion behandelt wird und durch Anlässe
wie die »Singer-Affäre« an Interesse gewonnen hat, wird unserer
Gesellschaft in den kommenden Jahren nicht erspart bleiben:
Wie halten wir es mit der moralischen und gesetzlichen Ablehnung der Tötung von Menschen? Dulden bzw. wünschen wir
Ausnahmen? Unter welchen Bedingungen darf oder soll man
einen behinderten Säugling, einen Apalliker, einen schwer leidenden Kranken töten oder sterben lassen?

Sehr ernste Gründe sprechen dafür, Erwägungen dieser Art
überhaupt nicht zu diskutieren (vgl. 1.1). Sobald jedoch aus Erwägungen unversehens öffentliche Maßstäbe und anerkannte
Praktiken zu werden drohen, ist es höchste Zeit, sich mit ihnen
auseinanderzusetzen. Genau in dieser Lage befinden wir uns inzwischen. Der Bevölkerung nämlich kommt immer deutlicher
zum Bewußtsein, wie sich die *Alterspyramide* unserer Gesellschaft auf Erwirtschaftung und Verteilung von öffentlichen Mitteln und Versicherungsgeldern auswirkt. Gleichzeitig klagt man
im Namen individueller *Autonomie* ein Recht auf Sterbehilfe ein.

So geraten öffentliche Meinung und Gesetzgebung unter doppelten Druck, einen Spielraum für *Tötung auf Verlangen* zu
schaffen - einen Spielraum, der geeignet ist, zugleich einen Sog zu
bewirken. Denn wo ein *Recht* besteht, sich töten zu lassen, werden die beschriebenen Umstände bald auch für ein Gefühl der
Verpflichtung sorgen. Und am erforderlichen »Verlangen« werden interessierte Personen und Instanzen es nicht fehlen lassen,
wenn sich erst einmal herumgesprochen hat, daß in verschiedenen Hinsichten Wohltat sein kann, was Untat schien.

Ziel dieses Buches ist es aber nicht, mit düsteren Zukunftsvi-
sionen zu drohen, sondern die angedeuteten gesellschaftlichen
und rechtlichen Gefahren an ihrer *individuellen* und *ethischen*
Wurzel zu packen. Es geht um ein begründetes Verständnis des
Wertes menschlichen Lebens überhaupt; um die moralische
Grenze zwischen Wohltat und Untat im Umgang mit dem

Wunsch eines Menschen zu sterben; und, wo der Gang der Untersuchung dies nahelegt, um benachbarte Themen wie Abtreibung, Früh-Euthanasie und Selbstmord.

Unter dem Einfluß von Talk-Shows und sonstiger öffentlicher Diskussion sind wir an Einerseits und Andererseits, an das Für und Wider der Positionen gewöhnt. Solche Offenheit für die Vielfalt einander widerstreitender Meinungen ist grundsätzlich wünschenswert. Allerdings nicht, weil sie beweist, daß wir alles und jedes tolerieren, oder weil geistvolle Scharmützel um eine Frage, an deren objektive Beantwortbarkeit ein aufgeklärter Zeitgenosse ohnehin nicht glaubt, doch immerhin Punktgewinne beim Publikum erlauben; sondern deshalb, weil argumentative Auseinandersetzung uns helfen kann, der Wahrheit und einer vertretbaren Praxis näherzukommen.

In der Überzeugung, daß dies möglich ist, lege ich ein Buch vor, das nicht bei der Präsentation von Gesichtspunkten und Auffassungen stehenbleibt. Ich versuche, einen Standpunkt zu gewinnen, von dem aus sich Fragen im Umkreis des Themas *Tötung auf Verlangen* tatsächlich beantworten lassen, und diesen Standpunkt gegen haarsträubende »Moral-Reformen« und gegen gängige Kompromisse zu verteidigen und mit Argumenten zu stützen.

Kritische Beobachtungen und Korrekturvorschläge verdanke ich Guido Koch, Michael Reuter, Dr. Amos Schmidt, Dipl.-Psych. Martin Wallroth, dem Verlagslektor Jürgen Schneider und meiner Frau Dr. Yung-Yae Han. Gespräche mit Dr. Franz-Josef Tentrup, dem Chefarzt einer Trierer Palliativstation, haben meinen Vorstellungen von der medizinischen Wirklichkeit nachgeholfen. Ein besonderer Dank gilt Frau Bundesministerin a.D. Professorin Dr. Dr. h.c. Ursula Lehr für ihren Beitrag aus der Perspektive der Altersforschung und der Politik; das Gespräch mit ihr wurde im Februar dieses Jahres geführt und in der für Kapitel 3 redigierten Fassung von ihr autorisiert. Schließlich bedanke ich mich beim Geschäftsführenden Vorstand der Caritas Träger-Gesellschaft Trier e.V., Herrn RA Hans-Joachim Doerfert, der das Erscheinen dieses Buches in der Reihe *Ethik aktuell* bereitwillig durch einen Druckkostenzuschuß ermöglicht hat.

Trier, im August 1997   Anselm Winfried Müller

1 Diskussionsbedarf und Begründungsnot

1.1 Besser keine Kontroverse?

Tötung auf Verlangen ist, zumindest in Deutschland, als Gesprächsthema relativ wenig präsent - anders als das Thema Abtreibung, das in den letzten Jahrzehnten wie kaum ein anderes unsere Gesellschaft immer wieder bewegt hat.

Vor allem im Umkreis von Reformen des § 218 wurde und wird nicht nur öffentlich, sondern auch privat ausgiebig über Abtreibung diskutiert und für oder auch gegen ihre gesetzliche Zulassung demonstriert. Und zwar nicht lediglich von Menschen, die unmittelbar als Mütter, Väter, Ärztinnen und Ärzte oder auch nur mittelbar betroffen wären. Auch viele andere machen sich zu Anwälten des Rechts der Frau auf Selbstbestimmung oder erklären andererseits, für die nicht redefähigen Hauptbetroffenen einzutreten.

Euthanasie ist nun ein Thema, das wirklich jeden zu betreffen scheint. Kann nicht jeder durch Unfall oder unheilbare leidvolle Krankheit in eine Lage geraten, in der er selbst oder andere vor der Frage stehen, ob sein Leben noch einen Wert habe und ob es nicht das beste wäre, wenn ein Arzt ihm ein sanftes Ende bereitete? Gleichwohl betrachten anscheinend Menschen, die für sich selbst Euthanasie in Betracht ziehen, ihre Einstellung meist als Privatsache. Dementsprechend fühlen sich die anderen kaum beunruhigt oder zur Stellungnahme herausgefordert, zumal sie das Gesetz auf ihrer Seite haben. Die Werbung für Euthanasie ist einigermaßen unaufdringlich, öffentliche Debatten über das Thema sind immer noch relativ selten. Spektakuläre Ereignisse wie die Angriffe auf Peter Singer, Nachrichten aus den Niederlanden oder Ermittlungen gegen tötungsbereite Krankenschwestern in Wuppertal und Wien sind die Ausnahme und hinterlassen kaum Spuren - jedenfalls keine leicht greifbaren Spuren.

Man könnte nun die Meinung vertreten, das sei gut so: eine öffentliche Diskussion über Euthanasie sei hierzulande durchaus unangebracht. Für diese Meinung scheinen zwei Argumente zu sprechen.

Den Anfängen wehren - aber wie?

Das *erste Argument* besteht in einem Hinweis auf die Geschichte: In Deutschland ist man der Euthanasie-Diskussion gegenüber ja nicht ohne Grund zurückhaltend. Wir haben unsere Erfahrung mit dem Mißbrauch der Medizin unter nationalsozialistischer Herrschaft gemacht. Wir wissen, was schließlich dabei herauskommt, wenn man erst einmal einen Anfang macht. Wir brauchen keine Diskussion.

Dagegen läßt sich aber sagen: Gerade wenn es »den Anfängen zu wehren« gilt, sollte man scharf hinblicken, um sie als Anfänge wahrzunehmen und beim Namen zu nennen; man muß ihnen in offener Diskussion entgegentreten. Bei Leo Alexander liest man: »Es begann mit der Auffassung, die in der Euthanasiebewegung grundlegend ist, daß es so etwas wie Leben gebe, das nicht lebenswert sei. Im Frühstadium betraf das nur die schwer chronisch Kranken. Nach und nach wurden zu dieser Kategorie die sozial Unproduktiven, die ideologisch Unerwünschten, die rassisch Unerwünschten und schließlich alle Nicht-Deutschen gerechnet. Entscheidend ist freilich, sich klar zu machen, daß die Haltung gegenüber den unheilbar Kranken der unendlich kleine Auslöser für einen totalen Gesinnungswandel war.«

Wenn das richtig ist, scheint eine öffentliche Aufmerksamkeit auf die heutigen »Auslöser« doch vonnöten zu sein. Im Dritten Reich praktizierte man zugunsten einer vermeintlichen Verbesserung der Erbbeschaffenheit des Volkes ein Programm der Eugenik. Heute denken wir wohl kaum an die Reinheit der Rasse, um so mehr aber an die Sanierung der kollektiven Kasse. In manchen Ländern werden teure Behandlungen schon nach Gesichtspunkten des Alters rationiert. Wäre Euthanasie an ohnehin todgeweihten Menschen nicht eine bequeme Weise, ohne Verlust an gesamtgesellschaftlicher Lebensqualität, ja sogar mit Gewinn für das Gemeinwohl, Krankheitskosten zu senken? Solche Überlegungen liegen nahe, werden insgeheim angestellt und harmonieren zwanglos mit Forderungen nach der Möglichkeit »humanen Sterbens«. Sollen wir sie ihrer eigenen Dynamik überlassen?

Gegen die Auffassung, eine öffentliche Diskussion der Euthanasie sei angesichts der Erfahrungen der deutschen Geschichte unangebracht, wird freilich noch aus einer ganz anderen Richtung argumentiert. Zum Beispiel von Singer. Bei der Diskussion um Euthanasie, so lautet seine Gegenthese, muß es heute um die Möglichkeit gehen, einem Menschen, für den das Weiterleben keinen Wert mehr hätte, zum Tod zu verhelfen. Das aber hat angeblich weder mit den Motiven der Greueltaten des Dritten Reiches noch mit einem gesellschaftlichen Interesse an der Befreiung von finanziellen Lasten zu tun.

Dieses Plädoyer für eine Diskussion des Themas Euthanasie in der deutschen Öffentlichkeit mag problematische Annahmen enthalten. Gerade darin aber sollte ein Gegner dieser Annahmen womöglich einen Grund sehen, sich auf die Auseinandersetzung einzulassen. Bevor ich diese Überlegung aufgreife, werde ich zunächst ein weiteres Argument für die Auffassung prüfen, eine öffentliche Diskussion sei nicht wünschenswert.

Grundlagen begründen?

Das *zweite Argument* geht davon aus, daß die Ablehnung der Euthanasie ein ganz *fundamentaler* Bestandteil unserer Moral ist: Weder der Todeswunsch noch Siechtum oder Schmerzen eines Menschen scheinen gute Gründe zu sein, eine Ausnahme vom Tötungsverbot zu reklamieren und ihn umzubringen. Welche Überlegungen könnten eine derartige Überzeugung *begründen* oder *widerlegen*? Um ihre Aufgabe zu erfüllen, müßten die Argumente ja noch *gewisser* sein als die Überzeugung selbst. Es scheint aber, daß wir umgekehrt Argumente in diesem Themenbereich eher daran messen, ob sie mit der schon feststehenden Ablehnung der Euthanasie im Einklang stehen. Wer diese fundamentale Ablehnung dem Hin und Her der Debatte aussetzt, zieht Wurzeln unserer sittlichen Orientierung aus dem Boden, um nachzusehen, ob sie auch gesund sind.

Nach dieser Auffassung hätten weder Argumente für noch Argumente gegen Euthanasie eine Aufgabe zu erfüllen: »Begründungen« unserer Ablehnung würden dieser Einstellung keine zusätzliche Sicherheit bescheren. Und von einer »Widerlegung« unserer Überzeugung, also von einer Verteidigung der Euthanasie, müßten wir genauso wenig Notiz nehmen wie von einer Verteidigung der Sklaverei oder öffentlicher Gladiatorenkämpfe.

Eine Euthanasie-Debatte wäre aus dieser Perspektive nicht nur unnötig: sie könnte sogar schädlich sein, indem sie eine Unsicherheit hervorriefe, die sie nicht mehr beseitigen könnte. Denn - so diese Auffassung - auch Argumente, die eine moralische Überzeugung nicht wirklich widerlegen, können diese doch aufweichen, indem sie auf schwache Gemüter wie Propaganda wirken: durch unbemerkten Appell an unbemerkte Motive.

Außerdem ist damit zu rechnen, daß bereits die Tatsache einer öffentlichen Diskussion den Eindruck erweckt, *Vernunft verlange*, daß man die eigene Einstellung zur Euthanasie in Frage stelle und dann an das Ergebnis der Auseinandersetzung binde. Insbesondere Euthanasie-Befürworter treten, wie sich noch zeigen wird, häufig mit dem Anspruch auf, im Namen von Rationalität und wissenschaftlicher Konsequenz zu argumentieren. Ein solcher Anspruch beeindruckt viele Zeitgenossen. Sie fragen nicht, ob es tatsächlich *vernünftig* ist, eine *grundlegende moralische Einstellung* wie die Ablehnung der Euthanasie auf den Ausgang einer argumentativen Kontroverse stützen zu wollen - würde diese auch von noch so renommierten Philosophen und Wissenschaftlern ausgetragen.

Wer auch nur für unmoralische *Ideen* eintritt, könnte man ferner sagen, *handelt* nun einmal unmoralisch (1.2). Daher sollten wir gar nicht daran denken, den Vertretern solcher Ideen die Ehre anzutun, uns auf die Diskussion mit ihnen einzulassen - auf eine Diskussion, die den Anschein erwecken kann, wir stellten die eigene Position zur Disposition. Franz Christoph lehnt in diesem Sinne die Euthanasie-Debatte mit der Begründung ab, erst sie erwecke den Eindruck, die Tötung Behinderter komme als echte Alternative zur Achtung ihres Rechts auf Leben in Betracht.

Ist also die deutsche Zurückhaltung gegenüber dem Thema Euthanasie nicht zu begrüßen? - Ich denke, die skizzierten Gesichtspunkte des zweiten Arguments gegen Euthanasie-Debatten kann man grundsätzlich teilen. Zweifellos können Begründungen (und Widerlegungen) im strengen Sinn nicht hinter unsere faktisch grundlegenden Überzeugungen zurückgehen. Theoretisch nämlich läßt sich die Frage »Warum?« nach jeder Antwort, die gegeben wird, von neuem stellen. Eine Letztbegründung kann es also nicht geben. *Die Basis, die wir für unser Argumentieren brauchen, besteht in grundlegenden Überzeugungen, in denen wir weitgehend übereinstimmen, weil sie als selbstverständliche Elemente in unsere gemeinsamen Lebensformen verwoben sind.*

Das gilt für die Ethik genauso wie für die Wissenschaften und überhaupt für alle Bereiche der Suche nach Erkenntnis. Ohne fraglose Selbstverständlichkeiten gibt es keine Verständigung und keine Diskussion, kein »wir« als unerläßliches Subjekt übereinstimmender Ausgangspunkte und nachvollziehbarer Schritte des Überlegens und der Kontroverse. Und für viele gehört die Überzeugung, die absichtliche Tötung eines Unschuldigen sei niemals zulässig, in diesem Sinne zu den fraglosen Grundüberzeugungen der Moral. (Die hier vertretene Auffassung verteidige ich in Kapitel 5 von Band 1 dieser Reihe: *Ende der Moral?*, 1995; sowie in dem Aufsatz »Totale Toleranz in Sachen Singer?«, *Zeitschrift für philosophische Forschung* 1997, Heft 3.)

Unaufhaltsame Thematisierung

Indessen werden die Gesichtspunkte des zweiten Arguments der heutigen Situation nur teilweise gerecht. Die nämlich ist dadurch gekennzeichnet, daß die öffentliche Diskussion um die moralische und rechtliche Erlaubtheit von Euthanasie zwar nicht verbreitet, aber doch *bereits im Gange* ist.

Das mag man aus moralischen Gründen bedauern. Ebenso, wie wir eine Diskussion darüber bedauern würden, ob sexueller

Umgang mit Kindern nicht doch ganz in Ordnung sei. *Wenn aber diese Frage erst einmal im Ernst gestellt würde? Wenn sich eines Tages genügend Stimmen meldeten, die öffentlich für die mutige Überwindung des »letzten irrationalen Tabus« oder für die »immer noch von Erwachsenen aufgehaltene sexuelle Emanzipation der Kleinen« plädierten?*

Es ist gar nicht zu verhindern, daß das Thema Euthanasie im Lauf der Zeit auch in Deutschland die Barrieren überwinden wird, die ihm unsere Erinnerung an die NS-Verbrechen noch entgegenstellt; daß also die Diskussion der Euthanasie aus philosophischen, medizinischen und juristischen Fachzeitschriften zunehmend in Publikationen für ein breiteres Publikum sowie in Talk-Shows usw. einwandert. Bücher zu diesem Thema sind ohnehin seit geraumer Zeit auf dem Markt, inzwischen auch popularisierende wie *Menschenwürdig sterben* von Walter Jens und Hans Küng (München 1995). Zudem ist die baldige politische Diskussion des Themas wohl unvermeidlich, da in absehbarer Zeit mit einer Euthanasie-Gesetzgebung für die ganze Europäische Union zu rechnen ist.

1.2 Ethische Argumentation

Ob jedoch die Philosophie in der öffentlichen Diskussion etwas auszurichten vermag? Nun, der Verlauf von öffentlichen Diskussionen spricht eher dafür. So haben z.B. moralphilosophische Erörterungen der atomaren Abschreckung gewisse Kreise der Friedensbewegung inspiriert, und die Friedensbewegung ist nicht ohne Einfluß auf die Politik geblieben. Utilitaristische und bioethische Argumente finden schon seit langem in medizinische und juristische Publikationen zu Euthanasie und Abtreibung Eingang und schlagen sich allmählich auch in der öffentlichen Diskussion dieser Themen nieder.

Die Frage sollte vielleicht eher lauten: *In welcher Richtung* wird die Philosophie die Euthanasie-Debatte, die Bildung der öffentlichen Meinung und die Gesetzgebung beeinflussen?

Grenzen und Chancen

Die Antwort auf diese Frage wird u.a. davon abhängen, welche philosophischen Positionen direkt oder indirekt in breiteren Kreisen rezipiert werden. Das wiederum wird nicht ausschließlich an der Qualität der jeweiligen Argumente liegen, sondern u.a. auch an der Voreinstellung und an der Urteilsfähigkeit des

Publikums; und nicht zuletzt daran, ob man vor dem blendenden Schein der Einfachheit, der Rationalität und der Wissenschaftlichkeit auf der Hut ist, den gerade die philosophische Kritik überkommener Vorstellungen häufig verbreitet. (Ein gewisses Maß an Blendschutz sollen die Kapitel 4 bis 7 gewähren.) Im übrigen lebt jede praktisch gemeinte moralphilosophische Argumentation vom Vertrauen darauf, daß sie auf eine *Vernunft* trifft, die sich - als Tendenz zur Wahrheit in uns allen - auf Dauer selbst korrigiert; und daß diese Vernunft - als Impuls zur Lebens- und Weltgestaltung - unweigerlich in Fühlen und Handeln der Menschen ebenso wie in ihre Institutionen einfließt.

Die empfohlene Vorsicht betrifft auch den Anschein, Philosophen seien besonders kompetent, moralisch zu urteilen. Die Moral ist jedermanns Sache. Insbesondere haben Philosophen, wie bereits gesagt, am Ausgangspunkt der Debatte - wo es um nicht weiter begründbare, fraglose Überzeugungen geht - keinen Vorsprung vor anderen. Und natürlich haben sie auch keine besondere moralische Autorität von der Art, wie eine Kirche sie für ihre Mitglieder beanspruchen mag. - Wozu dann aber praktische Philosophie? Wozu ein Buch über Euthanasie?

Nun, was Philosophen in die moralische Reflexion einbringen, ist vor allem eine gewisse *Übung* darin, Begriffe zu verdeutlichen, in scheinbar problemlosen Zusammenhängen Probleme zu sehen, Argumente und Gegenargumente zu prüfen, sich Vergleiche und Gegenbeispiele einfallen zu lassen, Konsequenzen zu ziehen und (hoffentlich) zu erkennen, wo Analysen und Begründungen zu enden haben. Auch Nicht-Philosophen können die Schritte mitgehen, die hier jeweils weiterführen. Freilich setzt das gemeinsame Gehen voraus, daß man *ganz grundlegende Überzeugungen teilt*, von denen die vorgetragenen Überlegungen und Argumente *ausgehen*. Doch wo es wirklich *daran* fehlt, liegt das nicht an einem Unterschied der philosophischen Kompetenz, sondern an tiefer liegenden Differenzen in Lebensform und Selbstverständnis.

Es hat sich gezeigt, daß gerade aus der Perspektive des zweiten Argumentes *gegen* eine öffentliche Euthanasie-Diskussion die *Beteiligung* an der bereits *begonnenen* Debatte sinnvoll und sogar notwendig ist, um denjenigen Stimmen entgegenzutreten, die immer lauter für die Zulässigkeit von Euthanasie plädieren. Wie aber könnten und sollten Entgegnungen aussehen?

Ziele und Wege

Wir sollten, wie gesagt, nicht unbedingt erwarten, auf *Gründe* für oder gegen Euthanasie zu stoßen, deren wir uns wirklich gewisser wären als der moralischen Unzulässigkeit dieser Praxis selbst. Dennoch kann man sinnvoll gegen Euthanasie argumentieren. Und zwar lassen sich *drei Wege des Argumentierens* ausmachen. Sie verlaufen kaum getrennt voneinander, unterscheiden sich aber durch ihre unmittelbaren *Zielsetzungen*. Auch die Erörterungen dieses Buches werden diese drei Wege beschreiten.

1. Man kann die *Argumente derer prüfen, die für die Zulässigkeit der Euthanasie eintreten*. Das bedeutet: Bemühung um den Nachweis, daß diese Argumente fehlerhaft oder jedenfalls nicht so zwingend und ihre Ausgangspunkte nicht so selbstverständlich sind, wie es zunächst den Anschein hat.

2. Nicht nur der Angriff auf gegnerische Argumente ist geeignet, die Ablehnung der Euthanasie zu verteidigen. Dieser Verteidigung können durchaus auch Argumente dienen, die *die eigene Auffassung* zwar nicht im strengen Sinne begründen, aber doch *stützen*. Denn unsere moralischen Überzeugungen - auch die ganz grundlegenden - stehen nicht völlig unverbunden nebeneinander. Vielmehr stützen sie sich teilweise gegenseitig; teilweise werden sie von sonstigen Überlegungen gestützt, die an gemeinsame Grundlagen alles Argumentierens appellieren. Der Rückgriff auf solche Stützen kann die Gewißheit einer selbstverständlichen Überzeugung dadurch stärken, daß es ihren Zusammenhang mit anderen Überzeugungen aufweist, die ebenfalls für uns feststehen. Keine Argumentation im Bereich der Angelpunkte unseres Denkens kommt über einen solchen Aufweis hinaus.

3. Bei manchem Gesprächspartner gehören *weder Bejahung noch Ablehnung der Euthanasie* zu den selbstverständlichen Angelpunkten der moralischen Orientierung. Ihm gegenüber läuft die Verteidigung des Euthanasie-Verbots auf einen Versuch hinaus, an Überzeugungen zu appellieren, die *er nicht bezweifeln kann* und die zugleich geeignet sind, Argumente zu liefern - aus seiner Perspektive vielleicht sogar wirkliche *Gründe* gegen die Erlaubtheit der Euthanasie.

Die Überlegungen und Argumente dieses Buches versuchen dementsprechend zunächst einmal, *Gegnern der Euthanasie* zu zeigen, daß ihre Position rationaler Prüfung durchaus standhält. Ich werde also vor allem bemüht sein, diese Position zu *verteidigen* - insbesondere gegen die Behauptung, Philosophie und aufgeklärtes Denken hätten die moralische Disqualifizierung der Euthanasie als irrational erwiesen.

Meine Überlegungen wenden sich natürlich auch an den, der *durch philosophische Argumente dazu gekommen* ist, *Euthanasie zu befürworten*. (Zu diesem Ausdruck merke ich an, daß ich unter einem *Befürworter* von Euthanasie oder Abtreibung jemand verstehe, der diese Praxis zumindest *unter bestimmten Bedingungen* für *moralisch erlaubt* erklärt.)

Sodann geht es mir darum, den *Schwankenden* unter meinen Leserinnen und Lesern, die sich zum Thema Euthanasie keine feste Meinung gebildet haben, bei der Klärung der Frage zu helfen und Anhaltspunkte für eine vernünftig vertretbare Stellungnahme zu liefern.

Schließlich sollen meine Argumente auch den verunsichern, für den die *Zulässigkeit der Euthanasie eine nicht weiter begründungsbedürftige ausgemachte Sache* ist. Er wird sich, meiner eigenen Auffassung über die Rolle von Argumenten entsprechend, kaum *widerlegt* sehen - sofern der Dissens tatsächlich eine Überzeugung betrifft, die zum Grundbestand seiner moralischen Orientierung gehört. Und zu so etwas wie *Bekehrung* - zu Revision und Umschichtung dieses Grundbestandes - führt kaum das philosophische Argument allein, sondern günstigenfalls »moralische Erfahrung«: Ein Erlebnis, ein Film, ein Schicksal können einen Menschen in seinen tiefsten Einstellungen anrühren und verändern, indem sie menschliche Verhaltensweisen in ein neues Licht rücken. Immerhin mag Philosophie zu der hierfür benötigten Sensibilisierung einen Beitrag leisten.

Praktische Konsequenzen praktischer Philosophie

Noch eine Anmerkung zur Rolle von Stellungnahmen - insbesondere von philosophischen Äußerungen - im Kontext der Diskussion moralischer Fragen: Solche Stellungnahmen sind *auch als menschliche Vollzüge* - also nicht nur ihrem Inhalt nach - *moralischer Natur*. Sie sind Teil des moralischen Lebens einer Gesellschaft.

Zu diesem Leben gehört nämlich nicht nur die Bemühung, Gutes zu tun und Böses zu meiden, das ehrliche Eingeständnis von Versagen, die Reifung der Einsicht, der Motivation usw., sondern auch die Beurteilung eigener und fremder Handlungen und schließlich das Eintreten für moralische Maßstäbe. Daher unterliegen auch Äußerungen und Stellungnahmen zu moralischen Fragen einer moralischen Beurteilung. Sie reflektieren ja Überzeugungen, die zugleich *Charakterzüge* sind. Und sie nehmen *Einfluß auf die moralische Einstellung anderer.*

Auch Stellungnahmen, die mit dem Anspruch moralphilosophischer Absicherung auftreten, kommen daran nicht vorbei: Auch sie manifestieren und reflektieren nicht lediglich grundlegende Auffassungen, sondern auch den Charakter der *stellungnehmenden Person*; auch sie haben Auswirkungen auf die moralische Einstellung und auf das Handeln anderer - ja gerade sie sind darauf aus, durch Argumente zu *beeinflussen.* Daher unterliegen sie nicht nur einer intellektuellen Beurteilung nach Maßstäben der Konsistenz und der argumentativen Stringenz, sondern zugleich einer moralischen Beurteilung der moralischen Einstellung, die da zum Ausdruck kommt und zur Aneignung empfohlen wird.

Daher sollte sich z.B. der Verfasser einer *Praktischen Ethik* nicht darüber wundern, daß man seine Äußerungen ernstnimmt und nach dem Inhalt und der praktischen Tragweite ihrer Botschaft bewertet. Wer als Moralphilosoph die Moral reformieren will, setzt sich wie jeder andere, der eine nicht akzeptierte Verhaltensweise gutheißt, dem Risiko aus, daß zusammen mit dieser Verhaltensweise seine Werbung für sie verurteilt wird. Wer durch Wasser geht, muß damit rechnen, daß er sich die Füße naß macht. (Nebenbei: Damit rechnet auch der Autor dieses Buches. Nur hat er sich ein anderes Wasser ausgesucht.)

Ganz sicher hat Singer völlig recht, wenn er sich über die in Deutschland erlittenen Tätlichkeiten und Verletzungen des Anstands empört. Gewalttätige und rohe Reaktionen dieser Art sind beschämend und nicht zu entschuldigen. Aber *mit derselben Selbstverständlichkeit und Berechtigung*, mit der sich die meisten von uns, wie Singer, über solche Reaktionen empören, empören sich auch die meisten, anders als er, über Früh-Euthanasie. Wer nun für diese Praxis eintritt, muß es sich gefallen lassen, daß seine Stellungnahme als gefährliche Verführung behandelt und mit Protest bedacht wird - nicht anders als eine Stellungnahme, in der sich jemand für das Faustrecht, für die Überlegenheit der arischen Rasse oder für sexuelle Beziehungen mit Kindern ausspricht.

1.3 Eindeutige Tendenz auf zweideutigem Hintergrund

Wenn ich sage, in Deutschland stehe die Euthanasie am Rande der öffentlichen Diskussion, so sage ich damit nicht, ihre Praxis oder gar das Thema spiele hierzulande überhaupt keine Rolle. Inzwischen deutet vieles auf Tendenzen hin, zu denen wir wohl oder übel Stellung beziehen müssen. Zwar leben wir nicht unter den fast sprichwörtlichen niederländischen Verhältnissen (Überschrift eines Zeitungsberichts: »Euthanasie bitte schnell, denn wir wollen zum Camping«). Wir könnten aber bald auf solche Verhältnisse zusteuern, sofern nicht eine öffentliche Meinung erstarkt, die sich dem Trend entgegenstemmt.

Die »Königlich-Niederländische Gesellschaft zur Förderung der Heilkunde« hat aktive Sterbehilfe auf Wunsch des schwer leidenden Patienten für legitim erklärt, sofern bestimmte Bedingungen der Sorgfalt erfüllt sind. Die niederländische Gesetzgebung erlaubt zwar solche Tötung nicht, sieht aber keine Strafverfolgung vor, sofern der »behandelnde« Arzt vom Patienten um Euthanasie gebeten worden ist, sich wegen seiner Pflicht zur Leidensminderung in einem »Notstand« gesehen und über die Tötung zuvor mit einem anderen Arzt gesprochen, sodann Protokoll geführt und schließlich dem amtsärztlichen Leichenbeschauer Meldung erstattet hat. Im übrigen vertritt das niederländische Justizministerium die Auffassung, auch Menschen, die sich nicht äußern können, sollten dasselbe »Recht auf Euthanasie« wie andere haben.

Noch verbietet in Deutschland § 216 des Strafgesetzbuches jede Art von Euthanasie. Kaum zu klären ist die Frage, wie häufig Säuglinge nach der Geburt getötet werden, wenn sie unheilbar krank, sehr schwer behindert oder geschädigt sind. Das Gesetz untersagt jedoch auch diese sogenannte Früh-Euthanasie, während es bekanntlich Abtreibung unter leicht erfüllbaren Bedingungen zuläßt.

Allerdings beginnt die philosophische, juristische und medizinische Diskussion der Euthanasie auch in Deutschland eine breitere Öffentlichkeit zu erreichen. Und schon im Jahre 1987 kam eine Erhebung des Allensbach-Instituts zu dem Ergebnis, daß lediglich 13 % der Befragten dafür und 70 % dagegen waren, einen Arzt zu bestrafen, der seinem Patienten auf dessen Bitte hin ein tödliches Medikament verabreicht.

Für die gesetzliche Zulassung der Tötung auf Verlangen treten seit Jahren die schweizerische »Vereinigung für humanes Sterben« und die deutsche »Gesellschaft für humanes Sterben« ein. In anderen Ländern, z.B. in den USA und in Großbritannien, sind vergleichbare Bewegungen noch erheblich stärker.

Am 25. April 1991 nahm im Europa-Parlament der Ausschuß für Umweltfragen, Volksgesundheit und Verbraucherschutz einen 1989 von Frau van Hemeldonck vorgelegten Entschließungsantrag »Zur Sterbebegleitung todkranker Patienten« an. Hier wird zwar die Legalisierung der Euthanasie nicht direkt gefordert. Doch heißt es in der Begründung: »Was das Menschenleben ausmacht, ist die Würde, und wenn ein Mensch nach langer Krankheit, gegen die er mutig angekämpft hat, den Arzt bittet, ein Dasein zu beenden, das für ihn jede Würde verloren hat, und wenn sich der Arzt dann nach bestem Wissen und Gewissen dafür entscheidet, ihm zu helfen und ihm seine letzten Augenblicke zu erleichtern, indem er es ihm ermöglicht, friedlich für immer einzuschlafen, so bedeutet diese ärztliche und menschliche Hilfe (die manche Euthanasie nennen) Achtung vor dem Leben.« Diskret und sanft - aber unmißverständlich!

Hinter der wachsenden Tendenz zur moralischen Billigung der Euthanasie und zur Forderung ihrer rechtlichen Freigabe steht eine Reihe von Motiven. Mitleid mit leidenden Menschen spielt zweifellos eine wichtige Rolle. Auch mit ihrem Selbstbestimmungsrecht wird argumentiert. Furcht vor der Belastung derer, die auf die eine oder andere Weise für sie zu sorgen haben, ist allerdings ebenfalls herauszuhören. Wenn Euthanasie als *Wohltat* dargestellt wird, ist also durchaus mit einer versteckten Zweideutigkeit der Empfehlung zu rechnen. Entsprechendes gilt, wo der *Wert* eines Lebens angezweifelt wird, weil es gewissen Standards nicht entspricht: Für wen ist dieses Leben nichts oder wenig wert?

Aber wessen Perspektive auch immer die Euthanasie-Empfehlung im Auge haben mag, im Hintergrund scheint ein Denken zu stehen, das die Moderne kennzeichnet und längst zum Gemeingut geworden ist: *Als Menschen gestalten wir unser Leben selbst.* Daher ist jeder einzelne im Idealfall tätiges Subjekt des ihn betreffenden Geschehens, nicht Objekt von Kräften, über die er nicht verfügen könnte. Ich allein habe über mich zu bestimmen, nichts und niemand sonst.

Je unbemerkter uns diese diffuse Einstellung leitet, desto wirksamer prägt sie die Erwartungen. Denn wo sie nicht bewußt ist, bleibt sie von Klärung und Kritik verschont.

Das Bestehen auf Selbstbestimmung wurde früher nicht nur durch die Erfahrung ungezähmter Naturgewalten und gesellschaftlicher Zwänge in Schranken gehalten, sondern auch durch ein weitgehend geteiltes System der Moral. Öffentlicher Druck half dessen Forderungen nach.

Dieser Druck ist in unserem Jahrhundert stark zurückgegangen. (Genauer: Er hat sich auf andere Bereiche verlagert. Man denke nur an die Forderungen der »political correctness« und an die Imperative universeller »demokratischer« Partizipation.) Wen können moralische Tabus noch schrecken? Nur Maßstäbe, die wir uns selbst gesetzt haben oder auf die wir uns jedenfalls auf der Basis individueller Interessen einigen würden, kommen in Frage. Davon unabhängige moralische Vorgaben anzuerkennen, gilt als irrational.

Daß das Euthanasie-Verbot einer solchen Einstellung zum Opfer fallen muß, leuchtet ein. Denn welchen meiner Interessen und welchen mir genehmen Übereinkünften stünde ein Recht auf Selbsttötung und Euthanasie im Wege? Im Gegenteil: Über Art und Zeitpunkt meines Endes - so der unerschrockene Zeitgenosse - will und darf ich genauso selbst bestimmen wie über alle anderen Aspekte meines Lebens.

Daß auch die Billigung der Früh-Euthanasie in dieses Denk-Schema hineinpaßt, zeigt sich bei leicht geänderter Blickrichtung. Zwar bringen manche Autoren es fertig, *stellvertretend für den geschädigten* Säugling dessen *Selbstbestimmung* zugunsten seiner

Tötung ins Feld zu führen! Ansonsten jedoch wird Autonomie aus der Perspektive der ihn umgebenden *Gesunden* reklamiert, die sich nicht von einem ungebetenen Gast in ihr Leben hineinreden lassen wollen. Der Anspruch auf solche Selbstbestimmung ist uns aus der Abtreibungsdebatte - »Mein Bauch gehört mir« - noch hinlänglich vertraut.

Die Tötung auf Verlangen (und notfalls auch ohne Verlangen), mit der dieses Buch sich befassen soll, ist nach dem Gesagten ein höchst aktuelles Thema, das unsere Gesellschaft in zunehmendem Maß beschäftigen wird. Und die Ethik hat allen Anlaß, sich mit den im Hintergrund sichtbar gewordenen Motiven auseinanderzusetzen.

1.4 Aspekte des Themas

Die bisherigen Überlegungen dieses Kapitels sollten zeigen, warum und wie die Philosophie zur öffentlichen Diskussion des Themas ihren Beitrag leisten soll. Was aber gehört im einzelnen zu diesem Thema?

Die Terminologie der gutgemeinten Tötung

Wie der Titel des Buches sagt, steht die *Tötung auf Verlangen* im Mittelpunkt der Untersuchung. Das Wort »Verlangen« weist auf den Anspruch hin, das eigene Ende selbst zu bestimmen. Es verbindet daher unser Thema mit dem Thema *Selbstmord*. »Verlangen« erinnert hier aber auch an den Anspruch, in bestimmten Fällen dafür sorgen zu dürfen, daß dem Leben eines *anderen* Menschen bzw. *anderer* Menschen ein Ende gesetzt wird. In diesem Sinne werde ich immer wieder auch Abtreibung, Früh-Euthanasie und sonstige »gutgemeinte«, aber nicht erbetene Tötung in die Betrachtung einbeziehen.

Der Ausdruck »Euthanasie« bedeutet ursprünglich, dem Sinn der griechischen Wortbestandteile entsprechend, den »guten«, nicht gewaltsamen Tod und das sanfte Sterben ohne Qualen. Daran schließt sich eine verwandte Wortbedeutung an: Euthanasie als Hilfe, die das Sterben erleichtert und Leid verhindert oder lindert. Und drittens bezeichnet das Wort seit Beginn des 20. Jahrhunderts und auch heute *ein Handeln, mit dem man den Tod eines anderen Menschen herbeiführt, um seinen Schmerzen oder anderen gravierenden Beeinträchtigungen ein Ende zu machen*. Das ist die Bedeutung, die »Euthanasie« in diesem Buch normalerweise haben soll.

Dabei denkt man zunächst an ein Handeln, das auf den mehr oder weniger ausdrücklichen *Wunsch* eines Sterbewilligen antwortet, an Tötung auf Verlangen. In Betracht kommen aber auch Fälle, in denen man einem Menschen durch Tötung eine Wohltat erweisen will, *ohne* sich auf seine Bitte stützen zu können. Ein Beispiel ist die *Früh-Euthanasie*. Während man hier von *nichtfreiwilliger* Euthanasie spricht, reserviert man die Kennzeichnung *»unfreiwillig«* für Fälle, in denen jemand *entgegen* seinem Wunsch »im eigenen Interesse« getötet wird.

Euthanasie-Motiv ist häufig das Mitleid mit einem anderen Menschen. Allerdings sind es *dieselben* Leiden und Gebrechen, durch die er »sich selbst *und* anderen zur Last fällt«. So läßt sich in der Realität eine Mischung von Motiven kaum ausschließen. Nicht zufällig waren es daher *zwei* Bewegungen, die seit der Mitte des 19. Jahrhunderts in Europa gleichzeitig und nicht völlig unabhängig voneinander an Boden gewannen: die Forderung, der Staat solle Tötung auf Verlangen - den »Gnadentod«, die »Tötung aus Barmherzigkeit« - legalisieren, und das Bestreben, die Gesellschaft von belastenden Pflegefällen zu befreien.

Die Nationalsozialisten, die Millionen von Menschen ermordeten, um »sozialen Ballast« abzuwerfen und vor allem durch »Rassenhygiene« deutsches Erbgut zu schützen, nannten ihr Vorgehen nur *euphemistisch* »Euthanasie«. Später wurde das Wort allerdings als reguläre Bezeichnung für ihr Vernichtungsprogramm übernommen.

Eindeutige Propaganda für die *Freigabe der Vernichtung lebensunwerten Lebens* machte übrigens in Deutschland das gleichnamige Buch des Rechtsgelehrten Karl Binding und des Mediziners Alfred E. Hoche. Es erschien 1920, also schon vor der nationalsozialistischen Zeit, in Leipzig. Hier findet man ein klares Ja auf die Frage »Gibt es Menschenleben, die so stark die Eigenschaft des Rechtsgutes eingebüßt haben, daß ihre Fortdauer für die Lebensträger wie für die Gesellschaft dauernd allen Wert verloren hat?« Zwar soll nach Binding »jede Freigabe der Tötung mit Brechung des Lebenswillens des zu Tötenden oder des Getöteten ausgeschlossen« sein. Das liest sich aber schon weniger entgegenkommend, wenn man erfährt, auch das Fehlen gesunder Geistestätigkeit mache einen Menschen »unrettbar krank« und an die Stelle seiner Einwilligung könne die Annahme treten, daß er einwilligen *würde*, »wenn der Kranke nicht in dem kritischen Zeitpunkt der Bewußtlosigkeit verfallen wäre oder wenn der Kranke je zum Bewußtsein seines Zustandes hätte gelangen können« (S. 34)!

Nach diesen eher historischen Anmerkungen noch einmal zurück zur Terminologie. Nicht weniger verwirrend als die sich wandelnde Bedeutung des Ausdrucks »Euthanasie« ist nämlich die Verwendung des Wortes »Sterbehilfe«. Es kann schlicht den Beistand meinen, den man einem Sterbenden leistet, also Hilfe *beim* Sterben - die zweite der ursprünglichen Bedeutungen von »Euthanasie«. Es kann aber auch Hilfe *zum* Sterben bedeuten. Hier wird meist nochmals unterschieden: Unter *passiver* Sterbehilfe versteht man die *Unterlassung bestimmter lebenserhaltender* Maßnahmen, unter *aktiver* Sterbehilfe *Maßnahmen* zum Zweck der *Verkürzung* oder *Beendigung* eines von Leid gezeichneten Lebens. Von *indirekter* Sterbehilfe wird gesprochen, wo die *beabsichtigte Hilfe beim Sterben*, z.B. die Behebung von Atemnot, durch Nebenwirkungen der eingesetzten Medikamente zugleich *zur unbeabsichtigten, aber vorausgesehenen Beschleunigung des Todes beiträgt.* - Diese in mancher Hinsicht irreführende Terminologie werde ich allerdings weitgehend vermeiden.

Ein gängiges Argument für Euthanasie

Ein Buch, das sich heute mit der Befürwortung von Euthanasie und Abtreibung kritisch auseinandersetzen will, tut natürlich gut daran, sich auf die Argumente zu beziehen, die gegenwärtig zugunsten von Einschränkungen des moralischen und des rechtlichen Tötungsverbotes tatsächlich vorgebracht werden. Wenngleich die Zahl der Veröffentlichungen zum Thema in den vergangenen zwei Jahrzehnten enorm gewachsen ist, kann man doch bei den Euthanasie-Befürwortern ein weitgehend übereinstimmendes Argumentationsmuster identifizieren. Es wurde in der anglo-amerikanischen Bio-Ethik entwickelt, an der sich auch deutschsprachige Plädoyers für »Liberalisierung« meist orientieren. (Um Mißverständnisse zu vermeiden: Natürlich ist es *nicht die Bio-Ethik als solche*, die für Freigabe der Euthanasie plädiert. Doch treten die meisten Philosophen, die sich als Bio-Ethiker bezeichnen, dafür ein.) In seinen Grundzügen läßt sich das *typische* Argumentationsmuster folgendermaßen skizzieren.

Unser Handeln muß sich *an Werten orientieren.* Vom weiteren Leben eines Menschen können er selbst und andere vorwiegend Gutes oder vorwiegend Schlechtes erwarten. Im zweiten Fall liegt ein Grund vor, ihn zu töten. Auf der Basis entsprechender Lebenswerturteile kann es u.U. auch sinnvoll sein, einen Menschen - z.B. einen Säugling - zu töten, um das aussichtsreichere Leben eines *anderen* möglich zu machen.

Sofern der *relative Wert bzw. Unwert des Weiterlebens* über die sittliche Qualität der Tötung eines Menschen entscheidet, ist es unerheblich, ob der Tod durch ihn selbst oder durch andere, ob er absichtlich oder nur wissentlich herbeigeführt oder auch nur zugelassen wird. Ausschlaggebend ist, daß man einem Menschen ohne lebenswerte Zukunft zu einem *Sterben in Würde* verhelfen darf.

Allerdings lassen die meisten Bio-Ethiker für die moralische Beurteilung des Umgangs mit menschlichem Leben und daher auch für die Würde des Sterbens *zwei zusätzliche Gesichtspunkte* gelten: das *Recht auf Leben* und das *Recht auf Selbstbestimmung*. Diese Rechte verbieten dann z.B. eine noch so gutgemeinte Tötung gegen den Willen des Betroffenen.

Sie gelten als Ausfluß des *Personseins*. Personen sind insbesondere durch Ichbewußtsein, eine Vorstellung von der eigenen Zukunft und Wünsche ausgezeichnet. Zu ihnen gehören die meisten Menschen, aber nicht alle. Zum Beispiel finden sich die Eigenschaften und damit die Rechte einer Person *nicht* bei Ungeborenen, Säuglingen oder Apallikern, *nicht* bei Menschen, die geistig schwer behindert oder krank sind oder im anhaltenden Koma liegen.

Es leuchtet ein, daß der Gesichtspunkt des Lebenswertes und die Rechte auf Leben und auf Selbstbestimmung die Tötung eines Menschen im Normalfall, aber nicht unter allen Umständen ausschließen. Insbesondere erlaubt in vielen Fällen das Recht einer Person auf Selbstbestimmung einerseits *Abtreibung und Früh-Euthanasie* (also die Tötung einer Nicht-Person) und andererseits den Verzicht auf das eigene Weiterleben, also *Selbsttötung bzw. Euthanasie*.

Stationen einer Entgegnung

Das soeben grob skizzierte Argumentationsmuster und seine Implikationen bilden den Hintergrund meiner eigenen Erörterungen, in denen ich für andere Maßstäbe unseres Umgangs mit dem menschlichen Leben plädiere. Dabei widme ich jedem der Gesichtspunkte, die jetzt angeklungen sind, ein eigenes Kapitel, um die ethischen Probleme der Reihe nach zu entfalten und zu bearbeiten.

Kapitel 4 untersucht den Gedanken, daß das Leben eines Menschen für ihn selbst und für andere *mehr oder weniger wertvoll* ist; es begründet Zweifel daran, daß man *durch Euthanasie* dem Betroffenen *etwas Gutes* tun kann; und es führt die Vorstellung von einem *unbedingten Wert des menschlichen Lebens* ein. In Kapitel 5 folgen Überlegungen zur Frage, welche Rolle *Freiwilligkeit und Absicht, Tun und Geschehen-Lassen* spielen, wenn es um die *Verantwortlichkeit* für den Tod eines Menschen geht. Natur und Reichweite der *Rechte* auf Leben, Sterben und Selbstbestimmung bilden die Themen von Kapitel 6. Der Frage, *wem* diese Rechte zukommen und welche Bedeutung insbesondere das *Personsein* für die Ethik der Euthanasie hat, geht Kapitel 7 nach. Kapitel 8 faßt die Ergebnisse meiner Überlegungen zusammen, um abschließend die Frage nach der ethischen Qualität der *Selbsttötung* zu stellen - eine Frage, mit der die *Rolle der Moral in unserem Leben* in den Blick tritt.

Bevor ich den genannten ethischen Fragen nachgehe, will ich zeigen, wie diese Fragen und ihre Beantwortung in die Wirklichkeit unseres Denkens, Redens und Handelns eingreifen. Denn mit dem Hinweis auf die in Deutschland noch vorherrschende Zurückhaltung (1.1) und auf Tendenzen zu Duldung, Förderung und Legitimierung der Euthanasie (1.3) sind noch nicht alle wichtigen Aspekte unseres gegenwärtigen Umgangs mit dem Thema beschrieben. Kapitel 2 soll daher der Frage nachgehen, wie unsere Einstellungen zu Euthanasie und Abtreibung sich im Gebrauch der Sprache niederschlagen. Vor allem aber soll Kapitel 3 - ein Gespräch mit Ursula Lehr - unter psychologischen, sozialen und politischen Aspekten den Kontext ausleuchten, in dem die Forderung nach Freigabe der Euthanasie uns überhaupt begegnet, und die Bedingungen andeuten, unter denen diese Forderung ihre Plausibilität verlieren kann.

2 »Deine Sprache verrät dich ...«

2.1 Entstellte Kommunikation

Die Sprache, die wir ja von unseren Mitmenschen übernehmen, bringt zum Ausdruck, was wir an Vor- und Einstellungen schon in uns aufgenommen haben, bevor wir irgendeinen eigenen Gedanken artikulieren: bevor wir Fragen stellen, Aussagen machen, Wünsche äußern usw. Zugleich jedoch verrät sie gelegentlich, wo wir wirklich stehen, wenn wir selbst diesen Standpunkt verschleiern wollen. Das gilt auch für die Sprache des Tötens und der Tötungsbereitschaft.

Charakteristisch ist zunächst einmal ein gängiger Bestand an *verharmlosenden oder sonstwie irreführenden Ausdrucksweisen und Redewendungen*, die sich auf Euthanasie und Abtreibung beziehen. Sie signalisieren nicht selten so etwas wie kollektive Heuchelei und Verlogenheit, an denen der einzelne unversehens beteiligt wird, sofern er sich jene Redeweisen zu eigen macht.

Im »Interesse des Patienten«

Schon der Ausdruck »Euthanasie« ist problematisch. Seiner ursprünglichen Bedeutung entsprechend suggeriert er, wie erwähnt, das sanfte Sterben, also ein freundliches *Geschehen*. Heute wird er auf ein *Tun* bezogen, auf ein Töten nämlich, dessen Freundlichkeit zu prüfen sein wird. Freilich erinnert der Ausdruck kaum noch jemand an den ursprünglichen Sinn, und auch ich werde ihn in seiner heute etablierten Bedeutung verwenden. Verrät aber seine Geschichte nicht die Tendenz, bereits durch die Wahl des Wortes das sanfte *Töten* an der »Unschuld« des sanften *Todes* zu beteiligen?

Auch »Sterbehilfe« hat einen guten Klang. Den verdankt das Wort nicht zuletzt der Verheimlichung des enormen Schrittes, der vom *Helfen in der Situation des Sterbens* zu der tödlichen Tat führt, durch die man einem anderen *zum Sterben* »verhilft«.

Befürworter des Rechts auf Euthanasie erklären gelegentlich, durch deren Ablehnung »*zwinge*« der Arzt den unheilbar Kranken zum Weiterleben. Und wer will schon gezwungen werden? Würden wir aber auch - ich wähle einen möglichst neutralen Vergleich - von der Bank, die sich weigert, mir einen Kredit zu gewähren, behaupten, sie zwinge mich, weiter in meinen engen vier Wänden zu wohnen? Von einem »Zwang zum Leben« kann, wenn überhaupt, nur da die Rede sein, wo der Arzt den Patienten daran hindert, sich selbst zu töten, oder wo er ihn einer Behandlung unterwirft, die sein Sterben in die Länge zieht, ohne seinen Zustand zu verbessern.

Auch von »künstlicher« oder »unsinniger Lebensverlängerung« hören wir in Argumenten zugunsten der Euthanasie. Wie wir sehen werden (5.4), gibt es tatsächlich Fälle unzulässiger oder doch problematischer Lebensverlängerung durch medizinisch zwecklose Maßnahmen. Freilich wird das Urteil darüber, ob eine Behandlung unsinnig ist, auch bei genauer Prüfung der Umstände oft nicht leicht sein. Keinesfalls aber *verlängert* man ein Leben schon dadurch, daß man es *nicht beendet!*

Bedenklich ist aber auch der undifferenzierte Gebrauch des Ausdrucks »Lebensverkürzung«. Er wird auf recht verschiedene Formen ärztlichen Tuns bezogen. Hier genügt der Hinweis darauf, daß einer ehrlichen Auseinandersetzung über die Pflichten des Arztes gegenüber unheilbar Kranken und Sterbenden nicht damit gedient ist, daß man unterschiedliche Situationen und Praktiken verbal einander angleicht. Dies tut man aber, wenn man beispielsweise *Verzicht auf Behandlung* und *Tötung* gleichermaßen als *lebensverkürzend* klassifiziert, um dann auch eine gleichermaßen begründete Zulässigkeit - oder Unzulässigkeit - zu folgern.

Besonders suggestiv sind Redeweisen, die ein stark beeinträchtigtes menschliches Leben von vornherein als *bloßes biologisches Funktionieren*, als *Nicht-Leben* oder *Vegetieren* disqualifizieren und den Betroffenen als *bloßen Körper* oder als *halbtot* bezeichnen. Sie legen uns die Folgerung nahe, daß wir uns beispielsweise zu einem Menschen im Koma oder mit schwerer geistiger Behinderung nicht anders einstellen oder verhalten sollten als zu einem leblosen Gegenstand oder einer Pflanze.

Für »selbst-verantwortete Menschlichkeit«

Geradezu peinlich ist die euthanasiastische Vereinnahmung der Rede vom »eigenen Tod«. Das Wort geht auf Rainer Maria Rilke zurück und steht bei ihm für die Idee des authentischen Sterbens, das ein erfülltes Leben organisch abschließt. Das in die Euthanasie-Debatte eingeführte Schlagwort »*Recht auf den eigenen Tod*« dagegen verkörpert gleich zwei Lügen auf einmal.

Denn der Ausdruck »mein eigener Tod« bedeutet ja nach dem Gesagten so viel wie: »individuell geprägter Tod« - sofern er nicht den banalen Sinn hat, der sich durch den Vergleich mit Ausdrücken wie »meine eigene Geburt« oder »meine eigene Erkältung« erläutern läßt! Er meint also ein Sterben, in dem und vor dem ich mich nicht hinter übernommenen Klischee-Vorstellungen über den Sinn bzw. die Sinnlosigkeit von Leben und Tod in Sicherheit zu bringen suche; oder vielleicht ein Ende, auf das ich mich nach Maßstäben einstelle, die ich mir nach reiflicher Prüfung zu eigen gemacht habe. Zum eigenen Tod in diesem Sinne gehört gewiß normalerweise *nicht*, daß ich selbst darüber befinde, *wann und woran* oder gar *von wessen Hand* ich sterbe.

Die zweite Lüge, die das Schlagwort »Recht auf den eigenen Tod« impliziert, liegt in der Andeutung eines *Rechts*, sich zu töten oder töten zu lassen. Freilich mag es im Hinblick auf das Sterben durchaus Rechte geben, die verletzt werden können. So kann man mir vermutlich *einen authentischen Tod verwehren*, indem man mir körperlich oder seelisch so zusetzt, daß ich nicht mehr frei bin, mich nach selbst-bejahten Vorstellungen auf mein Ende einzustellen. Das wäre zweifellos ein schweres Unrecht und, wenn man so will, die Verletzung eines »Rechts auf den eigenen Tod«. Auch hat man, wie gesagt, in gewissem Sinne ein Recht zu sterben, wenn Behandlung *nur* lebensverlängernd wirken würde. - Durch Anspielung auf diese beiden Rechte schleust die Forderung nach einem »Recht auf den eigenen Tod« eine Selbstverständlichkeit in unser Denken ein, die dem suggerierten Recht auf Selbsttötung und Euthanasie gewiß nicht zukommt.

Ein verwandtes Beispiel für verbale Ablenkungsmanöver im Bereich des Themas Euthanasie: Durch ihre offiziellen Bezeichnungen versichern uns die bereits erwähnten Gesellschaften »für humanes Sterben«, daß der Tod erst dadurch wirklich *menschlich* wird, daß man ihn *selbst arrangiert.* Teilweise schmücken sie sich außerdem mit der Bezeichnung »Exit«. Damit erinnern sie manchen lediglich an den lateinischen Ausdruck der Mediziner (»exitus«) für Tod, die meisten von uns aber eher an Aufschriften über Türen, durch die man ein Kino, eine Flughafenhalle oder sonst einen Ort verläßt, der, soweit man selbst betroffen ist, seinen Zweck erfüllt und nichts mehr zu bieten hat. Die deutsche »Gesellschaft für humanes Sterben« zog übrigens erst vor wenigen Jahren ihr »Kochbuch zum Selbstmord« zurück. Dem Autor selbst war wohl aufgefallen, daß eine so weit getriebene Bagatellisierung keine gute Werbung mehr abgab.

Die Kompetenz, den eigenen Tod zu arrangieren, soll das Sterben nicht nur menschlich, sondern auch *natürlich* machen. So schreibt Hans Küng, »daß zunehmend einzelne alte Menschen und ganze Gruppen die oft künstliche Lebensverlängerung nicht als Wohltat, sondern als Last empfinden. Sie proklamieren deshalb das Recht auf einen 'natürlichen Tod' und fordern eine entsprechende Änderung der Gesetzgebung bezüglich aktiver Sterbehilfe oder Euthanasie« (*Menschenwürdig sterben*, S. 42). Was immer genauerhin einen »natürlichen Tod« ausmachen mag: inwiefern soll ihm ausgerechnet die gesetzliche Freigabe aktiver Sterbehilfe »entsprechen«? Wenn es uns auch vielleicht als widernatürlich erscheint, das Leben eines Sterbenden, ohne jede Aussicht auf Besserung, durch alle erdenklichen intensiv-medizinischen Maßnahmen zu verlängern, so dürfte andererseits doch ein *natürlicher* Tod kaum darin bestehen, daß man diesen Menschen umbringt!

Das Beispiel zeigt, daß mit irreführender Wortwahl auch bei Autoren zu rechnen ist, die das Thema Euthanasie mit großem Ernst behandeln. Schon der Titel des Buches *Menschenwürdig sterben* soll uns darauf einstimmen, daß die Kompetenz, unter bestimmten Umständen über Zeit und Art des eigenen Todes zu befinden, ein Erfordernis der *Würde* und daß es folglich mensch*enunwürdig* sei, ohne diese Kompetenz den Tod zu erwarten oder auch ein leidvolles Sterben in Geduld zu ertragen. Dazu kommt der Untertitel: *Ein Plädoyer für Selbstverantwortung*, ausgedeutet in der Erklärung (S. 10), daß »wir hier die Selbstverantwortung des Menschen nicht nur für sein Leben, sondern auch für sein Sterben einklagen«. Die Formulierung suggeriert, daß ich selbst oder andere mir unzulässigerweise *eine an sich gegebene Verantwortung absprechen oder entziehen*, solange ich nicht selbst dafür sorgen darf, daß ich unter den-und-den Umständen von dem-und-dem Menschen getötet werde.

Muß denn Töten Sünde sein?

Werfen wir noch einen Blick auf vergleichbare verbale Verschleierungen im Umkreis des Themas *Abtreibung*. Auch hier fällt die beschönigende Funktion vieler Ausdrucksweisen auf, sobald man nach ihrer eigentlichen Bedeutung fragt. (Es geht mir also an dieser Stelle nicht um eine moralische Bewertung der Abtreibung, sondern darum, wie das Vokabular von Befürwortern wie Gegnern die Qualität der Praxis verharmlost und verdrängt.)

Ebenso wie in bezug auf Euthanasie wird bei Abtreibung vom »behandelnden Arzt« und von »Behandlung« gesprochen, als gehe es um *therapeutische* Maßnahmen. Auch der Ausdruck »*Indikation*« suggeriert Erkrankung - und sicher nicht Tötungsbedarf. Man spricht von »aktiver *Vorbeugung*« und meint pränatale Selektion. Keiner Kommentierung bedarf die Bezeichnung »Schwangerschafts*unterbrechung*«. Und wer schlicht empfiehlt, »es wegmachen zu lassen«, hat es offenbar nötig, die Beteuerung moralischer *Belanglosigkeit* schon in die Wortwahl einzubauen.

Schließlich läßt man sich gern auf die wenig eindeutige Rede vom »*werdenden*« oder »*ungeborenen Leben*« ein - selbst wo man Abtreibung eigentlich für die Tötung eines Menschen hält.

Wohlgemerkt: Ich wende mich *an dieser Stelle nicht* gegen eine Position, die das Menschsein von Embryo und Fötus *ausdrücklich leugnet*. Um den Ausschluß dieser Position nicht ohne Argument vorwegzunehmen, werde ich das umstrittene Individuum sogar selbst neutral als »Ungeborenes« bezeichnen.

In den weiteren Zusammenhang des verharmlosenden Vokabulars gehört übrigens auch die »*verbrauchende Embryonenforschung*«. Sogar der Ausdruck »*Überbevölkerung*« enthält die tendenziöse Deutung eines komplexen Problems: *Zu groß* ist die Bevölkerung einer Region immer nur in Relation zu einem (von uns) festgesetzten Lebensstandard und vor allem in Relation zur Nutzung der verfügbaren Ressourcen - unter faktischen Bedingungen von Mißwirtschaft, Korruption, Militär-Ausgaben usw., die man aber willkürlich als unveränderlich behandelt. (Außerdem setzt die Rede von der Überbevölkerung natürlich voraus, daß eine ursächliche Korrelation zwischen Bevölkerungswachstum und rückläufiger Einkommensentwicklung - unter welchen Rahmenbedingungen? - wirklich nachweisbar ist. Dies jedoch wird von renommierten Ökonomen wie Colin Clark bestritten.)

Auch wer dem Ungeborenen das Menschsein und ein Recht auf Leben zuspricht, stellt dieses Recht u.U. von vornherein in einer Weise zur Disposition, die ihm fernläge, wenn es um das Leben eines Erwachsenen ginge. Das geschieht etwa in der Rede von schwieriger »*Abwägung*« im »*Konflikt*« zwischen »*konkurrierenden Rechten*« auf Leben einerseits und auf Selbstbestimmung andererseits. Oder in der Frage, unter welchen Umständen wohl die Fortsetzung einer Schwangerschaft oder ein behindertes Kind noch »*zumutbar*« seien. Wo es um die Achtung des Rechts auf Leben geht, muten wir in anderen Zusammenhängen einem Menschen sehr viel zu; z.B. daß er ungerechte Exekutionsbefehle verweigert, selbst wenn er dafür bestraft oder schwer benachteiligt wird. Und wer von der *Entscheidung* spricht, *ein Kind auszutragen*, wird kaum im selben frommen Ton z.B. von der Entscheidung sprechen, die eigene Mutter am Leben zu lassen.

Bequemerweise bleibt übrigens ungeklärt, welche Rolle denn das Recht auf Selbstbestimmung im Kontext der Abtreibungsfrage eigentlich spielt. Ist ein Recht der Frau gemeint, über den Verbleib eines *anderen Menschen* in ihrem Körper zu verfügen? Dann ist wohl »*Selbst*bestimmung« nicht ohne weiteres das passende Wort (vgl. den Schluß von 6.4). Ein anderes Recht - aber welches? - müßte im Spiel sein. Oder meint »Selbstbestimmung« das Recht, über einen Teil des *eigenen* Körpers zu verfügen? Dann aber kann es doch keinen Konflikt mit irgendjemandes *Recht auf Leben* geben. (Übrigens erweckt der Rekurs auf das Selbstbestimmungsrecht nicht selten den Eindruck, als hätte auch eine Frau, die nicht vergewaltigt oder sonstwie zur Schwangerschaft gezwungen wurde, erst *nach* einer Empfängnis die Gelegenheit zur Ausübung dieses Rechts.)

Besonders erschreckend ist die Unaufrichtigkeit, mit der sogar das höchste deutsche Gericht in seiner Entscheidung vom 28. 5. 1993 dem Ungeborenen feierlich das Recht auf Leben zuspricht, um sodann die Abtreibung zwar als *rechtswidrig* zu bezeichnen, aber in jeder Hinsicht fast bedingungslos als rechtskonform zu behandeln. Kein Wunder, wenn andere im Schatten und im Schutz einer solchen Heuchelei die bewußte Aushöhlung des Rechts nur dürftig in Wortschöpfungen wie *»verfassungsfeste Fristenlösung«* oder *»Selbstindikationsmodell«* verschleiern. Sogar Juristen plädieren dafür, die »Selbstverantwortung« der Frau an die Stelle des Strafrechts zu setzen. Worin aber besteht hier die Verantwortung? Hat man sie *vor* sich selbst - was immer das heißen mag? Und wäre es dann ausgeschlossen, daß man sich *ebenfalls* z.B. vor einem Gericht zu verantworten hätte - wie in vielen anderen Fällen, in denen nicht nur man selbst betroffen ist? Oder geht es um Verantwortung *für* sich selbst, also um die immer gegebene Verantwortung eines normalen Erwachsenen für das eigene Tun - dann wäre ja damit noch gar nichts über die Konsequenzen gesagt, die eine Frau aufgrund der Verantwortung für eine Abtreibung zu tragen hat. Schließlich könnte mit »Selbstverantwortung« einfach die Verantwortung gemeint sein, die man *selbst trägt*, die »einem niemand abnehmen kann«, also nichts anderes als: Verantwortung. Auch dann ist selbstverständlich mit dem Ausdruck noch gar nichts darüber gesagt, wozu die Verantwortung vielleicht verpflichtet und welche Konsequenzen sich ergeben, wenn man ihr nicht angemessen nachkommt.

Einen effektiven Verzicht auf den *Geltungsanspruch des Rechts* zugunsten des *Richtens in eigener Sache* propagieren in der Diskussion um Abtreibung auch die meisten unserer Politiker. In der Debatte des Deutschen Bundestages am 25. Juni 1992 erklärte der Abgeordnete Horst Eylmann das gesetzliche Verbot der Abtreibung für eine »Entmündigung und Bevormundung der schwangeren Frauen«. Rita Süßmuth forderte im selben Zusammenhang: »Hören wir endlich auf, die Würde der Frau, ihre Verantwortung und Entscheidungsfähigkeit herabzusetzen, zu verletzen, zu mißachten«. Und Björn Engholm nannte das Abstimmungsergebnis einen »Sieg der Mündigkeit«.

2.2 An der Frage vorbei

Die zuletzt genannten Beispiele führen uns zwanglos zu einer weiteren Beobachtung: Im Dienst der erwünschten Meinung,

Einstellung oder Praxis wird der Anspruch vernünftiger *Argumentation* mißbraucht. So scheint man etwa, um eine Rechtspraxis zu desavouieren, sogar in öffentlichen Debatten nicht mehr zu benötigen als die Etikettierung »schlimmer als in Irland«. Aber so offenkundige Dummheit verdient nur Erwähnung, weil ihre *Duldung* beunruhigen muß. Wenden wir uns etwas subtileren Pseudo-Argumenten zu.

Unlautere Argumente

In der Vergangenheit konnte man gelegentlich sogar von Rechtswissenschaftlern hören, den Frauen, die sich in Deutschland nach § 218 strafbar machten, füge die Justiz ein *Unrecht* zu, insofern andere, die im Ausland eine Abtreibung vornehmen ließen, von Strafverfolgung nicht bedroht seien. Werden etwa auch Einbrecher oder Mörder ungerecht behandelt, wenn sie nicht pfiffig genug sind, sich durch Ausreise oder sonstwie der Strafverfolgung zu entziehen? Für Liberalisierung oder Abschaffung der Abtreibungsgesetzgebung plädiert man mit dem Hinweis, eine strenge Gesetzgebung führe zur *Flucht in die Illegalität*. Sollte man dann nicht mit derselben Begründung z.B. die Freigabe des Kinderhandels fordern?

Zu dem »Argument«, in Fragen der Abtreibung entschieden Männer über Angelegenheiten von Frauen, ist Verschiedenes anzumerken. 1. Diese Behauptung ignoriert die Tatsache, daß sich mit dem Thema auch Ärztinnen, Richterinnen, Philosophinnen und weibliche Abgeordnete befassen. 2. Daß Männer beim Thema Abtreibung zu »konservativeren« Positionen neigen als Frauen, ist weder bewiesen noch wahrscheinlich. 3. Die Richtigkeit einer Auffassung ist nicht daran zu messen, von wem sie vertreten wird. 4. Freilich sind von Frauen im Hinblick auf Schwangerschaft, Geburt und Belastung durch Kinder - und selbstverständlich auch im Hinblick auf die eigene konkrete Lebenslage - besondere Erfahrungen und Kenntnisse zu erwarten. Deren mutmaßliche *Relevanz* für die *ethische* Urteilsbildung, für die Ausgestaltung der Gesetzgebung oder für die Beurteilung individueller Situationen sollte man aber nicht pauschal behaupten, sondern spezifizieren und prüfen. Oder sollen wir beispielsweise auch sagen: Über die Zulässigkeit umstrittener finanzieller Transaktionen können nur Wirtschaftskapitäne ein kompetentes Urteil fällen; nur an ihrer Stelle »weiß man, was solche Transaktionen für einen bedeuten«? 5. Wenn schließlich verlangt wird, Frauen - und vielleicht auch Ärzte? - sollten *als die Betroffenen* über die Erlaubtheit einer Abtreibung urteilen, so ist gerade diese Forderung nicht recht verständlich.

Denn in allen Bereichen scheint eine Regelung durch die Betroffenen *da* vernünftig, wo diese Regelung den Zweck hat, den *Interessen* dieser Personen in einer gemeinsamen Praxis Geltung zu verschaffen. Geht es aber um die Verhinderung von *Unrecht*, so liefern die Interessen der von Verbot und Strafe betroffenen (potentiellen) Täterinnen und Täter kaum den in erster Linie maßgeblichen Gesichtspunkt.

Ist denn aber Abtreibung von vornherein als Unrecht zu betrachten? Das ist in der Tat die entscheidende Frage, die in erster Linie eine Antwort verlangt. Vor allem drei Teilfragen sind hier zu beantworten: 1. Ist das Ungeborene ein *Mensch*? 2. Wenn ja: Ist seine Tötung ausnahmslos, oder unter bestimmten Bedingungen, ein *Unrecht*? 3. Wenn ja: Soll dieses Unrecht durch *Gesetz* verboten sein und unter Strafe stehen?

Wer die erste dieser Fragen bejaht, wird dann auch eine irreführende Verwendung des Ausdrucks »betroffen« korrigieren wollen: Von einer Abtreibung ist nach seiner Auffassung natürlich primär der Mensch *betroffen*, der dabei *getötet* wird. Und nur unter dieser Voraussetzung kommt es ja faktisch zur Gesetzgebung, von der dann in der Tat - neben Ärztinnen und Ärzten - schwangere Frauen betroffen sind. Ist andererseits das Ungeborene kein Mensch oder aus irgendeinem Grund seine Tötung kein Unrecht, so stellt sich die Frage, ob Abtreibung denn gesetzlich verboten sein solle, in einem völlig anderen Licht. Die Ablehnung des § 218 sollte sich dann jedoch darauf berufen, daß Abtreibung kein Lebensrecht verletzt, und nicht darauf, daß Frauen als die Betroffenen zu entscheiden hätten.

Frauen - moralisch im Nachteil?

Vielleicht werden durch den Rekurs auf »Betroffenheit« berechtigte Anliegen an der falschen Stelle artikuliert - und dadurch verschüttet. Ich meine nicht nur das Anliegen, daß Frauen bei der erforderlichen Regelung gesellschaftlicher Belange ebenso mitreden wie Männer, und vorrangig da, wo ihre besonderen Interessen zur Debatte stehen. Nicht weniger wichtig scheint mir die wachere Wahrnehmung und Anerkennung einer Tatsache zu sein, auf die Rosalind Hursthouse im abschließenden Kapitel ihres Buches *Beginning Lives* (Oxford 1987) aufmerksam macht: daß nämlich Frauen tendenziell unter einem *moralischen Anspruch* stehen, dem Männer nicht ausgesetzt sind.

Zunächst scheint ihre These unplausibel: Sind denn die Menschen »vor dem moralischen Gesetz« nicht gleich? Bewirkt das naturgegebene Geschlecht einen Unterschied des ethischen Anspruchs? Offenbar *ist* es so - ähnlich, wie nicht frei gewählte Lebensumstände einen Menschen vor schreckliche Entscheidungen stellen können, von denen andere nichts wissen; und ähnlich, wie angeborene individuelle Neigungen zu Versuchungen werden können, mit denen andere nicht zu kämpfen haben.

Bemühungen, die Lebensverhältnisse von Frauen und Männern einander anzugleichen, ändern nichts daran: Mit Schwangerschaft, Geburt und Mutterschaft sind Belastungen verschiedener Art verbunden; und wer sie auf sich nimmt, steht dadurch unter zusätzlichen, teils einschneidenden moralischen Forderungen der Geduld, der Einschränkung, der Hoffnung, der Tapferkeit, der Fürsorge und der Achtung des heranwachsenden Menschen. Eine moralische Sonderstellung der Frauen ist, wenigstens teilweise, mit den biologischen Konstanten der menschlichen Lebensform gegeben. (Freilich kommen viele Frauen gar nicht in die Situation - und damit in die Anfechtungen - der Schwangerschaft. Aber deren Möglichkeit und moralische Implikationen gehören natürlich auch zu den Vorzeichen einer Entscheidung *gegen* eine Schwangerschaft.) Soziale Vorgaben verstärken diese Sonderstellung. Daß inzwischen *manche* Männer die Hauptverantwortung und -sorge für ihre (bereits geborenen!) Kinder übernehmen, ändert daran wenig.

Freilich werden wir dieses »unfaire Schicksal« der Frauen zu verdrängen suchen, solange wir nicht in der besonderen *Anforderung* die Kehrseite einer *lohnenden Aufgabe* sehen können, durch deren Bewältigung nur eine Frau ihrem Leben diese besondere Pointe geben kann. (Wohlgemerkt: *Nur eine Frau* kann darin einen Lebenssinn erblicken. Das heißt nicht: *Nur darin* kann sie einen Lebenssinn erblicken.)

Für eine solche Sicht bedarf es weder einer besonderen kulturellen oder religiösen Tradition noch einer von Männern propagierten Mutterschaftsromantik. Kinder zu haben, gehört nun einmal zu den *charakteristischen fundamentalen Werten*, um die es Menschen in ihrem Leben geht, ohne daß dahinter noch, als »eigentlicher« Zweck, ein anderer Wert zu suchen wäre. Höchstens lassen sich, wie Hursthouse sagt, Aspekte und Bezüge nennen, in die der Wert des Kinder-Habens eingebettet ist: Wir sind davon überzeugt, daß das menschliche Leben jedes einzelnen in sich wertvoll und Selbstzweck ist; wir schätzen »Liebe, Familienleben, die im natürlichen Lebenszyklus mögliche gesunde emotionale Entwicklung und alles, was zur Bereicherung dieser emotionalen Entwicklung gehört«; Kinder erscheinen uns als »Wunder«, an deren Entstehung und Gestaltung ihre Erzeuger und Erzieher mitwirken (S. 311).

In diesem Kontext prä-moralischer Einstellungen gehört nach Hursthouse auch die Erfahrung, daß eine Frau, die Schwangerschaft und Wehen durchsteht, nicht nur durch ihre »Leistung«

das Leben eines Kindes möglich macht, sondern auf diesem Erlebnishintergrund ihr Kind auch in einer speziellen Weise »hat«. Ihr Verhältnis zu diesem Kind kann in einer Weise qualifiziert sein, die nun einmal für keinen Mann in Frage kommt - ähnlich, wie für einen Künstler das Werk, an dem er gearbeitet hat, einen Wert besitzt, den es für keinen anderen besitzen *kann*; oder wie der Einblick in einen verborgenen Zusammenhang in besonderer Weise fasziniert, wenn er das Ergebnis *eigener* Bemühung ist. In allen diesen Fällen erhält etwas seinen *spezifischen* Wert für eine bestimmte Person erst dadurch, daß sie es in irgendeinem Sinne selbst *vollbracht* hat.

Das alles bedeutet sicher nicht: ein Mann oder eine Frau ohne Kinder seien dazu verurteilt, ein weniger sinnvolles Leben zu führen als eine Mutter; oder jede Mutter müsse den primären Sinn ihres Lebens in ihren Kindern sehen; oder sie solle in ihren Kindern vor allem Werke ihrer eigenen Leistung erblicken. Nur dies soll gesagt sein: daß das Leben von Frauen eine geschlechtsspezifische Sinngebung *zuläßt* und daß die allgemeine Anerkennung und Wertschätzung dieser *Sinngebung* es uns erleichtern kann, auch moralische *Anforderungen* zu akzeptieren, die auf einer spezifisch weiblichen Konstitution beruhen.

Allerdings stehen in unserer Gesellschaft die Chancen für diese Anerkennung und Wertschätzung nicht gerade gut. Das hat weitläufige Gründe. Zum Beispiel dürften dogmatische Gleichheitsvorstellungen und eine modische Neigung am Werk sein, Selbständigkeit gegen rollenbedingte Aufgaben und Sinnerfahrung auszuspielen. Eine nähere Betrachtung solcher Einflüsse würde aber zu weit führen. Hier wollte ich nur den *Hintergründen von Argumenten* nachgehen, die im Bemühen, der Situation schwangerer Frauen gerecht zu werden, an der Frage vorbeigehen, auf welcher Basis Abtreibung zu rechtfertigen sei.

2.3 Verräterisches Schweigen und gezieltes Unwissen

Paradoxe Weisen, in der Verwendung der *Sprache* moralischen Ansprüchen zu begegnen, bestehen darin, *nicht* über das zu sprechen, was einen solchen Anspruch an uns herantragen könnte, oder aber zu *verschweigen*, daß man den Anspruch ablehnt.

Mit schlechtem Gewissen gebilligt

Vom Schweigen im Hinblick auf das Thema Euthanasie war bereits die Rede. Dabei ging es allerdings vor allem um ein Schweigen, das Selbstverständlichkeit signalisiert: man entzieht die *Ablehnung* der Euthanasie der Frage »Warum eigentlich?«, weil in dieser Ablehnung eine grundlegende *Gewißheit* ihren Ausdruck findet (1.1). Es ist jedoch zu vermuten, daß heute auch eine Verschwiegenheit um sich greift, die etwas anderes signalisiert: Man hat sich bereits dafür gewinnen lassen, Euthanasie bedingt in Betracht zu ziehen oder gar zu *billigen*.

Dabei ist man vielleicht vor allem von dem Wunsch bewegt, selbst einem leidvollen Altern oder Sterben zu entgehen; man scheut sich jedoch, darüber zu sprechen. In diesem Fall kann die Verschwiegenheit darauf hinweisen, daß man der Tötung auf Verlangen nicht wirklich mit jener Unbefangenheit gegenübersteht, die uns Gesellschaften für humanes Sterben einreden möchten; daß man z.B. noch das Unheimliche spürt, das von der Vorstellung jeder Tötung ausgeht.

Oder man billigt insgeheim die Euthanasie als einen Weg, sich »unproduktiver« und »kosten-intensiver« Elemente der Gesellschaft zu entledigen, also pflegebedürftige, senile und insbesondere - wie bei der »eugenisch begründeten« Abtreibung - behinderte oder geschädigte Menschen loszuwerden. Es scheint nur allzu verständlich, daß man über solche Ideen nicht laut, oder lediglich in Andeutungen, zu sprechen wagt. Dennoch darf man fragen: Warum eigentlich nicht?

Es ist nicht einfach die Rücksicht auf Betroffene, die das Schweigen erklären würde. Denn wo wir ein gutes Gewissen haben, fällt es uns nicht schwer, zumindest in allgemeiner Form einen bestimmten Umgang mit einer bestimmten Gruppe von Personen offen zu empfehlen oder zu fordern. Wenn wir z.B. verlangen, daß unfähige Bewerber nicht eingestellt oder kaltblütige Verbrecher hart bestraft werden, tun wir das nicht hinter vorgehaltener Hand - obwohl wir die Betroffenen vielleicht bedauern: die Frage der *Rücksicht* stellt sich hier nicht. Auch die allgemeine Empfehlung einer »sozialen Indikation« für (notfalls unfreiwillige) Tötung müßte also die Öffentlichkeit nicht scheuen, wenn der Befürworter mit sich im Reinen wäre.

Daß tatsächlich Vorstellungen verschwiegen werden, die auf eine Beseitigung »unproduktiver« Mitglieder der Gesellschaft hinauslaufen, zeigt sich, wenn das Schweigen gelegentlich gebrochen wird. »Professionell« geschieht das in den (unter 1.1) erwähnten Fachzeitschriften. Aber auch vor der breiteren Öffentlichkeit kommt es vor. In einer New Yorker Universitätsdebatte sprach der Referent von Überalterung der Gesellschaft wegen sinkender Geburtenrate; sein Korreferent erhielt lauten Beifall, als er erwiderte: »Euthanasie für die Über-sechzig-Jährigen wird dieses Problem lösen«. In Europa artikulieren sich vergleichbare Ideen wohl eher unfreiwillig und indirekt. Zum Beispiel im Kontext der Diskussion über Abtreibung aus eugenischen Motiven; oder wenn ein Gericht Verständnis für Menschen zeigt, die ihre Urlaubsqualität durch Behinderte beeinträchtigt sehen (vgl. auch 3.3). Nur selten äußert sich bisher die Bevölkerung so ungeniert wie jene Dame, deren Leserbrief immerhin der *Guardian* wiedergab: Es sei unsozial, meint Frau Polly Toynbee, wenn Zeitungen oder Fernsehen Bilder bringen, auf denen kontergan-geschädigte Kinder *lachend* zu sehen seien.

Nicht sehen, nicht hören, nicht reden

Bemerkenswert an diesem Beispiel ist zweierlei: 1. Das Anliegen ist ganz offenkundig *nicht*, geschädigten und behinderten Kindern solle man ein leidvolles Leben ersparen. Vielmehr erscheint hier die Erinnerung daran, daß ein behindertes Leben Glück nicht ausschließt, als Skandal. Das Gewissen der Gesunden soll doch, bitteschön, nicht mit dem Gedanken belastet werden, Abtreibung oder Euthanasie sei in jenen Fällen wohl doch nicht mit dem Interesse der Betroffenen zu begründen. 2. Ganz ungeschminkt begegnet uns hier die Forderung, man solle Informationen verschweigen, die uns daran hindern könnten, moralisch wegzublicken, uns also etwas vorzumachen.

Die *Guardian*-Leserin hat konkret und offen, wenn auch unfreiwillig und nur implizit, gefordert, was sich wohl die meisten von uns, zumindest gelegentlich, diffus und heimlich wünschen: gezieltes Unwissen zur Betäubung des Gewissens. Dieser Wunsch erklärt wohl auch am besten, wieso in der Diskussion um moralische und rechtliche Billigung der Abtreibung moralisch relevante Informationen zurückgehalten werden. Es gab unterschiedliche Gründe, warum die Befürworter hier moralische Tabus auch öffentlich brechen konnten - in einer Weise, die beim Thema Euthanasie kaum denkbar ist. Zu diesen Gründen gehörte wohl u.a., daß *relevante Tatsachen verschwiegen* wurden.

So scheut man z.B. noch heute die (sogar per Film erhältliche) Information darüber, wie früh der Embryo spezifische Strukturmerkmale des menschlichen Organismus erkennen läßt; was bei einer Abtreibung vor sich geht; daß der Fötus dabei verletzenden Instrumenten auszuweichen sucht, sich bis zu seinem Tod vergebens zur Wehr setzt usw. Ein anderes Beispiel sprechen Angela Neustatter und Gina Newson in einem Buch mit dem bezeichnenden Titel *Mixed Feelings* (Pluto Press, 1986) an: Auf Feministinnen, die sich für die Legalisierung der Abtreibung einsetzen, lastet der Erwartungsdruck, im Hinblick auf das Thema Abtreibung nur ja keine ambivalenten oder gar Schuld-Gefühle wegen der Tötung eines Menschen zu äußern.

Weniger auffallend und weniger ausgeprägt als Unwissen und Schweigen im Umkreis des Themas Abtreibung ist die Einseitigkeit der Informationen über das Leben stark geschädigter oder behinderter Kinder und schwer kranker oder beeinträchtigter alter Menschen. Was wir zu hören und zu sehen bekommen, sind Schilderungen und Bilder von Elend, Leid und Verzweiflung, von Mitleid und Hilfe. Diesen Darstellungen sollten wir uns sicher ebensowenig entziehen wie Informationen über pränatales menschliches Leben und Abtreibung. Doch wäre ihnen, erstens, die Erinnerung daran hinzuzufügen, daß Behinderung und Krankheit *nicht die einzigen* und wohl nicht die schrecklichsten Ursachen von Leid und Verzweiflung sind. (Hätten Verzweiflung und schweres Leid als Gründe für Euthanasie zu gelten, so sollten sich wohl recht viele Menschen in ganz unterschiedlichen Situationen als Interessenten betrachten.) Vor allem aber ist, zweitens, die Information insofern *einseitig*, als wir nur wenig über das positive Erleben, die Hoffnungen, den Lebenswillen und vielleicht das Glück der direkt oder indirekt Betroffenen erfahren. Freilich wird man ohnehin nicht allzuviel von dem erfahren, was man - wie Frau Toynbee - nicht zu erfahren wünscht.

Warum Gefühlsreaktionen relevant sind

Ich habe vom Zurückhalten moralisch relevanter Informationen gesprochen. Sind aber z.B. der unmittelbare Eindruck vom Todeskampf eines Ungeborenen oder die Konfrontation mit der Vielfalt menschlicher Schicksale tatsächlich moralisch relevant? Appellieren sie nicht, im Gegenteil, in einer Weise an unser Gefühl, die ein rationales Urteil eher erschwert als fördert?

Ich möchte mich nicht bei der selbstverständlich richtigen Antwort aufhalten, daß wenigstens die *Wahrheit* über das Leben von Ungeborenen, über die Einstellungen schwer Behinderter und unheilbar Kranker u.ä. der Rationalität des moralischen Urteils über den Umgang mit diesen Menschen kaum schaden kann. Ich möchte auch nur flüchtig daran erinnern, daß wir uns Berichte und Bilder über nationalsozialistische Konzentrationslager kaum mit dem Hinweis vom Leib halten werden, hier würden wir durch den Appell an Mitgefühl und Entsetzen moralisch manipuliert. Wichtiger ist mir der *grundsätzliche* Hinweis darauf, daß Erfahrungen und Kenntnisse, die uns *emotional engagieren*, keineswegs dem Verdacht unterliegen müssen, *sentimentaler Irrationalität* im moralischen Urteil Vorschub zu leisten.

Im Gegenteil: Unseren *grundlegenden* moralischen Überzeugungen würden die Wurzeln fehlen, wenn sie von spontanen gefühlsbesetzten Reaktionen auf charakteristische menschliche

Situationen, Begebenheiten usw. völlig abgelöst würden. Denken wir nur an die grundsätzliche Anerkennung eines Rechts auf Leben: Allein der Umstand, daß es ein *Mensch* ist, der uns gegenübersteht, ist ein Grund, ihn nicht zu *töten*, d.h.: *diese* Möglichkeit der Auseinandersetzung mit ihm aus den erwägbaren Alternativen von vornherein auszuschließen. Es scheint aber, daß wir die Anerkennung dieses Handlungsgrundes auf der Basis von *Gefühlsimpulsen und -reaktionen* erwerben und aufrechterhalten. Zu ihnen gehört Verschiedenes: Wir schrecken davor zurück, an einen Menschen »Hand anzulegen«; wir vollziehen das Zurückschrecken anderer mit; der Bericht über einen Mord und erst recht der Anblick eines Ermordeten lösen Entsetzen aus - und anderes mehr.

Rationalität besteht in der Orientierung an Gründen, praktische Rationalität in der Orientierung an Gründen, so oder so zu handeln. Was hier als ein Grund gilt, *lernen* wir, und zwar nicht unabhängig von spontanen emotionalen Reaktionen. Bevor solche Reaktionen im Einzelfall irrational sein können, beruht auf ihnen zunächst einmal unsere praktische Rationalität.

In der spontanen gefühlsmäßigen Ablehnung der Tötung eines Menschen wurzelt auch die Überzeugung, daß dem Tötungsverbot aus den besonderen Situationen von Sterbewilligen, Leidenden, schwer Behinderten, Bewußtlosen und Ungeborenen keine Ausnahmen erwachsen. Der Fortbestand dieser Überzeugung, die sich nicht auf noch gewissere Prämissen stützen läßt, ist darauf angewiesen, daß ihre vor-rationalen Wurzeln nicht zerstört werden. Zu einer solchen Zerstörung kann aber vieles beitragen - u.a. eben auch eine Manipulation der *Ausdrucksweise*, mit der wir uns unausdrücklich Begriffe, Perspektiven und Einstellungen aneignen, die in unsere ausdrücklichen *Urteile* eingehen.

Unter Voraussetzung der Überzeugung also, daß Euthanasie und Abtreibung moralisch unzulässig sind, tut man durchaus etwas für die moralische Wahrheit - nicht nur für die Reinheit der Sprache und für die Gesundheit der Seele - wenn man die sprachliche Verdrängung der Wurzeln dieser Überzeugung zum Thema macht. Aber *auch wer die Voraussetzung nicht schon teilt*, muß sich durch die Erörterungen dieses Kapitels vor die Frage stellen lassen: Welche unterdrückten spontanen Reaktionen und Gewissensregungen kommen im verschleiernden Vokabular und in der unaufrichtigen Argumentation zum Vorschein? Und welche Bedeutung gestehe ich solchen Impulsen zu - angesichts der Tatsache, daß unsere Gewißheit in grundlegenden moralischen Fragen nicht tiefer wurzeln kann als in der Fraglosigkeit von Gemüts- und Verhaltensimpulsen?

2.4 Was die verräterische Sprache eigentlich verrät

Die vorangehenden Abschnitte weisen darauf hin, daß unsere Sprache bzw. ihre systematische Verwahrlosung und Verwirrung im Bereich der Themen Euthanasie und Abtreibung einiges verrät: Wortmißbrauch und euphemistische oder frivole Wortwahl lenken von fragwürdigen Praktiken und vom Gewicht des Themas ab, verharmlosen die Qualität des Geschehens, verschleiern die Realität, versorgen mit prophylaktischen Rechtfertigungen; in unqualifizierten Argumenten unterwandern Wünsche die Moral; Schweigen ist manchmal moralisch beredt. Wo aber liegen die tieferen Gründe für diese sprachlichen Manöver?

Zunächst einmal: Irreführender Sprachgebrauch wird eingeführt und rezipiert, um das Gewissen zu beschwichtigen. Ist dann der gängige Wortschatz erst einmal infiziert, enthalten und transportieren unsere Ausdrucksweisen die eingebaute *Unaufrichtigkeit* wie Mineralien ihren Einschluß. Sobald wir sie allerdings unter die Lupe nehmen, offenbaren sie, was sie verbergen sollten, und das schlechte »Gewissen der Gesellschaft« kommt zum Vorschein.

Wäre mit unserer Einstellung zum menschlichen Leben alles in bester Ordnung, so hätten wir keinen Grund, uns mit verbalen Manövern den Blick auf bestimmte Realitäten dieses Lebens und unseres Umgangs mit ihnen zu verstellen. Wären wir z.B. bei lauterster Selbstprüfung gewiß, daß grundsätzlich Selbsttötung und Tötung auf Verlangen moralisch unbedenklich sind, so müßten wir diese Überzeugung nicht hinter dem schillernden, poetisch-unschuldigen Ausdruck »Recht auf den eigenen Tod« verstecken.

Die Weise, wie wir über Euthanasie und Abtreibung sprechen - und dazu rechne ich manches Nicht-Sprechen -, scheint das zu *zeigen*, was wir nicht *aussprechen*, weil es uns nicht angenehm oder auch gar nicht bewußt ist. Der Eindruck läßt sich noch etwas genauer bestimmen: Die ablenkende Ausdrucksweise, in der man häufig die moralische Unbedenklichkeit von Euthanasie und Abtreibung vertritt, spiegelt die *Anstrengung* wider, mit der man eine andere Sicht *abwehrt*; das läßt vermuten, daß sich diese andere Sicht noch im eigenen Herzen regt und daß es verbaler Selbst-Vergewisserung bedarf, um sie durch die »liberale« Beurteilung zu verdrängen.

Insofern erweist sich die manipulierte Ausdrucksweise als zweischneidig: Ihre Funktion ist zwar, Bedenken zu zerstreuen; gerade durch diesen etwas überstürzten Eifer jedoch verrät sie zugleich, was sie zu verbergen hat, nämlich unterdrückte Impulse des moralischen Unbehagens. Solange man sich von einer solchen Ausdrucksweise nicht distanziert, erlaubt man ihr die Zersetzung der moralischen Integrität. Das gilt ganz unabhängig davon, um welche Kontroverse es sich handelt und welche Position man vertritt.

Unlautere oder doch sehr fadenscheinige Argumentation begegnet sowohl bei Befürwortern als auch bei Gegnern von Euthanasie oder Abtreibung. Wie kommt es bei so wichtigen Themen dazu, daß manches Argument so unseriös, so wenig triftig und schlüssig ist, daß einem in anderen Zusammenhängen Vergleichbares gar nicht einfiele? Wie kommt es, daß man sich, scheinbar argumentierend, in Wirklichkeit mit Schlagwörtern begnügt, mit denen man das Gegenüber vielleicht zu schlagen, aber kaum zu überzeugen hoffen kann? Die Antwort auf diese Fragen dürfte zwei Seiten haben.

Auf der einen Seite liegt darin wohl der oft kaum bewußte Versuch, die Auseinandersetzung bzw. die Meinungsbildung des Gegenübers zu manipulieren. Auf der anderen Seite aber dürfte der Mangel an Argumentationskultur zugleich Symptom eines Zwiespalts sein, der gerade aus dem Gewicht der Themen resultiert: Mit Euthanasie und Abtreibung sind so grundlegende und in der Tiefe berührende Fragen verbunden, daß uns einerseits die Antworten und ihre Verteidigung überaus *wichtig* sind, daß wir aber andererseits nur *wenig Spielraum* haben, zur stichhaltigen Begründung dieser Antworten auf noch gewissere Prämissen zurückzugreifen oder doch durch stützende Argumente zu überzeugen.

Diesem Dilemma sieht sich natürlich auch ausgesetzt, wer zum Thema *Tötung auf Verlangen* ein Buch schreibt. Ich habe in Abschnitt 1.2 versucht, die Grenzen abzustecken, in denen sich die Argumentation zu diesem Thema zu bewegen hat. Wo ich den Eindruck erwecke, diese Grenzen überschreiten zu können, oder als bewiesen ausgebe, was nur plausibel ist, wird mich, wenn irgendetwas, vielleicht der Ernst des Dilemmas entschuldigen.

3 Nicht vor dem Tod für tot erklären: Gespräch mit Ursula Lehr über Altern und Sterben

3.1 Wenn es ernst wird: die Perspektive der Betroffenen

Frau Professor Lehr, Sie sind in Ihrer wissenschaftlichen Forschung und dann auch als Familien- und Gesundheitsministerin mit Fragen im Umkreis des Themas Tötung auf Verlangen in Kontakt gekommen. Sie haben sich immer wieder mit den individuellen und den gesellschaftlichen Bedingungen beschäftigt, unter denen der Gedanke an Euthanasie überhaupt auftritt. Welche Erfahrungen und Einsichten aus Ihrer Tätigkeit scheinen Ihnen besonders wichtig?

Um mit der wissenschaftlichen Tätigkeit zu beginnen: Die Literatur zum Thema Tod und Sterben, auch die psychologische, ist enorm angewachsen. Doch wenn man fragt, wie weit die Ergebnisse auf verläßlichen Untersuchungen und exakten Beobachtungen beruhen, gerät vieles ins Schwimmen. Meistens nämlich werden Beobachtungen an Einzelfällen sehr schnell verallgemeinert.

Eine Diplomarbeit, die vor gut zehn Jahren an der Universität Bonn entstand, ist für unser Thema besonders aufschlußreich. Der Verfasser hatte selbst als angehender Arzt auf der Intensivstation gearbeitet und später die Patienten, die sie sozusagen überlebten, auf ihren Einzel- oder Zweibettzimmern besucht und befragt. Eines der erstaunlichen Ergebnisse war folgendes: Auch Patienten, die man längst »abgeschrieben« hatte, waren in der Lage, genau und bis in Einzelheiten hinein über ihre Erfahrungen auf der Intensivstation zu berichten.

Das ging vom Geschmuse des Arztes mit der Schwester und ganz nebensächlichen Dingen bis hin zu den eigenen Ängsten, das Krankenhauspersonal könnte ein lebenswichtiges Gerät abstellen. »Sie standen vor meinem Bett und sagten: Es ist doch nichts mehr zu machen« - solches und ähnliches wußten die Patienten zu berichten.

Einige waren darunter, die früher gemeint hatten: »Wenn ich in meinem Alter mal auf die Intensivstation komme, unternehmt bitte gar nichts mehr; denn dann hat der liebe Gott erklärt: Jetzt ist das Ende da.« Als die Situation tatsächlich eingetreten war, befürchteten diese Leute dann das »Abschalten«. Ähnliches gilt, wenn in einer Patientenverfügung steht: »Bei einem Unfall mit den-und-den Folgen möchte ich nicht auf die Intensivstation kommen.« Wer nach so einem Unfall noch zu einer Entscheidung in der Lage ist, handelt auch hier meist anders, als er sich vorher vorgenommen hat.

Solche Ergebnisse halte ich für entscheidend wichtig. Sie setzen hinter alle Maßnahmen nach dem Motto »death with dignity« ein großes Fragezeichen.

Nun, das hängt wohl davon ab, was man mit dem Ausdruck meint. Sie werden ja nichts dagegen haben, daß Menschen in Würde sterben?

Nein, sicherlich nicht. Deshalb sagte ich ja: »death with dignity"; denn mit diesem Ausdruck will man sich speziell gegen die Zumutungen der Intensivstation verwahren. Ich will sagen: Der einmal gewünschte Verzicht auf Behandlung - die »passive Sterbehilfe« - entspricht durchaus nicht immer den Wünschen, die ein Patient hat, wenn es ernst wird. Man muß also auch die Frage stellen, ob Tötung auf Verlangen - »aktive Sterbehilfe« - zum Zeitpunkt der Tötung generell noch das »Verlangte« ist.

Ich habe Ihnen ein paar 1996 veröffentlichte Zahlen herausgesucht. Für ein einziges Jahr verzeichnen die Niederlande als Todesursache: Gabe eines Giftes durch den Arzt auf Verlangen des Patienten in 2300 Fällen; Gabe eines Giftes durch den Arzt ohne Verlangen des Patienten in 1000 Fällen; Überdosis eines Medikamentes in 8100 Fällen, wobei Tötung in 6750 Fällen »eines der Motive«, in 1350 Fällen »das ausdrückliche Motiv« des Arztes war. Stellen Sie sich das vor! Zu den genannten Todesursachen kommt noch: Abbruch lebensverlängernder Behandlung ohne Verlangen des Patienten in fast 8000 Fällen.

Besonders beunruhigt die zunehmende Zahl von nicht erbetenen Tötungen. Und damit bin ich wieder bei der Frage: Wie steht es tatsächlich um die Entscheidungsfreiheit des Schwerkranken? Schon ältere Studien machen deutlich, daß vielfach in der kritischen Situation nicht die Patienten bestimmen, sondern ihre Angehörigen. Und darin sehe ich eine ganz große Gefahr.

Gefahren sehe ich auch im Zuge der sicher notwendigen Beschneidung der Gesundheitskosten auf uns zukommen. Als Ministerin sprach ich 1990 mit Ärzten der ehemaligen DDR, die mir sagten: »Sie glauben nicht, wie furchtbar es war: hier mußten wir Scharfrichter spielen, schon bei der Entscheidung, ob jemand eine Dialyse bekommt oder nicht.« Damals gab es dort ganz wenige Dialyse-Geräte, und wenn einer mal über 60 war, hatte er kaum eine Chance. Diese Erfahrungen waren für mich der Anlaß, Anfang 1990, unmittelbar nach dem Fall der Mauer, mit der Deutschen Gesellschaft für Dialyse Kontakt aufzunehmen, so daß wir bald den interessierten Patienten Dialyse-Geräte und den Ärzten eine Einführung in die Dialyse vermitteln konnten.

Sie sprachen davon, daß Verwandte zunehmend die Entscheidung treffen, die man eigentlich dem Patienten überlassen möchte. Glauben Sie, daß Patententestamente da ein Ausweg sind?

Dem Patiententestament gegenüber bin ich eher skeptisch - aus den Erfahrungen heraus, die ich eingangs geschildert habe. Heute, da es mir gut geht, schreibe ich leicht etwas hin, um auf Behandlung zu verzichten. Ob ich aber dann, wenn ich mit einem Schlaganfall im Krankenhaus liege, noch dasselbe erwarte und erhoffe? Das jedenfalls wissen wir: daß die meisten Menschen doch auch an einem sehr eingeschränkten Leben noch hängen.

Aber es gibt ja Fälle, in denen tatsächlich der Patient nicht mehr entscheiden kann. Welche Rolle spielen da die Angehörigen, welche Rolle die Ärzte - und welche Rolle sollten sie spielen?

Eine Antwort auf diese letzte Frage ist sehr schwer. Eines jedenfalls steht für mich fest: Ärzte sind verpflichtet - oder sollten es sein -, dem Leben ihres Patienten zu dienen, ohne beurteilen zu wollen, wie lebenswert es ist.

Ich entsinne mich eines älteren Mannes, dem man schon beide Beine amputiert hatte; er saß schon im Rollstuhl und erlitt dann noch einen Schlaganfall mit halbseitiger Lähmung. Man gab ihn mehr oder weniger auf und diskutierte darüber, ob man ihn überhaupt noch rehabilitieren solle. In sechs- oder achtwöchiger Reha-Zeit erreichte er schließlich nur, daß er wieder die Hand bewegen konnte. Aber nun konnte er seinen elektrischen Rollstuhl so einstellen, daß er wieder sehr viel selbständiger und von anderen unabhängiger war. Der Beobachter stellt hier vielleicht nur Hilflosigkeit fest und »Pflegestufe drei«. Aber das ist nicht die Perspektive des Betroffenen. Und auch innerhalb der Pflegestufe drei können Rehabilitation und Nicht-Aufgeben sehr viel zur Lebensqualität beitragen.

3.2 Woher das Interesse an Euthanasie?

Woher kommt es aber, daß das Thema Euthanasie an Interesse zunimmt? Reden Intellektuelle es der Bevölkerung ein? Oder verleihen gesellschaftliche Entwicklungen der Frage Brisanz? Oder sind vielleicht Faktoren wirksam, die gar nicht viel mit der Familie oder sonstigen sozialen Strukturen zu tun haben, sondern eher mit der Säkularisierung der Moral, mit einem stärker forcierten Ideal der Selbstbestimmung o.ä.?

Ein entscheidender Faktor ist m.E. die Ausdehnung der Kosten-Nutzen-Rechnung auf den Bereich von Leben und Sterben. Und diese Entwicklung macht mir Angst.

Aber woher kommt sie?

Vermutlich greift das Kosten-Nutzen-Denken schon immer leicht auf die tieferen Dimensionen des menschlichen Lebens über. Sie finden es z.B. auch bei den Naturvölkern: Säuglinge oder Alte fallen der Gruppe zur Last ...

Unter demselben Vorzeichen wurden die Themen »lebensunwertes Leben« und »Euthanasie« in der Psychiatrie schon vor dem Dritten Reich akut: Da unterhält die Gesellschaft, so meinte man, Leute, die wahnsinnig viel kosten und keinerlei Nutzen bringen. Auch bei Binding und Hoche ging es doch letzten Endes um die Kosten-Nutzen-Frage: Was sollen wir Esser mit uns herumschleppen, die uns nichts bringen?

Glauben Sie, ganz abgesehen von diesem Gesichtspunkt, daß während der letzten Jahrzehnte im moralischen Bewußtsein der Bevölkerung eine Verschiebung stattgefunden hat, die sich im veränderten Umgang mit unserer Frage auswirkt?

Ja, das muß wohl der Fall sein. Man toleriert auch z.B. eher den Suizid, man toleriert die Abtreibung. Ich sehe da durchaus einen Zusammenhang. Vor allem spricht man ohne weiteres in einer Weise darüber, die es nicht immer gab und die eine veränderte Einstellung verrät. Wenn Sie Biographien erheben, brauchen Sie gar nicht tief zu graben, um - vor allem von jüngeren Frauen - zu erfahren: »In den und den Fällen habe ich dann abgetrieben ...«.

Sie meinen, so etwas wie Scheu ist verloren gegangen?

Ja, genau: eine Scheu. Die neue Einstellung darf damit rechnen, von der Gesellschaft toleriert zu werden.

Nun hat ja gerade bei der Abtreibungsdiskussion das Thema Autonomie eine wichtige Rolle gespielt. Denken Sie, daß Gesichtspunkte der Selbstbestimmung auch das Interesse an einer Legalisierung der Euthanasie oder doch an dieser Frage fördern?

Handelt es sich nicht eher um eingebildete Selbstbestimmung? Ich erinnere nochmals daran, daß man höchstens etwas »vorherbestimmt«, da man im voraus nicht weiß, was man im kritischen Augenblick wünschen wird. Selbstbestimmung in der Situation - ja; aber Selbstbestimmung für die Zukunft?

Auf der anderen Seite kann gerade das Verlangen nach Euthanasie in der Situation selbst eine vorübergehende Stimmung widerspiegeln. Unter welchen Bedingungen also soll hier von Selbstbestimmung die Rede sein? Wie dem auch sei, das Argument der Selbstbestimmung wird jedenfalls vorgebracht und appelliert an ein Motiv, das heute jeden anspricht.

Und es stellt eine Kontinuität von der Abtreibung über die Früh-Euthanasie hin zur Tötung auf Verlangen her. Wie man sich zugunsten der Abtreibung unter anderem auf das Recht der

Mutter auf Selbstbestimmung beruft, so steht - wenn auch viel weniger offenkundig - in manchem Plädoyer für Früh-Euthanasie an schwer behinderten Neugeborenen ein Anspruch auf Autonomie im Hintergrund: der Anspruch der Erwachsenen, in ihrer Freiheit nicht übermäßig eingeschränkt zu werden. Bei der Tötung auf Verlangen geht es dann schließlich um die Freiheit, sich einer Last zu entledigen, die das eigene Leben für einen darstellt.

Ich glaube, ich war eine der wenigen, die in die Bundestagsdebatte zur Abtreibung diesen Gesichtspunkt einbrachten: daß mit deren Legalisierung der erste Schritt dazu getan sei, die Unantastbarkeit des menschlichen Lebens weiter abzubauen.

Falls Selbstbestimmung als treibendes Motiv eine wichtige Rolle spielt, kann man vielleicht auch sagen: Eine bejahende Einstellung zu Selbsttötung und Euthanasie hat dieselben Wurzeln wie ihr scheinbares Gegenteil, nämlich der in unserer Gesellschaft spürbare unbedingte Anspruch auf Lebenserhaltung und auf ein zufriedenstellendes, »lebenswertes« Leben. Wir wollen möglichst alles in der Hand haben. Die Medizin muß in der Lage sein, mich »wieder hinzukriegen«. Und wenn ihr das schon nicht gelingt, will ich wenigstens mit ihrer Hilfe dafür sorgen können, daß ich die Pleite nicht ausbaden muß.

Ich weiß nicht, ob es so ist: »Wenn es dem Arzt nicht gelingt, mich zu heilen, soll er mich umbringen« - ausgesprochen wird so etwas ja nicht.

Noch nicht - und nicht in dieser Form. Freilich kommt es vor, daß ein Arzt mit der Erwartung des Patienten konfrontiert wird, er möge für dessen Tod sorgen. Aber da Euthanasie unter Strafe steht und außerdem von den meisten Ärzten abgelehnt wird, haben euthanasiebereite Patienten kaum den »Mut«, einen solchen Wunsch zu äußern.

Meines Erachtens sollten wir diesen Wunsch etwas nüchterner sehen. Er stellt sich doch vor allem bei Menschen ein, die depressiv sind - und meist auch schon vorher depressiv waren, nicht erst infolge der Krankheit. In diesen Fällen ist die Depression das Problem, das man angehen sollte.

Ein zusätzliches Problem besteht wahrscheinlich darin, daß es uns heute fernliegt, im Leiden einen Sinn zu sehen.

Nicht nur im Leiden, auch in ihrem Leben sehen viele Patienten keinen Sinn. Hier liegt das tiefere Problem. Es ist bekannt, daß man unangenehme Situationen leichter erträgt, wenn man einen positiven Ausblick hat. Fehlt dieser Ausblick, so wirken auch weniger unangenehme Situationen weit schlimmer. Wir haben bei vielen Untersuchungen zur Berufstätigkeit gefunden, daß man auch eine als sehr unangenehm empfundene Berufssituation leichter erträgt, wenn man beispielsweise vorhat, am Abend einen Freund zu treffen, auszugehen, das Theater zu besuchen o.ä.

Andererseits wissen wir auch: Wenn ich Angst davor habe, am Abend nach Hause zu kommen, wo nur der brummige Alte und quengelnde Kinder auf mich warten usw., dann erscheinen mir auch kleinste berufliche Unannehmlichkeiten in enormen Dimensionen.

Ähnlich strahlt die Lebensperspektive auf das Erleben von Krankheit und Leid ab. Habe ich positive Ziele, so werde ich auch dem Schmerz nicht so ausgeliefert sein und mit dem Leid eher fertig werden. Blicke ich dagegen ohne Hoffnung in die Zukunft - habe ich keinen Freund, weiß ich nicht, wo ich mich wohl fühlen könnte, usw. - dann ist auch das gegenwärtige Leiden unerträglich, und ich gebe mich auf.

Nun wird ja das Problem, daß ein Patient vom Leben nichts mehr erwartet, vor allem da auftreten, wo er weiß: Ich habe keine Chance, wieder gesund oder auch nur einigermaßen selbständig zu werden. Woher soll in so einem Fall die positive Zukunftsperspektive kommen?

Es muß ja gar nicht unbedingt die Erwartung sein, wieder gesund zu werden, dies und jenes unternehmen zu können usw. Die Frage ist, ob ich mich auf etwas freuen kann, ob die Zukunft irgendwie »positiv belegt« ist, z.B. in dem Wissen: Heute abend kommt diese nette Schwester wieder; ich werde schöne Musik zu hören bekommen; o.ä.

Und Sie denken, das kann es auch für den Sterbenden geben, der schon seinem Tod entgegensieht?

Ja, sicher. Und auch am Ergehen anderer Menschen kann er noch Anteil nehmen. Aber all das hängt natürlich davon ab, wie er vorher gelebt, welchen Sinn er seinem Leben abgewonnen hat.

Vereinsamung durch Auflösung der Familie?

Zu den Hintergründen der heutigen Diskussion und auch der Befürwortung von Euthanasie in manchen Kreisen gehören also Sinnverlust und gewandelte Einstellungen. Gibt es aber nicht auch andere Hintergründe, Faktoren sozialer Art? Die Soziologen sprechen z.B. von Individualisierung.

Ich denke, die Gefahren der Vereinzelung werden übertrieben. Angeblich erhalten die alten Menschen von ihren Kindern keine Unterstützung, keine Aufmerksamkeit, keinen Besuch mehr. Dazu gibt es aber interessante Untersuchungsergebnisse: Die Klagen über Einsamkeit im Alter kommen vorwiegend von Leuten, die gar keine Kinder haben. Diejenigen, die Kinder haben, klagen kaum über Einsamkeit oder Mangel an Besuch.

Es ist auch falsch, wie es heute sehr oft geschieht, den hohen Anteil an Ein-Personen-Haushalten - sie machen rund 35 Prozent unserer Haushalte aus - mit Einsamkeit gleichzusetzen. Viele, die alleine wohnen, sind ganz und gar nicht einsam; und manche, die zu zweit oder zu dritt wohnen, sind sehr einsam. Und so etwas ist weit schlimmer als Allein-Sein: Einsamkeit in der Partnerschaft. Man muß auch zwischen Einsamkeit und Isolation unterscheiden. Jemand kann isoliert sein - er sieht die ganze Woche lang keinen Menschen -, ohne sich doch einsam zu fühlen. Ein anderer ist nicht isoliert - er hat jeden Tag mit vielen Leuten zu tun - und fühlt sich dennoch einsam.

Nehmen wir an, ich erwarte, daß mein Sohn mich an fünf Tagen in der Woche besucht. Dann könnte ich mich einsam fühlen, wenn er nur einmal kommt. Einsamkeit ist also auch eine Funktion der Erwartungshaltung. In dem genannten Fall müßte ich schlicht meine Erwartungshaltung korrigieren.

Untersuchungen haben außerdem gezeigt, daß Einsamkeit eine Funktion der Langeweile ist. Wenn ich mich langweile, keine Hobbies und nichts zu tun habe, fühle ich mich eher einsam, als wenn ich bestimmte Aufgaben habe. Aber auch wo es daran nicht fehlt, stellt sich vielfach Einsamkeit ein, weil die Zeit nicht gegliedert, nicht rhythmisiert ist. Bei Naturvölkern weist das Leben deutliche Rhythmen auf. Und auch für uns galt das, als die Landwirtschaft noch blühte. Es gab die Makrorhythmik von Frühling, Sommer, Herbst und Winter; und eine Mikrorhythmik, z.B.: früh aufstehen, das Vieh füttern, dann dies, dann jenes. Jahres- und Tageslauf waren streng gegliedert. Im liturgischen Jahr der Kirchen finden Sie ebenfalls Makro- und Mikro-Gliederung, im Extremfall - bei Mönchen und Nonnen - bis in den Stundenrhythmus hinein. Für Menschen unserer Zeit ist häufig der Beruf das, was das Leben rhythmisiert. Er legt fest, wann man aufstehen muß, wann Mittagspause, wann Feierabend, wann längerer oder kürzerer Urlaub ist.

Diese Rhythmisierung entfällt meist im Alter und erst recht, wenn der Partner gestorben ist: wenn man nicht für andere zu kochen hat usw. So kommt Langeweile auf - und als Folge das Gefühl der Einsamkeit. Daher ist es sehr wichtig, sich auch im Alter ein neues Netz von Gewohnheiten zu schaffen, das Leben zu rhythmisieren.

Entscheidend ist schließlich für die Vermeidung von Einsamkeit - das weiß natürlich jeder, und alle einschlägigen Untersuchungen bestätigen es - das Gefühl, gebraucht zu werden: gebraucht zu werden von der Nachbarin, von den Studenten, von den Kindern oder von wem auch immer, aber jedenfalls für andere etwas tun zu können und nützlich zu sein.

Sie nennen da eine Reihe von Faktoren, die heute zu vermehrter Einsamkeit führen. Darunter sind doch sicher einige, die mit unserer gesellschaftlichen Situation überhaupt zu tun haben.

Natürlich. Vor allem hat sich die Familienstruktur geändert. Das Rad können wir nicht zurückdrehen, ob wir den Wandel nun begrüßen oder bedauern. Aber - und auch das ist ein Untersuchungsergebnis - im Alter sind Kontakte außerhalb der Familie weit wichtiger als innerhalb. Den Wunsch nach verstärkten innerfamiliären Kontakten haben eigentlich nur Menschen mit sehr eingeschränkten Interessen, Menschen in gesundheitlich oder auch finanziell sehr schwieriger Lage und solche, die immer besonders familienzentriert gelebt haben.

Diese Menschen sind ohnehin in der großen Gefahr, wenn sie älter werden, ihr Dasein als sinnlos zu erleben. Ich denke vor allem an Empfindungen von Frauen gegenüber ihren Kindern: »Ich habe alles für euch aufgegeben, und jetzt zieht ihr aus!« Natürlich müssen sie ausziehen. Diejenigen, bei denen der ganze Sinn des Lebens die Familie war, fallen dann in ein tiefes Loch. Dagegen ist der selbständige Ältere, der aktiver ist, mehr Interessen und Aufgaben außerhalb der Familie hat, bei reduzierten familiären Kontakten sogar zufriedener.

Damit Sie mich nicht mißverstehen: Selbstverständlich ist familiäre Harmonie für Lebensqualität im Alter sehr wichtig. Was aber zur familiären Harmonie beiträgt, ist sehr unterschiedlich. Es kommt nicht auf die Quantität des Kontakts an, sondern auf die Qualität. Oder, anders gesagt, auf innere Nähe bei äußerer Distanz. Schlimm ist innere Distanz bei äußerer Nähe: man wohnt unter einem Dach, aber spricht nicht miteinander.

Wirkt sich aber nicht doch die Auflösung der Familie darin aus, daß die Menschen ihren Alterskrankheiten und dem Sterben mit mehr Angst entgegensehen?

Im familiären Zusammenleben haben innere Bande weitgehend äußere Bande ersetzt. In früheren Zeiten, als man von den Angehörigen abhängig war - als es noch keine Alterssicherung, kein BaföG gab usw. - da hielt die Familie zwangsläufig weit stärker zusammen. Man mußte zusammenhalten. Heute haben wir Versicherungen, BaföG, Erziehungsurlaub u.a.m. Diese Segnungen des Sozialstaates haben zweifellos dazu beigetragen, familiäre Bande zu lockern. Dennoch haben in der heutigen Familie die Generationen ein besseres Verhältnis zueinander als je zuvor. Der Zusammenhalt beruht nämlich jetzt nicht mehr auf Zwang. Innere Bande ersetzen tatsächlich die äußeren.

Die Angst vor Vereinsamung, von der Sie sprechen, trifft man bei einigen wenigen der heutigen Älteren tatsächlich an - bei einer Übergangsgeneration, wie ich behaupten würde. Zwischen den Älteren von morgen wird weniger Distanz sein. Sie werden sich z.B. von vornherein duzen. Sie kennen das Leben in Wohngemeinschaften, sie sind viel stärker an Team-Arbeit gewöhnt als wir usw. Hier an der Universität z.B. lernt man für das Examen von vornherein in Gruppen. Dagegen hatten die älteren Menschen von heute ja doch eine Jugendzeit, in der man erheblich distanzierter miteinander umging und fast ausschließlich für sich allein arbeitete. Deswegen hat es die Übergangsgeneration der heutigen Alten schwer. Die Morgigen werden es leichter haben.

Leiden an der Medizin?

Ich möchte noch einmal auf die unbezweifelbare Tatsache zurückkommen, daß die Medizin zur Lebensqualität der Älteren erheblich beitragen kann. Hat aber nicht der medizinische Fortschritt gerade für diese Menschen seine Schattenseiten? Weist man nicht zu recht darauf hin, daß die Erfolge der Medizin auch zur Beeinträchtigung der Lebensqualität führen können?

Sicher. Wenn eine Reihe schwerer Krankheiten, die einen im Alter von 40 oder 50 Jahren befallen können, also etwa Krebs oder Herzinfarkt, erfolgreich behandelt werden, so gibt uns das die Chance, 85 oder 90 Jahre alt zu werden. Und mit 85 Jahren steigt, wie wir wissen, z.B. die Quote der Demenzen.

Würden Sie sagen: Das muß man einfach in Kauf nehmen?

Ja. Sie können doch dem Internisten nicht sagen: »Tu bitte nicht alles dafür, daß sie ihre Nierenentzündung überlebt; denn sonst wird sie über 85 Jahre alt, und die Chance eines geistigen Verfalls liegt dann bei 20 Prozent.«

Und was sagen Sie zu den Argumenten, die heute oft vorgebracht werden: unter dem Einsatz der Intensivmedizin hätten viele Betroffene allzuviel zu leiden; ihr Leben würde zwar erhalten, aber als ein Leben in der Unfähigkeit, für sich selbst zu sorgen, und manchmal auch in Schmerzen?

Handelt es sich hier wirklich um das Urteil der Betroffenen, oder urteilt man so von außen? Das ist meine erste Frage zu diesem Thema. Denn sehr oft weicht das Erleben und die subjektive Einschätzung vom Ergebnis einer »objektiven« Beurteilung erheblich ab. Das haben z.B. Studien über die Wohnsituation alter Leute sehr deutlich gezeigt. Meine Frage also: Wie erleben und beurteilen Kranke und Leidende selbst den Wert intensivmedizinischer Maßnahmen?

Aber körperliche Schmerzen können in schlimmen Fällen unerträglich sein. Was würde man einem Patienten sagen, der in einer solchen Situation ausdrücklich darum bäte, getötet zu werden?

Ich bin durchaus der Meinung, daß zur Schmerzlinderung alles getan werden muß. Nicht dadurch, daß man das Leben des Patienten verkürzt, wohl aber durch schmerzstillende Medikamente - selbst wenn man dabei eine Verkürzung seines Lebens in Kauf nehmen muß. Das ist ja keineswegs dasselbe. Ich finde es schlimm, wenn man heute noch, was vereinzelt vorkommt, Krebspatienten in der letzten Phase Mittel wie Opiate und Morphine vorenthält, weil das eine Gewöhnung herbeiführen könne. Bei der Bekämpfung von Schmerzen müßten wir entschieden großzügiger sein.

Und denken Sie, mit medizinischen Maßnahmen könnte man allen Situationen begegnen, die andernfalls von entsetzlichen Schmerzen geprägt wären?

Für die Situation des Sterbens kann ich dazu nichts sagen. Aber grundsätzlich hängt die Schmerzgrenze auch von Tapferkeit und Wehleidigkeit ab; sie ist also auch eine Charakterfrage.

3.3 Gesellschaftlicher Druck und politische Spielräume

Wenn der Wandel grundlegender Einstellungen in unserer Gesellschaft und die Schattenseiten der medizinisch-technischen Entwicklung dazu führen, daß verschiedene Formen von Sterbehilfe diskutabel werden, so wird es kaum ausbleiben, daß mancher ältere Mensch sich durch solche Tendenzen bedroht oder unter Druck gesetzt fühlt.

Ich hoffe, das ist bei uns nur vorübergehend, während der Diskussion der dritten Stufe der Gesundheitsreform, der Fall. Ich erhalte ziemlich viele Briefe, aus denen die Angst spricht, die Krankenkassen würden jetzt wichtige Medikamente nicht mehr bezahlen. Diese Angst ist z.T. unberechtigt, weil etwa gleichwertige Mittel bezahlt werden. In einem Punkt allerdings müssen wir vorsichtig sein: Bei Rehabilitationsleistungen darf es keine Kürzung geben. Als Ministerin hatte ich mich deshalb dafür eingesetzt, daß Pflege- und Krankenversicherung zusammengehen, so daß aus einer und derselben Hand Rehabilitation wie Pflege zu bezahlen wären. Denn dann würde man deutlich sehen, was man alles zur Rehabilitation eines alten Menschen tun kann - um Pflege zu sparen. Bleibt es bei getrennten Töpfen, heißt es bei denen, die für Rehabilitation zu zahlen hätten, schnell: Ein Pflegefall! Eine ganze Reihe von Untersuchungen zeigen, daß eine angemessene geriatrische Rehabilitation, nach einem Schlaganfall o.ä. rechtzeitig durchgeführt, sehr hohe Erfolgschancen hat. Außerdem haben die Amerikaner ausgerechnet, daß ein Dollar, den man für Rehabilitation ausgibt, 19 Dollar Pflegekosten einspart. Aber es geht ja in erster Linie gar nicht darum, sondern um die Lebensqualität des einzelnen Kranken und seiner Angehörigen.

Die Vorverlegung des Ruhestands hat dazu beigetragen, daß heute schon ein 55- oder 60jähriger nach einem Herzinfarkt nicht mehr rehabilitiert wird. »Gehen Sie in Rente, Sie werden ja nicht mehr berufsfähig sein.« Was wäre der richtige Weg? Anerkennen, daß die Kompetenzen und Fähigkeiten älterer Menschen steigen; daß viele durchaus in der Lage sind, auch jenseits der 65 zu arbeiten. Dafür sorgen, daß sie Aufgaben übernehmen können. Ehrenämter und bürgerschaftliches Engagement mehr achten. Von älteren Menschen Rat und Hilfe annehmen, statt sie entwürdigend zu gängeln. (Bei den Naturvölkern ist der Ältere als Ratgeber gefragt; in unseren Buchhandlungen finden Sie meterweise Ratgeberliteratur - aber da ist der Ältere der Beratene.) - Man könnte auf diese Weise auch den »Nutzen« des älteren Menschen wahrnehmen, nicht nur die »Kosten« - das sage ich, weil Sie, je nach Adressat, nichts erreichen, ohne den Nutzen Ihrer Vorschläge deutlich zu machen.

Sicher nennen Sie mit dem Stichwort »Rehabilitation« ein wichtiges Beispiel dafür, daß Alte, Kranke und Behinderte sich zunehmend mit der Frage konfrontiert sehen: Was ist dein Leben eigentlich noch wert, wem nützt es? Und ich gebe Ihnen recht: Es ist gut, auf diese Frage eine Antwort zu haben. Ich möchte aber nochmals auf die speziellere Frage zurückkommen, ob nicht die genannten Gruppen beunruhigt und bedrängt werden, indem man eine »Liberalisierung« des Euthanasie-Verbots debattiert. Es heißt, die europäische Gesetzgebung werde uns in dieser Richtung Probleme bescheren.

Nun, die Holländer haben uns ja schon Probleme beschert.

Haben die Stimmen recht, die behaupten, Brüssel werde das niederländische Modell mehr oder weniger übernehmen?

Ich befürchte es.

Würde eine Freigabe der Tötung auf Verlangen nicht viele, die auf Hilfe angewiesen sind, der stummen Frage aussetzen: »Wie lange wollt ihr uns noch zur Last fallen? Natürlich liegt es ganz bei euch selbst, darüber zu befinden, aber ...«

Genau davor habe ich Angst. Jetzt schon fragen manche Autoren: Ist es vielleicht für alte Menschen bald eine Pflicht, zu sterben? Und bei anderen finden Sie eine deutliche Bewegung weg vom Generationenvertrag: »Die Alten beuten die Jungen aus.«

Wenn aber mit einer solchen Entwicklung nicht nur bei den Intellektuellen, sondern auch bei der europäischen Gesetzgebung zu rechnen ist, welchen Spielraum hat da die Sozialpolitik?

Vor allem - deshalb mein Beispiel Rehabilitation - hat die Politik hier die Möglichkeit und die Aufgabe, positive Anstöße in eine andere Richtung zu geben. Letzten Endes war das mit ein Grund, weshalb der Bundeskanzler mich in die Regierung berief. Ich habe ja auch das »Senioren-Ministerium« vorbereitet. Bis zu diesem Zeitpunkt wurden Ältere nur als Betreuungs- oder Pflegebedürftige und als Rentenempfänger gesehen. Altenpolitik ist aber mehr als Renten- und Pflegepolitik. Sie hat zuerst einmal die

Aufgabe, Kompetenz zu fördern und durch Prävention zu erhalten. An zweiter Stelle steht dann der Ausbau der Rehabilitation nach Einschnitten und Krankheiten. Pflege ist erst die dritte Säule der Altenpolitik.

1989 gab ich den ersten Altenbericht »Zur Situation des älteren Menschen« in Auftrag. Nachdem wir acht Jugendberichte hatten, war das fällig. Der erste Teilbericht wurde noch 1990 abgegeben. Auf dieser Grundlage kam es dann zu einem Bundes-Altenplan und im Rahmen dieses Plans zum Modellversuch Seniorenbüro. Seniorenbüros haben die Aufgabe, ältere Menschen nicht nur zu betreuen, sondern auch zu aktivieren, sie nach ihren Fähigkeiten und Interessen zu fragen und auf Möglichkeiten des Einsatzes hinzuweisen. Die reichen vom Baby-sitting über Stadtführungen bis hin zum Senioren-Experten-Service der Industrie- und Handelskammer, bei dem Senioren in Ländern der Dritten Welt Entwicklungs- und Aufbauhilfe leisten. Von solchen Dingen brauchen wir mehr.

Sie weisen hier auf einen ganz allgemeinen Mangel unserer Variante von Sozialstaat hin: Er stellt die Versorgung vor die Förderung von Initiativen. Andererseits kann die Politik auch durch Fördermaßnahmen kaum dem Kosten-Nutzen-Denken begegnen, wo dieses Denken etwa auf Abtreibung hinwirkt, speziell auf die Verhinderung der Geburt von behinderten Kindern.

Richtig. Heute sieht sich eine Frau, die ein Kind mit Down-Syndrom zur Welt bringt, dem Vorwurf ausgesetzt: Warum hast du nicht die entsprechenden Untersuchungen vornehmen lassen? Warum hast du nicht abgetrieben? Das finde ich furchtbar. Der Druck ist enorm.

Und ich wüßte nicht, was dem die Politik entgegensetzen könnte, da die meisten Politiker gar nicht entschlossen sind, für eine andere Einstellung einzutreten.

Nun, die Meinungen sind doch sehr unterschiedlich. Aber durch Politik allein sind Einstellungen auch nicht zu korrigieren.

3.4 Was Alte und Sterbende brauchen

Welche Bedingungen sind erforderlich, damit ein Mensch, der dem Tod entgegensieht, seine letzten Jahre oder seine letzten Wochen und Tage als sinnvollen Abschnitt seines Lebens oder wenigstens nicht als unerträglich erlebt?

Sehr viel hängt davon ab, wie die Menschen in seiner Umgebung sich einstellen und sich zu ihm verhalten. Untersuchungen zeigen beispielsweise, daß in manchen Krankenhäusern ein Schwerkranker oder Sterbender längst, bevor er gestorben ist, so behandelt wird, als wäre er tot. Um sein Zimmer machen Ärzte, Pflegepersonal und Seelsorger einen großen Bogen. Oft sogar mit der Begründung: Er will seine Ruhe haben. Ohnehin - auch das belegen Untersuchungen - erfährt der muntere Kranke mehr Zuwendung als der matte, der sie viel nötiger hat. Mit dem, der auf die Ansprache der Schwester antwortet, wird sie länger reden als mit dem, der kaum reagiert.

Aber auch anderes spielt eine Rolle; beim Sterbenden vor allem eine Umgebung der Harmonie, die es ihm erleichtert, auch auf das eigene Leben so zurückzublicken, daß er zur Übereinstimmung mit sich selbst findet. Zur harmonischen Umgebung kann vieles beitragen - von der familiären Harmonie, von der ich schon sprach, bis hin zur leisen Musik im Sterbezimmer.

Abhängig und selbständig zugleich

Wichtig für den Sterbenden ist sodann ein Punkt, den ich als entscheidenden Faktor für ein zufriedenes Alter bereits genannt habe: relative Selbständigkeit. Für das Selbstwertgefühl spielt die Fähigkeit, in den eigenen Lebensvollzügen nicht restlos von anderen abzuhängen und Einfluß auf das zu haben, was mit einem geschieht, eine wichtige Rolle.

Will man die Selbständigkeit von hinfälligen oder auch sterbenskranken Menschen fördern, muß man zunächst einmal für geeignete Gebrauchsgegenstände sorgen. Bücher müssen hinreichend groß gedruckt sein; ein Walkman oder sonstiges Gerät muß leicht zu bedienen sein - sonst wird das Empfinden, sich selbst nicht mehr helfen zu können, ja nur noch verstärkt!

Wie sieht es mit den Spielräumen für die eigene Entscheidung bei Alten und Sterbenden aus? Sie haben das Thema in einigen Beispielen schon angesprochen. Ich denke mir: Wer auch im Wissen, daß er nicht mehr gesund wird, oder als Behinderter noch solche Spielräume erlebt, wird trotz Belastungen nicht so leicht in der Euthanasie sein Heil suchen.

Lassen Sie mich von Erfahrungen ausgehen, die sich nicht speziell auf die Situation von Sterbenden beziehen. Ich werde oft um Vorträge »über den älteren Patienten« gebeten. Mit diesem Ausdruck beginnt schon die Einengung der Spielräume. *Den* älteren Menschen gibt es ja nicht, genauso wenig wie *den* 30- oder *den* 40jährigen. Aber vielfach, und das ist belegt, trauen Ärzte von vornherein den Älteren weniger Selbstbestimmung zu. Sie treten ihnen gegenüber weit autoritärer auf als bei Jüngeren. Das hängt zwar mit dem Alter zusammen, aber im Grunde handelt es sich um einen epochalen Unterschied. Die Älteren von morgen werden sich vom Arzt keine Befehle mehr geben lassen.

Im Kontext von Krankheit und Behinderung ist die eigene Entscheidung ganz wichtig. Wir wissen z.b. sehr genau, daß einer, der selbst entschieden hat, was er etwa an Zahn-Prothesen erhält, hinterher weniger Anpassungsschwierigkeiten hat, also etwa mit dem Gebiß viel leichter zurechtkommt, als einer, dem der Arzt nur erklärt hat: »Wir müssen jetzt das herausziehen, wir müssen das machen« usw. Dennoch übergeht man überall das Recht des Patienten auf Mitsprache und eigene Entscheidung, auch auf jeder Krankenstation. Nach einem Schlaganfall heißt es: »Wohin schicken wir ihren Mann?« Da kann man nur antworten: »Wir schicken ihn nirgends hin. Sie sagen ihm bitte, welche Vor- und Nachteile dieses oder jenes Sanatorium hat, und dann soll er entscheiden.«

Auch das Vokabular des Arztes trägt natürlich dazu bei, daß der Patient seine Situation nicht genau erfaßt - gerade auch, wenn es vielleicht ans Sterben geht - und sich deshalb als ohnmächtig und anderen ausgeliefert erlebt. Er muß schon ziemlich aufsässig sein, um zu sagen: »Herr Doktor, jetzt sagen Sie mal mit verständlichen Worten, was mit mir los ist; und dann lassen Sie mich mitentscheiden!« Selbst- und Mitbestimmung bleiben Ideologie, wenn unsere Institutionen dem einzelnen keine Spielräume lassen, Entscheidungen zu treffen.

Anliegen der Hospizbewegung

Aber welche Möglichkeiten der Selbst- und Mitbestimmung gibt es für Patienten im letzten Krankheitsstadium, die in hohem Maß auf Pflege und medizinische Versorgung angewiesen sind? Denken Sie etwa an eigens für sie eingerichtete Palliativstationen?

Sicher sind Palliativstationen sehr gut. Die Bewegung, die dahinter steht, die Hospizbewegung, ist aus England zu uns gekommen. Es geht ihr um Linderung bzw. Bewältigung von Schmerzen und anderen Symptomen, Ermöglichung und Unterstützung weitgehender Selbständigkeit, Einbeziehung der Angehörigen u.a.m. Das Ziel ist, auch dem Patienten, der bald sterben muß oder jedenfalls nicht mehr gesund wird, in allen möglichen Belangen zu Bedingungen zu verhelfen, unter denen er sein Leben selbst gestalten und als sinnvoll erleben kann.

Andererseits sollten wir von dieser Bewegung auch nicht zu viel erwarten. Wir können nicht, was für manche gut und richtig ist, verallgemeinern. Entscheidend ist das Anliegen, daß unsere Gesellschaft für das Sterben und für den Sterbenden Platz hat.

Worauf beziehen sich Ihre Bedenken?

Zum einen sollte man die Hospizbewegung nicht als einen Weg sehen, Arztkosten zu sparen. Das würde die Idee gefährden.

Zum anderen setzt ihr Programm gewisse Gegebenheiten, vor allem Möglichkeiten der Hilfe, voraus. Ich denke speziell an das Sterben zu Hause, das in manchen Darstellungen verklärt wird. Es ist an sich sehr erstrebenswert, verliert aber seinen Sinn, wenn der einzige Familienangehörige des Kranken nichts anderes mehr tut, als ständig die Bettwäsche zu wechseln usw.

Geht es denn der Hospizbewegung nicht um die Möglichkeit, daß stark pflegebedürftige Personen in einem eigens dafür eingerichteten Hospiz auch sterben?

Das gehört zur Grundidee, und die ist sehr gut. In solchen Hospizien kann man die Leute sogar fröhlich erleben. Ich sprach bereits davon, wie wichtig die positive Zukunftsperspektive ist. Wo realistische Ziele in Aussicht gestellt werden - weniger Schmerzen, leichtere Atmung oder Beweglichkeit, besserer Schlaf usw., aber auch Überwindung von Depression, erfüllende Beziehungen, Aussöhnung mit der eigenen Lebensgeschichte usw. -, da gibt es auch Hoffnung, und da wird auch von schwer leidenden Menschen der Wunsch nach Euthanasie oft schon nach wenigen Tagen nicht mehr geäußert. Denn der eigentliche Wunsch ist doch wohl: nicht aufgegeben zu werden.

Unsere Palliativstationen, die vielfach Krankenhäusern angegliedert sind, wollen nun auch das Sterben zu Hause ermöglichen. Sie stehen vor allem zur Verfügung, um dem Patienten und seinen Angehörigen die Umstellung zu erleichtern und ihn zwischendurch aufzunehmen. Die Bedingungen für das Mitleben und das Sterben zu Hause sind aber, wie gesagt, nicht immer gegeben. Nicht für jeden ist es schöner, zu Hause zu sterben als im Krankenhaus. Im übrigen können auch im normalen Krankenhaus palliative Behandlungsmethoden zur Anwendung kommen - da läßt sich noch sehr viel verbessern. Es muß doch möglich sein, daß der Patient auf einem ruhigen Einzelzimmer untergebracht ist, daß die Angehörigen ihn beim Sterben begleiten usw.

Innere Voraussetzungen

Äußere Umstände allein genügen nicht, um einem Menschen das Sterben zu erleichtern. Man hat sich schon immer auch mit den inneren Voraussetzungen befaßt. In den letzten Jahrzehnten sind vor allem die Beobachtungen und Überlegungen von Elisabeth Kübler-Ross bekannt geworden.

Das Verdienst von Frau Kübler-Ross ist zweifelsohne, daß sie das Thema angesprochen hat, daß sie den Blick überhaupt wieder auf die Situation des Sterbens gelenkt hat. Etwas problematisch und nicht von allgemeiner Geltung sind ihre fünf Stufen der Auseinandersetzung mit der Nähe des Todes. Diese Phasen - von

Schock und Auflehnung über Leugnung und Depression bis hin zur Einwilligung - mag sie bei sehr vielen Krebs-Patienten in jungen und mittleren Jahren gefunden haben; vor allem das Aufbegehren: »Warum gerade ich?«. Bei Älteren finden Sie eine solche Abfolge von Stufen kaum. Im Alter von 70 oder 80 Jahren sind die meisten leichter bereit, mit dem Tod zu rechnen und das Sterben anzunehmen. Entscheidend aber ist, daß Kübler-Ross es fertiggebracht hat, überhaupt eine offene Diskussion über dieses Thema anzuregen.

Die Art des Sterbens ist das Ergebnis eines lebenslangen Prozesses und ureigenster Erfahrung. Wie einer stirbt, hängt davon ab, wie er gelebt hat.

Es heißt, man solle rechtzeitig lernen, sich zurückzunehmen und Abschied zu nehmen von seiner Umgebung, man solle sich sogar in jedem Jahr von irgendetwas trennen usw. Ich glaube, das ist mehr Theorie als realistischer Vorsatz. Eher kann man vielleicht sagen, daß derjenige leichter stirbt, der sich mit seinem Leben versöhnt hat; dem es gelingt, auf die eigene Geschichte zustimmend zurückzublicken; der vielleicht sogar das, was er früher als Mißgeschick empfunden oder als Versagen erlebt hat, nun in einen größeren Zusammenhang einordnet und als sinnvoll oder segensreich deutet. Schwerer stirbt wohl einer, der auf ein im letzten Sinne unvollendetes Leben zurückblickt, der mit dem Gewesenen unzufrieden bleibt und beharrt: Dies habe ich nicht bekommen oder nicht erreicht, und jenes sollte anders sein. Für eine gute Sterbebegleitung dürfte es wichtig sein, im Gespräch eine neue Einstellung zu erarbeiten, aus der heraus auch auf das Mangelhafte und auf die Entbehrung im Rückblick ein positives Licht fällt. Das muß durchaus keine Verklärung sein.

Sie sagten ja schon, es bedürfe meist auch der Aussöhnung. Was nicht positiv war, wird nicht dadurch besser, daß ich es positiv sehe. Die Wandlung darf sich also nicht auf die Wahrnehmung beschränken.

Natürlich. Zunächst einmal muß der Sterbende seine Vergangenheit realistisch sehen. Er muß zum eigenen Versagen stehen. Aber zugleich auch zu seinen guten Erfahrungen und zu seinen eigentlichen Zielen und Hoffnungen. Was in so einem Gespräch anzustreben und was zu beachten ist: das zu lernen, ist sicher eine wichtige Aufgabe für die Leute der Hospizbewegung.

3.5 Diskussion ohne Information?

Bevor wir zum Schluß kommen, möchte ich die Frage aufwerfen, ob das Thema Euthanasie in unserer Gesellschaft offen diskutiert oder vielleicht - angesichts drohender Verunsicherung - doch besser tabuisiert werden sollte.

Die Diskussion muß stattfinden. Tabuisierung ist auf Dauer weder möglich noch hilfreich. Die Frage ist allerdings, wie die Diskussion geführt wird.

Sie sollte z.b. durchaus auf historischem Hintergrund geführt werden. Nach den Erfahrungen mit dem Dritten Reich haben wir als Deutsche mit gutem Grund eine besonders vorsichtige Einstellung zum Thema Euthanasie. Ich denke aber auch an die Wurzeln der nationalsozialistischen Ideen, die ins vergangene Jahrhundert zurückreichen.

Daß die verschiedenen Kulturen sehr unterschiedlich mit ihren Alten und Kranken umgegangen sind, habe ich schon erwähnt. Es ist jedoch höchst fragwürdig und abstoßend, wenn man solche Befunde heranzieht, um auf diesem Hintergrund zu diskutieren, welche ärztlichen Leistungen heutzutage einem 80- oder einem 90jährigen zustehen sollen. (Fragwürdig ist das schon deshalb, weil man Einzelaspekte des Lebens einer anderen Gesellschaft nicht isoliert auf die eigenen Verhältnisse übertragen kann. Ein Nomadenleben z.b. steht unter völlig anderen Erfordernissen und Einschränkungen als ein seßhaftes Leben.) Die Diskussion um die Einsparung von Kosten im Gesundheitswesen (die gewiß vonnöten ist) wirkt sich unter solchen Vorzeichen zwangsläufig sehr negativ auf die Älteren aus. Sicherlich wird man bei einem 90jährigen kaum eine Herztransplantation vornehmen. Aber was da zählen sollte, ist nicht die Anzahl der Jahre, sondern der individuelle Gesamtgesundheitszustand und die Perspektiven. Angesichts einer Reihe von Risikofaktoren wird man vernünftigerweise auch einem 40jährigen abraten.

In diesen Zusammenhang gehören auch suggestive »Schuld«-Zuschreibungen. Zur Kostenexplosion im Gesundheitswesen ist es nicht gekommen, weil wir mehr Ältere, sondern weil wir einen enormen medizinisch-technischen Fortschritt haben, der genauere Diagnosen und neue, kostspielige Geräte und Behandlungsmethoden mit sich bringt; vielleicht auch, weil wir mehr Ärzte haben; und nicht zuletzt, weil wir alle diese Möglichkeiten ausschöpfen wollen. Gewiß: das letzte Jahr vor dem Tod eines Menschen ist immer das »teuerste«. Aber wenn Sie mit 40 an Krebs sterben, dann ist es für Sie das 39. Lebensjahr. Nicht das Alter also treibt die Gesundheitskosten in die Höhe. Und sind wir nicht im Grunde froh, wenn wir länger leben? Oder sollten wir es nicht sein?

Spielen nach Ihrer Auffassung die Medien eine wichtige Rolle für die Euthanasie-Diskussion? Und welche?

Bei einer Analyse des Altersbildes in den Medien konnten wir vor allem extreme Negativ- und Positivschilderungen feststellen.

Auf der einen Seite haben wir da den angebundenen Insassen der Gerontopsychiatrie und auf der anderen Seite den hyperaktiven 75jährigen, der anläßlich einer Weltreise die sexuelle Aktivität eines 25jährigen in den Schatten stellt. Die durch die Medien vermittelten Bilder treffen auf die wenigsten alten Leute zu. So sind es nur relativ wenige der über 90jährigen, die geistesgestört in einem Altenheim leben. Das realistische Durchschnittsbild, dem die breite Masse der Älteren entsprechen würde, kommt kaum vor - außer in manchen Fernseh-Serien. Und ein negatives Altersbild, das Klischee des gestörten oder leidenden hilflosen und störrischen Greises, fördert natürlich eine Sicht, aus der alte Menschen für die Gesellschaft eine Last darstellen.

Etwas Ähnliches gilt für das Thema Tod. Eine Studentin hat in ihrer Diplomarbeit Schul-Lesebücher darauf hin untersucht, wie sie Tod und Sterben darstellen. Diese Darstellungen vermitteln den Kindern eindeutig eine verzerrte Realität. Das Erstaunlichste: Der normale natürliche Tod, das Abschiednehmen im Alter von 70 oder 80 Jahren, kommt im Lesebuch kaum vor. Geschildert werden Sonderfälle, auffällige Arten des Sterbens: Tod durch Verfolgung, Verbrechen, Unfall, Katastrophen usw. Solche Bücher weisen dem Sterben sicher nicht den Platz zu, den es im Leben eines Menschen normalerweise einnehmen kann.

Und die Philosophie? Was, denken Sie, ist von ihr für unser Thema zu erwarten?

Auf jeden Fall die Besinnung, die durch die Medien allzu leicht unterbunden wird. Eine Kritik des Kosten-Nutzen-Denkens, das sich heute wieder auf den Bereich des »lebenswerten oder -unwerten« Lebens ausdehnt. Im übrigen hätte ich vielleicht eher Erwartungen an die Theologie.

Was sollten die Theologen tun?

Sie sollten sich zu Tod und Sterben äußern. Die Theologie hat es u.a. mit der Endlichkeit des menschlichen Daseins zu tun; sie muß an das Lebensende erinnern und die Frage nach dem Weiterleben stellen. Merkwürdigerweise zeigen Untersuchungen, daß religiöse Menschen nicht unbedingt leichter sterben als andere. Hat die Theologie hier etwas versäumt?

Auf jeden Fall glaube ich, daß philosophische Argumente und Stellungnahmen allein kaum etwas ausrichten werden, wenn es um die moralischen Probleme der Euthanasie geht, - nicht anders als beim Thema Abtreibung. Es bedarf auch der Überzeugung, daß Alter und Sterben als sinnvolle Lebensabschnitte gestaltet und erlebt werden können. Zu dieser Überzeugung können etwa Religion und Gerontologie - auf ganz unterschiedliche Weise - einen Beitrag leisten. Und natürlich bedarf es einer Information, die der Wirklichkeit gerecht wird. Andernfalls wird die Debatte einseitig bleiben und an den wirklichen Problemen vorbeigehen.

4 Wert des Lebens und Würde des Sterbens

4.1 Euthanasie-Motive

Sicher zeigt Kapitel 3, daß mancher Wunsch nach Euthanasie einer unglücklichen persönlichen Situation entspringt, die unter den Bedingungen heutiger medizinischer und psychologischer Kenntnisse vermeidbar wäre. Aber nicht immer kann das Euthanasie-Verlangen durch Anwendung vorhandenen Wissens vermieden werden, und erst recht wird es faktisch nicht immer so vermieden. Wir kommen also nicht an der Frage vorbei: Wie ist Tötung als Erfüllung dieses Verlangens moralisch zu bewerten?

Die Frage, auf welche *Rechte* eine begründete Antwort auf diese Frage Rücksicht nehmen muß, werde ich erst im sechsten Kapitel anschneiden. In den hier folgenden Abschnitten gilt es, zunächst einmal das Gewicht und die Implikationen der *Gründe* zu prüfen, die *für* die Erlaubtheit von Euthanasie zu sprechen scheinen. Wir beginnen daher mit der Frage nach Euthanasie-*Motiven*: Was sucht ein Mensch, der sich töten lassen will? Und: Was ist die Absicht dessen, der die Tötung vornimmt?

Gründe, Euthanasie zu erbitten

Offenkundig sind die typischen Gründe, aus denen sich jemand *den Tod wünscht*, unterschiedlicher Natur. Aber fast immer geht es ihm darum, von Leiden oder Lasten befreit zu werden, wie sie im vorangehenden Kapitel zur Sprache kamen. Nur selten wird er sterben wollen, weil er sich einfach »satt an Tagen« fühlt. In der Regel ist nicht das Weiterleben als solches, sondern die *bedrückende Situation bzw. Zukunftsperspektive* das, worin er keinen Sinn mehr sieht. Wie die Erfahrungen der Palliativstationen und Hospizien lehren, verschwindet meist der Todeswunsch, vor allem aber fast immer der *Wunsch, getötet zu werden*, sobald für eine umfassende Behandlung und Begleitung des Patienten gesorgt ist. Man darf also annehmen, daß in der weit überwiegenden Zahl der Fälle Suizidgefährdete und Euthanasiebereite dem erlösenden Tod ein besseres Leben vorziehen würden.

Das entspricht der Selbstverständlichkeit, mit der uns in fast allen Situationen des Lebens das Sterben als Übel, als Verlust erscheinen würde. Erst wenn das Leid in einem Leben überhand nimmt - durch bitterste Armut, starke Schmerzen, Unfähigkeit zu Bewegung und Selbstbestimmung, entstelltes Aussehen, quälende Einsamkeit, Depression, Verzweiflung, Verlust eines geliebten Menschen o.ä. -, erst dann kann, wie es scheint, die Balance sich so verschieben, daß uns das Weiterleben fast ausschließlich Not und weiterer Verlust, das Sterben aber Erlösung - den einzig noch möglichen »Gewinn« - zu versprechen scheint.

Euthanasie-Befürworter drücken diesen Zusammenhang häufig in der Terminologie der *Wertung* aus: Den Werten, die das noch bevorstehende Leben verheißt, stehen u.U. so erhebliche »Unwerte« extremer Mühsal, Hilflosigkeit usw. gegenüber, daß die Bilanz keine »lebenswerte« Zukunft erwarten läßt.

Gegen einen »abstrakten«, von jeder Abwägung unabhängigen Wert des Lebens klagen sie die *Würde des Sterbens* ein, die manchmal nur durch Euthanasie zu wahren sei. Dieser Würde werden nach ihrer Meinung die Lebens- bzw. Sterbebedingungen eines Menschen nicht mehr gerecht, wenn starke Schmerzen ihn quälen oder sein Denken und Wollen beeinträchtigen, wenn sein körperlicher Zustand ihn selbst und andere abstößt, wenn er vom Leben schon Abschied genommen hat, nun aber der unerträglichen Dauer des Sterbens ausgeliefert ist, wenn er für die einfachsten Vollzüge auf Hilfe angewiesen ist usw. Manche machen auch die Kompetenz des Menschen, oder doch des schwer Leidenden, über die Art seines Todes selbst zu verfügen, zu einer Bedingung der Würde des Sterbens.

Diese letzte Feststellung leitet über zu einem bisher übergangenen entscheidenden Aspekt des Themas »Gründe, Euthanasie zu erbitten«. Mit der Erinnerung an die typischen Motive eines *Sterbewilligen* haben wir nämlich die Frage nach den Wurzeln des *Euthanasie-Verlangens* erst zur Hälfte beantwortet. Denn auch wer *Euthanasie* - aus welchen Gründen immer - ablehnt, kann durchaus die genannten Motive haben, sich den *Tod* zu wünschen. Wer tatsächlich Euthanasie erstrebt, scheint darüber hinaus seine Gründe zu haben, weder den Eintritt des Todes einfach abzuwarten noch sich selbst das Leben zu nehmen. Offenbar möchte er über Anlaß, Zeitpunkt und Umstände seines Todes zwar nach Möglichkeit *selbst entscheiden*; zu den erwünschten Umständen gehört jedoch, daß ein *anderer* Mensch ihn (unter gewissen Bedingungen) *tötet*. Ob allerdings tatsächlich das Ideal der Selbstbestimmung hinter einem solchen Wunsch steht: diese Frage mag einstweilen offen bleiben.

Gründe, Euthanasie zu praktizieren

Was kann nun einen anderen dazu bewegen, dem Euthanasie-Wunsch zu entsprechen? Theoretisch kann er mit der Tötung unterschiedliche Absichten verbinden: Vielleicht verdient er

Geld damit, vielleicht will er ein Versprechen halten; eine nekrophile Neigung könnte ihn leiten oder aber der Wunsch, sich von einer Last zu befreien. Uns interessieren hier jedoch in erster Linie euthanasie-spezifische Absichten: Gründe, die in typischer Weise an den Wunsch und vor allem an die Verfassung des Euthanasiebereiten anknüpfen. Dazu gehören sicher die folgenden.

Grund 1: An erster Stelle ist die Absicht zu nennen, dem *Wohl des anderen* zu dienen und insbesondere leidvolle Bedingungen zu beenden, die sein Leben schwer belasten. - Ich gehe davon aus, daß es diese Bedingungen sind, die bereits den Euthanasie-Wunsch des Leidenden motivieren, sofern der Wunsch besteht. Den Grund für die *Tötung* liefern dann ebenfalls die *Bedingungen selbst*, nicht das *Euthanasie-Verlangen*. Unter Voraussetzung von Grund 1 dient das Verlangen höchstens der *Rechtfertigung*. Man tötet einen Menschen, um sein Leid zu beenden - einzig darin liegt die *Begründung*; daß er dies gewünscht hat, soll die Handlung nur gegen eventuelle Einwände verteidigen.

Grund 2: Anders, wenn jemand Euthanasie in der Absicht praktiziert, dadurch einer ausgesprochenen *Bitte* oder auch einem unausgesprochenen *Wunsch* zu willfahren. - Hier könnte das jeweilige Motiv des Euthanasiebereiten selbst belanglos oder aber ein bloß zusätzlicher Grund sein, ihn zu töten.

Grund 3: Schließlich kann der Tötende auch in der Absicht handeln, ein *Recht* des anderen auf Selbstbestimmung zu respektieren, das dieser in Anspruch zu nehmen wünscht. - Gemeint ist ein *moralisches* Recht, das mit *moralischen* Verpflichtungen des Gegenübers einhergeht. (Gelegentlich wird in diesem Buch auch von *gesetzlich* festgeschriebenen Rechten die Rede sein, die mit *gesetzlich* sanktionierten Pflichten anderer einhergehen. Diese Verwendung des Wortes »Recht« wird dann eigens vermerkt oder aus dem Kontext ersichtlich sein.) Die *Absicht*, durch Euthanasie ein Recht des Gegenübers zu respektieren, kann natürlich auch vorliegen, wenn ein solches Recht gar nicht besteht oder jedenfalls seine Tötung nicht legitimiert.

Grund 4: Versteht man Euthanasie im weitesten Sinne, so läßt sich ein zusätzlicher euthanasie-spezifischer Tötungsgrund nennen: Man tötet einen Menschen, insbesondere wegen eines (vermeintlichen) Mangels, um dadurch *anderen etwas Gutes zu tun*. - Während bei den ersten drei Begründungen der Zusammenhang mit den Interessen des Euthanasiebereiten auf der Hand zu liegen scheint, orientiert sich der Tötende in diesem letzten Fall nicht an Wohlergehen, Wollen oder Recht des Menschen, den er tötet, sondern am (vermeintlichen) Wohl von anderen: Ein Arzt tötet einen Patienten, der seinen Angehörigen eine große Last ist; er läßt einen behinderten Säugling sterben, um, utilitaristischen Empfehlungen entsprechend, »Platz zu machen«

für ein gesundes Kind; er selbst - für manchen eine sehr reale Versuchung - hält es nicht mehr aus, Depression und Elend eines Todkranken tatenlos miterleben zu müssen; ...

Die hier angeführten Gründe vor allem sind es, die - u.U. miteinander kombiniert - tatsächlich zur Euthanasie motivieren, wo sie praktiziert wird. Auch die Argumente, die von manchen Philosophen, Juristen und Medizinern zugunsten der Euthanasie ins Feld geführt werden, lassen sich diesen vier Begründungsformen zuordnen. Mit ihnen werden wir uns in den folgenden Abschnitten auseinandersetzen. Ich werde also der Frage nachgehen, wie *plausibel* die angeführten Gründe sind.

Es ist wichtig, diese Frage nicht mit der Frage nach einer *Rechtfertigung* der Euthanasie zu vermischen. Zwar kann in manchen Fällen der Grund, aus dem ich etwas tue, dieses Tun *auch* rechtfertigen. Und kein Grund zum Handeln ist ein *guter* Grund, wenn das durch ihn motivierte und begründete Handeln der Rechtfertigung entbehrt. Dennoch sind Begründung und Rechtfertigung nicht dasselbe.

Das ergibt sich schon daraus, daß die meisten leicht begründbaren Handlungen einer Rechtfertigung gar nicht bedürfen. Der Vater, der einen Säugling füttert, um dessen Hunger zu stillen, sieht in diesem Zweck zu recht einen guten Grund für sein Handeln. Die Frage nach einer Rechtfertigung stellt sich nur unter ganz besonderen Bedingungen - wenn etwa ein Gericht ihm das Sorgerecht entzogen hat; oder wenn die Aufmerksamkeit auf das Kind seinen Dienst beeinträchtigt; oder wenn die Fütterung den Säugling wegen einer akuten Erkrankung in Gefahr bringt; ...

Allgemein könnte man sagen: Die Begründung einer Handlung antwortet auf die Frage: »Warum tust du das?«, ihre Rechtfertigung auf die Frage: »Warum darfst du das tun?« Die Rechtfertigung reagiert auf die Präsumtion, die Handlung sei nicht erlaubt.

Anders als die Fütterung eines Säuglings wirft die Tötung eines Menschen *immer* die *Rechtfertigungsfrage* auf. Ich werde sie im sechsten Kapitel behandeln. Hier ist erst einmal eine *Begründungsfrage* zu klären: Wie plausibel sind die vier genannten Gründe, Euthanasie zu befürworten bzw. gegebenenfalls zu praktizieren?

Der gewichtigste Grund ist zweifellos der dritte. Genauer: *Falls* mir das Recht auf Selbstbestimmung einen *Anspruch* darauf gibt, unter bestimmten Bedingungen von einer bestimmten Person getötet zu werden, so ergibt sich daraus unter diesen Bedingungen für diese Person eine moralische *Pflicht*, und damit der beste denkbare Grund, mich zu töten. Allerdings wird das sechste Kapitel zeigen, daß von einer solchen Pflicht keine Rede sein kann. Ich werde daher Grund 3 hier nicht weiter diskutieren. Eher könnte Grund 2 zur Handlungsbegründung taugen, obschon natürlich der bloße *Wunsch*, getötet zu werden, nicht so zwingend ist, wie ein entsprechender *Anspruch* es wäre. Im folgenden Abschnitt werden wir aber sehen, daß der Euthanasie-Wunsch seiner Bedeutung nach hinter Grund 1 zurücktreten muß. Allerdings ist auch dieser Grund, die Rücksicht auf das *Wohl* des Euthanasiebereiten, Einwänden ausgesetzt (4.3 - 4.6). Mancher wird zu diesen Einwänden den Nachweis (4.7) rechnen, daß eine Anerkennung von Grund 1 auf relativ kurzem Weg zur Anerkennung von Grund 4 und damit zur »sozialen Indikation« von Tötung führt.

4.2 Wohltat oder Wunscherfüllung?

Zu tun, worum ein anderer bittet, ist das Normalste von der Welt. Orientiert man sich auf diese Weise an seinem Wunsch, so folgt man einem fundamentalen Muster praktischer Begründung. Auch gehört der gegenseitige Beistand zu den grundlegenden Forderungen der Moral. Wie also sind Hilfsbereitschaft, Wohlwollen und Barmherzigkeit damit vereinbar, daß man sich dem Menschen verschließt, der in einer Situation extremer Not den einzigen noch möglichen Dienst erbittet?

Ich übergehe hier eine Frage, die uns unter 3.1 und 3.4 bereits beschäftigt hat und die von erheblicher *praktischer* Bedeutung ist: Wie läßt sich in einer solchen Situation ermitteln, ob es tatsächlich Tötung ist, was ein Mensch sich wünscht? Ich übergehe ebenfalls die Frage, ob irgendwer das *Recht* hat, einen Euthanasie-Wunsch zu erfüllen (6.3). Hier frage ich lediglich, ob es *unter vorläufiger Voraussetzung dieses Rechts* vernünftig ist, einem wirklichen Wunsch nach Euthanasie um dieses Wunsches willen zu entsprechen.

Was Wünsche wirklich wiegen

Schon bevor diese Frage beantwortet ist, muß freilich klar sein, daß eine Weigerung, den Euthanasiebereiten zu töten, keinesfalls einen Mangel an Hilfsbereitschaft, Wohlwollen oder Barmherzigkeit signalisieren muß. Denn erstens kann keine Tugend Tötung erlauben oder fordern, wenn Tötung *einer anderen Tugend*, etwa der Achtung vor dem menschlichen Leben, *widerstreitet*. Und zweitens muß sich keineswegs vor dem anderen *verschließen*, wer sich weigert, ihn zu töten: spätestens die Hospizbewegung erinnert an andere Möglichkeiten, schwer leidenden Menschen hilfsbereit, wohlwollend und barmherzig zu begegnen (3.4).

Nun aber zur entscheidenden Frage: Soll man den Euthanasie-Wunsch - zum mindesten, wenn er solchen Möglichkeiten trotzt,- als Grund betrachten, diesen Wunsch zu erfüllen? Die Antwort muß heißen: Nein; denn dafür ist *das Gewünschte zu gewichtig*.

Was nämlich ist gut daran, den Wunsch eines anderen zu erfüllen? Da gibt es vor allem zwei Antworten: 1. Das *Gewünschte* kann für den Wünschenden oder auch für andere gut sein. Es wird dann entweder um seiner selbst willen oder als Mittel zu einem guten Zweck erstrebt. 2. Auch unabhängig davon ist es oft gut für einen Menschen, wenn das, was er wünscht, tatsächlich eintrifft. Denn die *Wunscherfüllung* als solche erfreut uns meist; wenn wir sie zudem direkt oder indirekt selbst bewirkt haben, bringt sie uns ein Erfolgserlebnis; und schließlich schlägt der unerfüllte Wunsch oft in Enttäuschung um.

Diese zweite Antwort ist allerdings von sehr begrenzter Bedeutung. Denn sollte das Gewünschte in Wirklichkeit ein *erhebliches Übel* darstellen, so würde dieser Nachteil der Wunscherfüllung nicht mehr dadurch aufgewogen, daß ja immerhin der eigene Wunsch in Erfüllung gegangen wäre.

Was ergibt sich daraus für den wohlwollenden Hilfsbereiten? Da er es gut mit mir meint, wird er, so gut er kann, meine Wünsche erfüllen, sofern er das Gewünschte für gut hält. Hält er es nicht für gut, wird er *abwägen*. Die heiß ersehnte Reise zum Märchenpark wird er mir vielleicht in dem Gedanken bezahlen, daß zwar mein Vorhaben das Geld nicht wert ist, daß aber die Erfüllung des Wunsches für mich und für unsere Freundschaft einiges bedeutet. Wie aber, wenn er der Auffassung ist, das Gewünschte sei schlecht, vielleicht sehr schlecht? Dann wird dieser *Grund, meinen Wunsch nicht zu erfüllen*, durch keinen hinreichend gewichtigen Grund *zugunsten* der Wunscherfüllung aufgewogen.

Für das Gewicht von Grund 2 (im vorangehenden Abschnitt) scheinen diese Überlegungen folgendes zu bedeuten: Bitte ich einen anderen, mich zu töten, so sollte für ihn die Tatsache meines *Wunsches* vermutlich hinter der Bewertung des *Gewünschten* zurücktreten. (Ich sage »vermutlich«, um für eine besondere Bewertung der *Autonomie* des Euthanasiebereiten vorläufig Platz zu lassen. Diesen Gesichtspunkt werde ich auf S. 69-71 und in 6.4 berücksichtigen.)

Betrachten wir zunächst den Fall, daß der andere es für *falsch* hält, mich zu töten. Dabei ist es gleichgültig, warum er so denkt. Vielleicht erscheint ihm *jede Tötung Unschuldiger* als Unrecht. (Damit ist natürlich nicht gemeint, er lehne speziell die Tötung von Menschen ab, die nie moralisch versagt hätten. Gemeint ist, daß er höchstens schwere Schuld als Grund und Rechtfertigung einer Tötung gelten läßt.) Oder er hält es gerade *in meinem Fall* für schlecht, das Sterben zu beschleunigen. Wichtig ist nur: seine

Gründe gegen die erbetene Tötung sind so gravierend oder gar zwingend, daß er den Gesichtspunkt der *Wunscherfüllung* vernachlässigen muß.

Ähnliches gilt aber auch für den Fall, daß er Euthanasie für gut hält. *Seine Gründe* für diese Einschätzung werden in einer so gewichtigen Sache normalerweise das eigentliche Motiv des Handelns bilden müssen, hinter dem das Motiv, den Euthanasie-Wunsch zu erfüllen, zwangsläufig zurücktritt. Zwar können sich diese Motive in der Realität vermischen. Doch kann die Realität auch zeigen, welches Motiv am Werk ist. Stellen wir uns beispielsweise einen Arzt vor, der den Euthanasie-Wunsch eines Patienten *erst dann* erfüllt, wenn *er selbst* dessen Leid für so erdrückkend hält, daß kein realisierbares Weiterleben, sondern nur noch der Tod zu seinem Wohl sein könne. Von ihm würden wir sagen, er orientiere sich an Grund 1: Er handelt nicht, um einen Wunsch zu erfüllen, sondern mit Blick auf das Wohl des Patienten.

Wohltätige Tötung - nicht nur auf Verlangen

An den vorangehenden Überlegungen wird deutlich, daß der Weg von der freiwilligen zur nicht-freiwilligen und sogar zur unfreiwilligen Euthanasie, den man in den Niederlanden schon eingeschlagen hat, auch in der Logik der Argumentation nicht weit ist. Für den wohlwollenden und helfenden Umgang mit einem Menschen hat dessen *Wunsch* nur partielle Bedeutung, die in wichtigen Angelegenheiten hinter Gesichtspunkten seines *Wohls* zurücktreten muß. Dann ist jedoch auch da, wo der Betroffene diese Wohltat nicht recht zu schätzen weiß oder ausdrücklich zurückweist, eine als *Wohltat* geltende Tötung hinlänglich begründet - es sei denn, ihm stehe ein *Recht* zu, keinesfalls, auch nicht »zu seinem Besten«, gegen seinen Willen getötet zu werden.

Erkennt man ein solches Recht an, so läßt sich unfreiwillige Euthanasie in der Tat nicht rechtfertigen. Andernfalls jedoch ist *Rechtfertigung* gar nicht gefragt, und man kann sich auf die *Abwägung von Gründen* beschränken. Dabei aber muß nicht nur das Verlangen, getötet zu werden, sondern auch das Verlangen, nicht getötet zu werden, mit Gesichtspunkten des Wohles (Grund 1) konkurrieren. Und da sollte nach den bisherigen Überlegungen der Wert der Wunscherfüllung nicht *mehr*, sondern eher *weniger* Gewicht beanspruchen als beispielsweise die Lebensqualität, die den Weiterlebenden gegebenenfalls erwartet. Macht diese Qualität das Leben nicht lebenswert, dann ist die Tötung *begründet* (sofern es jemals richtig ist, im Weiterleben einen Unwert und in der Tötung eine Wohltat zu sehen - aber hiervon später!).

Denken wir uns einen Arzt, der auf der Basis solcher Überlegungen die Tötung eines Patienten *nicht* ohne weiteres an die Bedingung knüpft, daß dieser sie auch wünscht. Hier sind verschiedene Varianten möglich: 1. Der *Todeswunsch* des Patienten ist immerhin *erkennbar oder vermutbar*. 2. Der Patient *lehnt Euthanasie nicht ab*. 3. Er ist längerfristig *gar nicht fähig*, irgendetwas zu wünschen. 4. Er *lehnt die Tötung ausdrücklich oder unausdrücklich ab*. Man muß akzeptieren, daß jener Arzt in allen diesen Fällen, sogar im vierten, einen hoffnungslos Leidenden *mit guten Gründen* tötet - solange man einerseits kein allgemeines Recht auf Leben vertritt und andererseits im Sinne von Grund 1 die Möglichkeit akzeptiert, daß Tötung dem Wohl eines Menschen dient. - In der praxis-bezogenen Diskussion begegnet uns die *nicht* verlangte Tötung vor allem in drei Formen:

Zum einen ist hier die Früh-Euthanasie zu nennen, die in Deutschland insbesondere Helga Kuhse und Peter Singer zur Diskussion gestellt haben. Sie gehen davon aus, daß ein Säugling noch nicht das nötige Bewußtsein besitzt, um sein Weiterleben zu wünschen. Schon deshalb scheint es keinen Zweifel daran zu geben, daß die Tötung in seinem Interesse liegt, sofern er durch Krankheit oder Behinderung schwer geschädigt ist.

Zweitens geht es um Menschen im Koma oder in einem Zustand der Geistesstörung, von denen man annimmt, sie würden nie bzw. nie wieder zu einem bewußten Leben gelangen. Sofern sie überhaupt einmal einen Wunsch hatten, der sich auf ihren jetzigen Zustand bezog, kann jedenfalls von einer *Enttäuschung* dieses Wunsches nicht die Rede sein, wenn man ihn *jetzt* mißachtet. Ob sie nach Maßgabe von Grund 1 getötet werden sollen, hängt also davon ab, ob dies ihrem Wohle eher dient als das Weiterleben.

Eine dritte Form nicht-freiwilliger Euthanasie besteht in der Tötung eines Menschen, dem es nicht an Bewußtsein fehlt, von dem jedoch die Verwandtschaft oder ein Ärzte-Team oder ein Regierungsvertreter meint, es sei *besser für ihn* zu sterben als zu leben. Auch die von den Nationalsozialisten organisierte Massen-Euthanasie stand *teilweise* unter dieser Begründung. Ein anderes Beispiel liefert das an der Grenze zu Nordkorea stationierte südkoreanische Militär: Zumindest zeitweise hatten die Soldaten dort Befehl, Kameraden zu erschießen, die sich nach Nordkorea abzusetzen versuchten; denn für diese Deserteure sei der Tod entschieden besser als ein Leben im Nachbarstaat.

Zwar liegt bei diesen drei Formen von Euthanasie der Verdacht nicht fern, daß es hier nicht einzig oder noch nicht einmal immer vorwiegend um das Wohl der Betroffenen, sondern um andere Ziele geht; daß also Grund 4 im Spiel ist. Und mit solcher Verschiebung der Motive sollte sicher rechnen, wer für den

»Gnadentod« eintritt (vgl. auch 4.7). Mir geht es hier jedoch um die Beobachtung, daß die genannten Formen *nicht-freiwilliger und unfreiwilliger* Euthanasie sich unter den angenommenen Voraussetzungen *nicht prinzipiell von freiwilliger Euthanasie unterscheiden.*

Freilich: die Anerkennung eines *Lebensrechts* würde nichtfreiwillige und unfreiwillige Euthanasie unterbinden. Doch führt *auch umgekehrt* der Gedanke, nicht bewußtseinsfähige Menschen sollten von der Wohltat einer erlösenden Tötung nicht ausgeschlossen werden, zu einer Aufweichung der Forderung, Euthanasie sei an die Zustimmung des Betroffenen zu binden. Wir werden noch sehen, daß manche Philosophen dieses Problem durch die Beschränkung des Lebensrechts auf »Personen« zu lösen hoffen.

Das Autonomie-Argument

Manche Euthanasie-Befürworter werden meiner bisherigen Argumentation *Paternalismus* vorhalten: Warum sollte den Wünschen eines Menschen so wenig Gewicht zukommen, daß »in seinem Interesse« und »zu seinem Wohl« eine andere Instanz diese Wünsche ignorieren darf? *Selbstbestimmung* ist schließlich ein sehr hohes Gut. Daher sollte der Wunsch eines Menschen, getötet zu werden, für den Umgang mit ihm eine entscheidend wichtige Rolle spielen.

Dieser Auffassung kann man, soweit ich sehe, drei verschiedene Deutungen geben. Ich will zeigen, daß keine von ihnen das Autonomie-Argument plausibel macht.

1. »Autonomie« kann so gemeint sein, daß der Begriff ein *Recht*, auf Verlangen getötet zu werden, einschließt. - Ob ein solches Recht plausibel ist, werde ich später (6.4) untersuchen.

2. Sodann läßt sich Rücksicht auf die Autonomie des Euthanasiebereiten folgendermaßen verstehen: Wenn auch keines Menschen Recht, ist Wunsch-Erfüllung doch ein so hoher Wert, daß sie allen Gesichtspunkten seines Wohles *vorrangig* gegenübersteht. - Auch eine solche Position ist nicht plausibel, und in der Euthanasie-Debatte wird sie entsprechend selten vertreten. Sie würde nämlich darauf hinauslaufen, daß man jeden töten dürfte, und sogar sollte, der darum bittet - so gesund und munter er (ansonsten) auch wäre, und ganz unabhängig von der Qualität seiner Gründe. Tatsächlich jedoch vertreten Befürworter der moralischen und auch der gesetzlichen Freigabe einer Tötung auf Verlangen im allgemeinen die Auffassung, nur wenn der Euthanasiebereite schwer leide, dürfe sein Verlangen das Handeln des Gegenübers bestimmen.

Manche Philosophen behaupten freilich, in Fragen von Gut und Schlecht sei ein objektives Urteil nicht möglich - schon gar nicht, wenn es um das »Wohl« eines anderen gehe. Daher müsse sich unser »Wohlwollen« notgedrungen, und ausschließlich, an den Wünschen des Gegenübers orientieren. Nach Auffassung der *Präferenz-Utilitaristen* etwa sollte jedes Handeln letzten Endes einzig der Absicht folgen, den Präferenzen aller Betroffenen in optimaler Weise Rechnung zu tragen.

Doch sprechen mancherlei Gründe gegen eine solche Sicht der praktischen Vernunft. Zum Beispiel kann ein Wunsch seinem Inhalt nach so offenkundig gemeingefährlich oder dumm sein, daß dieser Wunsch - oder gar seine Intensität - ganz sicher kein Maßstab sein darf, an dem sich unser Handeln orientiert. Ferner denken Euthanasie-Befürworter meist auch und gerade an das Wohl von Menschen wie geschädigten Säuglingen, Alzheimer-Patienten oder Apallikern, die gar nicht in der Lage sind, Präferenzen auszubilden oder gar zu artikulieren. Diese Tatsache erinnert uns daran, daß das Wohl eines Menschen für unsere moralische Orientierung *grundlegender* ist als sein Wunsch. Warum sollte denn ein Wunsch *beliebigen* Inhalts überhaupt ein Grund sein, diesen Wunsch zu erfüllen? Offenbar gelten vielmehr auch bei einem Menschen, der Präferenzen hat und zum Ausdruck bringen kann, diese Präferenzen in erster Linie als mehr oder weniger verläßliche *Indizien* dafür, *was ihm tatsächlich gut täte*, und deshalb und insofern auch als Gründe dafür, das Gewünschte für ihn zu tun.

3. Noch eine dritte Interpretation des Autonomie-Arguments bedarf der Prüfung. Sie behandelt Wunscherfüllung als einen Faktor menschlichen Wohles, der grundsätzlich von zweifacher Bedeutung ist. Diese Doppelung ist uns schon begegnet: Wenn mein Wunsch, den Märchenpark zu besuchen, in Erfüllung geht, so bedeutet dies zum einen das Märchenpark-Erlebnis, das mir möglicherweise wohltut; zum anderen kann auch unabhängig hiervon die Wunscherfüllung als solche einen Beitrag zu meinem Wohl bedeuten. Manche Euthanasie-Befürworter sind nun der Auffassung, daß *Wunscherfüllung* auf jeden Fall in diesem zweiten Sinne ein *ausschlaggebender Faktor für das Wohl* eines Menschen ist, sobald es für ihn um Leben und Sterben geht.

Diese Auffassung setzt voraus, daß *auch Wunscherfüllung* als solche den Faktoren menschlichen *Wohls* nicht *gegenübersteht*, sondern *zugehört*. Sie besagt also etwa: Eine Weigerung, den Euthanasie-Wunsch eines Menschen zu erfüllen, beleidigt dessen Mündigkeit und schadet deshalb seinem Wohl; umgekehrt ist die Erfüllung des Wunsches ein Beitrag zu diesem Wohl.

Hier wird Grund 2 zum Sonderfall von Grund 1. Auch wenn der Euthanasie-Wunsch noch so großes Gewicht hat: grundsätzlich stellt er den potentiellen Helfer vor die Aufgabe, Wunsch-erfüllung bzw. Wunschverweigerung als *einen Faktor unter anderen* in das Urteil darüber einzubeziehen, womit dem Wohl des anderen am besten gedient wäre. Auch wenn sich dabei in manchen Fällen oder gar immer die Wunscherfüllung als *ausschlaggebender* Faktor erweise, würde die »erforderliche« Tötung eines Menschen doch *letzten Endes* nicht mit seinem Wunsch, sondern *mit seinem Wohl begründet.*

Der Hinweis auf die Bedeutung der Autonomie ist nach all dem kein triftiger Einwand gegen meine Position, die hier noch einmal zusammengefaßt sei: Will ich einen Euthanasie-Wunsch erfüllen, so brauche ich selbst gute *Gründe*, den anderen zu töten. Dessen Bitte genügt für eine vernünftige Entscheidung nicht. Der Euthanasie-Wunsch kann zwar *relevant* sein: Einerseits nämlich kann er selbst auf *Gründen* beruhen, die mir einleuchten, so daß auch ich das Gewünschte für wünschenswert halte. Und andererseits sehe ich in einer Ablehnung der Wunscherfüllung vielleicht eine Mißachtung der Autonomie des anderen und *deshalb* eine unzulässige Beeinträchtigung seines *Wohls*. In keinem der beiden Fälle komme ich an einer eigenständigen Begründung meines Handelns vorbei, die nicht bei einer Berufung auf die Autonomie des anderen stehenbleibt.

Bitten als Gründe?

Welche Maßstäbe und Spielräume des Verhaltens ergeben sich aus den Überlegungen dieses Abschnitts für eine Person, die um Euthanasie gebeten wird?

Wer jede Tötung eines Unschuldigen für unzulässig hält, wird gewiß durch die dringende Bitte eines anderen, vielleicht gar eines Freundes, in innere Not geraten. Aber nicht, weil sie ihn vor eine schwierige Entscheidung stellt, sondern weil seine Überzeugung keinen Platz dafür läßt, die Bitte zu erfüllen - sofern diese Bitte nicht verschlüsselt etwas *anderes* als Tötung meint. Seine Überzeugung läßt keinen Platz dafür, die Auswirkungen der Tötung eines Menschen auf dessen Wohl und die Auswirkungen der Nicht-Tötung gegeneinander *abzuwägen*, um im Sinne von Grund 1 die Entscheidung am Ergebnis der Abwägung zu orientieren. Ebensowenig ist, im Sinne von Grund 2, der *Euthanasie-Wunsch als solcher* für ihn ein guter Grund zum Handeln - schon deshalb nicht, weil er auch den Wunsch seines Inhalts wegen für *unerlaubt* hält.

Wer also ausnahmslos jede Euthanasie *verwirft*, kennt selbstverständlich keine *Begründung* für eine Tötung auf Verlangen. Wer dagegen die wohltätige Tötung eines Menschen in manchen

Fällen für zulässig hält - das haben die Erörterungen dieses Abschnitts gezeigt - wird jeweils auf *Grund 1, das Wohl dieses Menschen*, rekurrieren müssen (sofern er nicht auch *Grund 4, das Wohl von anderen*, in Betracht zieht). *Grund 2*, der *Wunsch* des Euthanasiebereiten, kann bei der Orientierung an seinen Interessen (Grund 1) eine Rolle spielen; denn die Enttäuschung des Wunsches würde vielleicht das Wohlergehen dieses Menschen beeinträchtigen. Unabhängig von einem derartigen Zusammenhang dagegen scheint der zweite Grund kein Gewicht zu haben. Und *Grund 3*, die Orientierung der Euthanasie am *Recht* auf Selbstbestimmung, hoffe ich unter 6.4 zurückzuweisen.

Auf keinen Fall kann der Wunsch des Euthanasiebereiten allein einer anderen Person »die Entscheidung abnehmen«, genauer gesagt: vernünftige Gründe liefern, ihn zu töten. Daß die tötende Person sich der moralischen *Verantwortung* nicht entziehen kann, ist ohnehin klar: wenn schon kein Befehl sie entlastet, dann erst recht keine Bitte. Und sofern sie Gründe zu haben glaubt, das Euthanasie-Verlangen eines anderen zu erfüllen, muß *sie selbst sein Wohl oder sonstige Gesichtspunkte zum Kriterium ihrer Entscheidung machen*; das Verlangen selbst und die hinter ihm stehenden Motive können für sie nur Faktoren der Situation sein und Hinweise liefern. Wenden wir uns also der Frage nach den primären Kriterien für ihre Entscheidung zu.

4.3 Erfreuliches und Unerfreuliches bilanzieren?

Mit den soeben zusammengefaßten Ergebnissen des vorangehenden Abschnitts sind nach utilitaristischen Maßstäben die Weichen für eine Bewertung der Euthanasie bereits gestellt. Denn der Utilitarismus beurteilt ein Verhalten ausschließlich nach seinen Auswirkungen auf das Wohlergehen der Betroffenen. Ein individuelles Recht, wie etwa das Recht auf Leben, oder die Natur einer Handlungsweise, wie etwa die Unwahrhaftigkeit des Lügens, liefern ihm zufolge keine davon unabhängigen Maßstäbe der Bewertung.

Aber auch unsere gängigen Moralvorstellungen, die solche Maßstäbe anerkennen, beurteilen eine Handlung außerdem nach ihrem nützlichen oder schädlichen Einfluß auf das Wohl von Menschen. Warum also sollte die Tötung eines Menschen, der auf die Ausübung seines Lebensrechts verzichtet, nicht erlaubt sein, wenn sie seinem Wohl zugute kommt?

Man könnte einwenden, sie komme seinem Wohl schon deshalb nicht zugute, weil nach seinem Tod von einem solchen Wohl keine Rede mehr sein kann. - Vielleicht ist in diesem Einwand eine grundlegende Einsicht enthalten. Zunächst aber könnte man ihm folgendes entgegenhalten: Bietet die leidgeprägte Lage eines Menschen keine Aussicht auf Besserung, so ist sein Weiterleben *nicht* zu seinem Wohl. Dieses Weiterleben macht vielmehr das Unheil möglich, das Schmerz, Depression, Verlust der Selbständigkeit usw. anrichten. Insofern die Beendigung eines solchen Lebens auch dieses *Unheil beendet*, ist sie eine Wohltat an dem Leidenden und zu seinem Besten - ob sie nun sein »Wohl« befördert oder nicht. Für ihn ist es *besser*, tot zu sein als zu leben.

Was bewertet wird

Diese Auffassung setzt voraus, daß wir Elemente unseres Lebens miteinander vergleichen und gegeneinander abwägen, etwa so: Es ist besser, schmerzfrei zu leben als mit Schmerzen. Es ist ebenfalls besser, eine sehr schmerzhafte und kostspielige Behandlung auf sich zu nehmen und dann schmerzfrei zu bleiben, als im selben Zeitraum, ohne die Lasten der Behandlung, immer wieder durch Schmerzen behindert zu sein. Richtet die Behandlung nichts aus, so stellt sich die Frage: Ist es besser, mit diesen Schmerzen zu leben als tot zu sein? Sofern man nach dem Tod weder Unerwünschtes noch Erwünschtes erlebt, scheint diese Frage zu bedeuten: Ist das Leben mit Schmerzen besser oder schlechter als ein »Null-Zustand«? Das wiederum scheint auf die Frage hinauszulaufen: Ist das Leben mit Schmerzen, aufs Ganze gesehen, erwünscht oder unerwünscht? Und um diese Frage zu beantworten, stellt man die voraussichtlichen Schmerzen und was sonst noch unerwünscht ist, all dem gegenüber, was angenehm oder sonstwie von sich aus erwünscht ist. Überwiegt das Erwünschte, so lohnt es sich zu leben. Wiegt es dagegen das Unerwünschte nicht auf, so lohnt es sich nicht. In diesem Fall wählt ein vernünftig kalkulierender Mensch den Tod - wie jener Querschnittsgelähmte, der nach seinem Unfall seinen reduzierten Möglichkeiten für einige Monate noch »eine Chance gab«, sich dann aber umbrachte, da per Saldo »die neue Lebensqualität nicht mehr ausreiche«.

Dieses Entscheidungsmodell läßt sich natürlich in mancher Hinsicht kritisieren. Insbesondere fehlen die vorausgesetzten Maßstäbe, auf deren Basis man ganz unterschiedliche Elemente eines Lebens nach einem einheitlichen Maß von Erwünschtheit oder Wert gewichten könnte, um sie zu kumulieren, zu vergleichen und schließlich dem »Null-Zustand« gegenüber insgesamt als positiv oder negativ zu bewerten. Noch nicht einmal für sich betrachtet, ist jedes Element des Lebens eindeutig positiv oder negativ zu bewerten. Gehören z.B. Trauer und Schmerz über den Verlust eines geliebten Menschen zu den erwünschten oder zu den unerwünschten Seiten des Lebens?

Freilich bewerten wir gelegentlich denkbare Lebensumstände, Erlebnisse usw., und wir orientieren unser Handeln häufig am Vergleich zwischen alternativen Resultaten. Keine Kritik am »Lebenswertvergleich« darf diese selbstverständliche Praxis leugnen oder als unsinnig abtun. Nur impliziert diese Praxis erstens keine *allgemeinen*, unbeschränkt anwendbaren Maßstäbe. Und zweitens läuft sie keineswegs auf eine bilanzierende »*Gesamtbewertung*« des Lebens hinaus.

Allerdings ist auch nicht zu leugnen, daß wir gelegentlich von einem Schwerkranken sagen: »Für ihn wäre es besser, jetzt zu sterben als noch weiterzuleben«; oder von einer Verstorbenen: »Es war gut für sie, jetzt zu sterben«. Liegt einer solchen Redeweise nicht der Gedanke zugrunde, bei dieser Person sei ein *»jetzt« beendetes Leben* das bessere im Vergleich mit einem, das weiterginge? - Prüfen wir, ob das wirklich der Fall sein muß.

Sich oder auch einem anderen den Tod zu *wünschen*, weil etwa vom Weiterleben fast nur noch Depression und Qual zu erwarten sind, ist zunächst einmal natürlich. Ein solcher Wunsch und sein Ausdruck sind *spontane Reaktionen* auf eine hoffnungslose Perspektive und auf drohendes Leid. Vergleichbares gilt von Äußerungen wie »Der Tod war eine Erlösung für ihn« und »Es wäre besser, sie wäre gestorben«. Nicht immer enthält ein *Ausdruck des Mitleids, der Teilnahme, der Erleichterung* o.ä. ein *Werturteil* über Lebensqualitäten.

Vielleicht aber kann ein solcher Ausdruck als »Lebenswerturteil« eine sozusagen *partielle* Bedeutung haben, etwa diese: Was der Zustand des Betroffenen von seinem weiteren Leben erwarten läßt, ist so wenig Gutes und so viel Elend, daß man ihm *diese Erfahrung* nicht wünscht. Eine solche Wertung enthält zwar keinen Vergleich mit einem erfreulicheren Zustand (es sei denn, wir nähmen an, der Tod bringe irgendwelche Erlebnisse o.ä. mit sich). Abgesehen von diesem Aspekt jedoch, ist die negative Bewertung des vorhersehbaren, von Leid gezeichneten künftigen Zustands durchaus dem Fall verwandt, in dem man etwa die Fortsetzung einer zunehmend problematischen Beziehung für schlechter hält als ihre Beendigung.

In *beiden* Fällen zieht man eine Möglichkeit einer anderen vor, die vor allem Leid erwarten läßt. Und was man fürchtet, ist in *beiden* Fällen ein *Aspekt* oder *Element* des Lebens, etwas, das sich *innerhalb des Lebens* abspielt, *nicht das Leben selbst*. Nur kann man, anders als im zweiten Fall, im ersten *das Leid* nicht beenden, ohne *das Leben selbst* zu beenden. Das Besondere dieses Falles muß also *nicht* darin liegen, daß der Wunsch, vorausgesehenem Leid durch den Tod zu entgehen, auf einem wertenden »*Gesamt-Vergleich*« zwischen einem *Leben, das jetzt endet,* und den denkbaren Alternativen beruht. Das Besondere besteht vielmehr zunächst einmal darin, daß hier der Betroffene seinen Wunsch nicht *selbst verwirklichen* kann, ohne sein ganzes Leben, also sich selbst zu vernichten oder vernichten zu lassen, während man die Beendigung einer Beziehung natürlich, auch ohne sich gleich das Leben zu nehmen, selbst herbeiführen kann.

Diese Überlegungen führen zu dem Ergebnis: Wenn es überhaupt so etwas gibt wie den *Wert eines menschlichen Lebens als ganzen,* muß dieser gar nicht zur Debatte stehen, wenn man bestimmte *Zukunftsperspektiven* eines Menschen negativ wertet, genauer: wenn man vermutet, die drohenden Beeinträchtigungen würden nicht mehr durch erwünschte Umstände, Erlebnisse etc. aufgewogen, und wenn man dies etwa in die Worte faßt: »Es wäre besser, er stürbe jetzt«.

Ungewißheit

Eine andere Frage ist freilich, wie man so etwas wissen kann. Vom Wert, den auch ein sehr beeinträchtigtes Leben für andere haben kann, soll hier gar nicht die Rede sein. Ich frage nur: Was *wissen* wir im einzelnen Fall über Zukunftsperspektiven und darüber, was dem Wohl des Betroffenen zuträglich bzw. abträglich ist? Was *wissen* wir vom Wert einer leidvollen Erfahrung für den Leidenden selbst? Was wissen wir überhaupt vom Wert unserer Erfahrungen für das eigene Leben? Gewiß, wir müssen Entscheidungen treffen, also müssen wir urteilen: Es wird wohl besser für mich sein, die neue Stelle anzunehmen als frühzeitig in Rente zu gehen; es wird wohl besser sein, in den Alpen Urlaub zu machen als am Meer; usw. Für solche Werturteile haben wir gewöhnlich Anhaltspunkte - von Wissen kann kaum je die Rede sein.

Medizinische Prognosen mögen in manchen Fällen recht sicher sein. Aber Urteile über die zu erwartende Lebensqualität eines Menschen sind nicht rein medizinischer Natur, zumal *dessen Einstellung* zu seinem Zustand und zu seinen Aussichten die Lebensqualität erheblich mitbestimmt. Aussagen von schwer Behinderten, Berichte von überraschenden Genesungen und vor allem Erfahrungen in Hospizien (3.4) mahnen zur Vorsicht. Auch sind Selbstzeugnisse von Personen zu bedenken, die ein schweres Leid in der letzten Lebensphase als Weg der Aussöhnung mit anderen oder mit dem eigenen Schicksal erlebt haben.

Freilich ist es niemandes Recht, von einem anderen zu erklären, er müsse leiden, um reifer zu werden oder eine Schuld zu sühnen o.ä. Umgekehrt verrät jedoch die forsche Behauptung, es könne nur zynisch sein, vom Sinn des Leidens zu sprechen, nicht nur dieselbe Arroganz der Bevormundung, sondern darüber hinaus ein borniertes Denken, das ohne Selbstzweifel Menschheitserfahrungen der Ideologie verdächtigt, nur weil sie im engen System der eigenen Vorstellungen keinen Platz finden.

Der *Mangel an Wissen um den Wert*, den ungewisse künftige Bedingungen und Stimmungen, Leiden und Freuden für das Leben eines Menschen haben werden: dieses Unwissen muß nicht mehr *beunruhigen* als sonstiges Unwissen über seine Zukunft. Sollte es aber nicht dann zum Problem werden, wenn jemand auf der Grundlage eines Werturteils über mutmaßliche Erfahrungen eines anderen entscheiden will, ob er ihn umbringen soll oder nicht? Und erinnern wir uns daran: Wer auf Verlangen tötet, kann sein Handeln, wenn überhaupt, so nicht mit diesem Verlangen, sondern nur mit dem *eigenen* Urteil begründen.

Man kann aber fragen: Bleibt tatsächlich, wer Euthanasie praktiziert, bei einem Urteil darüber stehen, ob für die andere Person eine bestimmte vermutete *Gestalt* ihres weiteren Lebens wünschenswert ist? Impliziert sein Handeln nicht doch darüber hinaus ein *Urteil über den Wert ihres Lebens überhaupt*?

4.4   Das Leben bewerten?

Fragen wir also mit Norbert Hoerster: »Worin besteht der Wert eines menschlichen Lebens?« Seine Antwort: »Der Wert, den ein bestimmtes menschliches Leben hat, ist, realistisch betrachtet, nichts anderes als die Gesamtheit der Bewertungen oder Wertschätzungen, die mit dem Ablauf dieses Lebens verbunden sind. In diesem Zusammenhang kann man zwischen dem Fremdwert eines Lebens (den Bewertungen, die vom Standpunkt anderer oder der Gesellschaft vorgenommen werden) und dem Eigenwert eines Lebens (den Bewertungen, die vom Standpunkt seines Trägers selbst vorgenommen werden) unterscheiden« (*Neugeborene und das Recht auf Leben*, Frankfurt/Main 1995, S. 117).

»Gesamtwert«

Hoersters Vorstellung vom Wert eines Lebens ist durchaus nicht ungewöhnlich. In ähnlicher Weise liegt dieser Wert für Bio-Ethiker wie John Harris in den (verschiedenen und beliebigen) Gründen, die der einzelne hat, das eigene Leben *wertvoll zu finden*. Die praktische Bedeutung einer solchen Position wird etwa in Hoersters Feststellung deutlich, »daß ein Leben mit dem Defizit einer Schädigung oder Behinderung, die sich als solche negativ auf dieses Leben auswirkt, *ceteris paribus* (unter sonst gleichen Bedingungen) einen geringeren Eigenwert wie Fremdwert besitzt als ein Leben ohne dieses Defizit« (S. 118 f.).

Werden hier Behinderte diskriminiert? Der Autor betont, »daß die Frage des Lebensrechtes ... von Eigenschaften wie Krankheit oder Behinderung ... vollkommen unabhängig ist.« Andererseits ergibt sich »im Rahmen einer generell freien Abtreibung: Eugenisch motivierte, also behinderungsspezifische Abtreibungen sind von einem umfassenden, alle betroffenen Interessen berücksichtigenden Wertungsstandpunkt aus gerade nicht zu beklagen, sondern zu begrüßen« (S. 122 f.). Und das Leben eines Apallikers, eines Alzheimer-Kranken, eines von Schmerzen geplagten Krebs-Patienten oder eines sonstwie auf Dauer beeinträchtigten Menschen verliert in dem Maß an Wert, als dieser weniger Anlaß findet (oder gar die Fähigkeit verliert), sein Leben wertzuschätzen.

Den Kern von Hoersters Auffassung darf man wohl so verstehen: Der Wert (oder Unwert) meines Lebens ergibt sich aus dem Grad der Erwünschtheit bzw. Unerwünschtheit aller seiner Elemente oder Aspekte, die ich überhaupt »bewerte oder wertschätze«. Geht es beispielsweise um den »Eigenwert« meines Lebens, so bedeutet das: Mein Leben ist insgesamt so viel wert, wie ich selbst seinen Elementen an Wert (und Unwert) beimesse.

Diese Auffassung wirft eine Reihe von Fragen auf: Wie lassen sich die Gegenstände der Bewertung isolieren und ihre positiven und negativen Werte verrechnen? Sollte nicht für den Eigenwert meines Lebens manches, was ich erfahre oder erlebe, ohne es zu bewerten oder wertzuschätzen, doch ins Gewicht fallen? In welcher Form gehen in den Eigenwert meines Lebens *unterschiedliche* Bewertungen ein, mit denen ich zu verschiedenen Zeiten *eine und dieselbe Erfahrung* bewerte? Gibt es allgemein-menschliche oder subjektive oder gar keine Bewertungskriterien? Kann ich mich in meinen Bewertungen irren, oder richtet sich der Wert einer Sache schlicht nach ihrer Bewertung? Wenigstens der Eigenwert meines *ganzen Lebens* ergibt sich nach Hoerster *objektiv* aus der Gesamtheit meiner partiellen Bewertungen; was bedeutet aber dann der vielleicht abweichende Wert, den *ich* meinem Leben als ganzem *tatsächlich beimesse*? Und schließlich: Hat jedes einzelne menschliche Leben so viele Fremdwerte wie es wertende Subjekte gibt? Wenn aber nicht: Wie wird der »richtige« Fremdwert ermittelt?

Mutmaßungen über Hoersters mögliche Antworten auf diese Fragen anzustellen, ist nicht sinnvoll, da er die zitierte Position nicht weiter entwickelt. Ein wenig Nachdenken über die Fragen dürfte jedoch zu der Einsicht führen, daß der Versuch, den Wert eines menschlichen Lebens durch »Bewertungen oder Wertschätzungen« zu bestimmen, »die mit dem Ablauf dieses Lebens verbunden sind«, auf kaum lösbare Schwierigkeiten stößt.

Hoerster selbst sieht offenbar größere Schwierigkeiten im Versuch, den Wert eines menschlichen Lebens auf irgendeine andere Weise zu bestimmen: »Einige Leute scheinen zu meinen, daß es auch einen Lebenswert ganz unabhängig von den Bewertungen oder Wertschätzungen durch menschliche (oder andere mit Bewußtsein begabte) Wesen gibt. Diese Meinung ist eine durch nichts begründete Illusion. David Hume schrieb in diesem Zusammenhang: 'Das Leben eines Menschen besitzt für das Universum keine größere Bedeutung als das Leben einer Auster.' Ein dem Menschen vorgegebener, metaphysischer oder religiöser Lebenswert ist auf rationalem Wege nicht erfaßbar« (S. 118).

Würde oder Gebrauchswert?

Soweit meine Leserinnen und Leser sich ehrlicherweise zu den genannten »Leuten« rechnen, sollten sie sich ihrer Auffassung vom Wert des menschlichen Lebens nicht vorschnell schämen. Denn sie finden sich dann immerhin in der respektablen Gesellschaft von namhaften Leuten mit ähnlicher »Meinung« wieder.

Von Immanuel Kant z.B. stammt die berühmte Formulierung: »Im Reiche der Zwecke hat alles entweder einen *Preis*, oder eine *Würde*. Was einen Preis hat, an dessen Stelle kann auch etwas anderes, als *Äquivalent*, gesetzt werden; was dagegen über allen Preis erhaben ist ..., das hat eine Würde« (*Grundlegung zur Metaphysik der Sitten* in Band 6 von Wilhelm Weischedels Kant-Ausgabe, Darmstadt 1981, S. 68). Kant nennt solche Würde auch inneren oder absoluten Wert. Sie kennzeichnet bei ihm die Vernunft als Quelle der Moral und daher auch das Dasein eines jeden Menschen.

Bei zeitgenössischen Philosophen wird gelegentlich ein Prinzip der *Heiligkeit des Lebens* beschworen, das unseren Umgang mit Menschen bestimmen solle. Allerdings nährt dieser Ausdruck leicht die Vermutung, die Anerkennung des Prinzips beruhe auf einer bestimmten Glaubenstradition. In diesem Buch soll deshalb eher von einem *unbedingten* Wert jedes menschlichen Lebens die Rede sein.

Vielleicht aber sollte man auf den Begriff des Wertes im gegenwärtigen Kontext ganz verzichten? Gemeint ist hier ja weder ein Tauschwert (»was ist der Wagen noch wert?«) noch ein Gebrauchswert (»wozu taugt das?«) noch ein aspektbedingter Wert (»ästhetisch, aber nicht praktisch wertvoll«) noch ein Maßstab unter anderen (»was sind ihre Werte?«). Schon diese Verwendungen des Wortes »Wert« sind nicht leicht zu bestimmen. Wie sollen wir dann zu einem übertragenen Verständnis des Ausdrucks »Wert des menschlichen Lebens« kommen?

Eine ausdrückliche Übertragung ist aber nicht erforderlich. Denn was unter dem unbedingten Wert des menschlichen Lebens zu verstehen ist, wird sich darin zeigen, was *Anerkennung* dieses Wertes heißt. Diese Anerkennung, das sei schon jetzt gesagt, bedeutet nicht: das Leben höher schätzen als alles andere; und noch nicht einmal: unter keinen Umständen töten. Auch wer dem menschlichen Leben einen unbedingten Wert zuspricht, kann einerseits zum Martyrium bereit sein, also zur Aufgabe des Lebens um eines höheren Wertes willen, und andererseits zur Tötung in Notwehr, also zur Verteidigung des eigenen Rechtes selbst um den Preis des fremden Lebens. Was die gemeinte Unbedingtheit ausschließt, ist *Relativierung durch Zwecke*: eine theoretische oder praktische Orientierung, die den Wert eines menschlichen Lebens danach bemißt, wozu es dienen kann und welchen Absichten es im Wege steht.

Die Anerkennung solcher Unbedingtheit widerspricht verbreiteten Vorstellungen, die in Hoersters Formulierung nur einen repräsentativen Ausdruck finden. Es handelt sich um Vorstellungen, durch die sich nach dem Bamberger Soziologen Gerhard Schulze die Erlebnisgesellschaft auszeichnet: »Der kleinste gemeinsame Nenner von Lebensauffassungen in unserer Gesellschaft ist die Gestaltungsidee eines schönen, interessanten, subjektiv als lohnend empfundenen Lebens.«

Aus einer solchen Perspektive hat jedes Leben einen Gebrauchswert. Und zwar ist das eigene Leben vor allem Vehikel der eigenen *Erlebnisse*. Sind diese Erlebnisse erwünscht - oder werden die unerfreulichen durch die erfreulichen aufgewogen -, so ist das Vehikel nützlich: das Leben ist »lebenswert«. Sobald die unerwünschten Erlebnisse überhand nehmen, wird es »lebensunwert«.

Tötung ist dann, von indirekten Folgen abgesehen, nur böse, sofern und insofern sie das Opfer einer insgesamt erfreulichen Zukunft beraubt. Vielleicht ist sie sogar nur dann zu verurteilen, wenn sie Erlebnisse von Schmerz oder Todesfurcht mit sich führt. Denn wenn ich z.B. einen Schlafenden ohne vorherige Drohung und schmerzlos vergase, verursache ich *keine unerfreulichen Erlebnisse*; und falls ich ihm erfreuliche entziehe, so bedeutet der angst- und schmerzfreie Tod für ihn doch kein Verlust-*Erlebnis*.

Solchen Spekulationen hat kaum etwas entgegenzustellen, wer den Wert des Lebens einzig in seinem Erlebniswert erblickt. (Ich werde, vor allem unter 7.3, auf diesen Zusammenhang zurückkommen.) Das könnte genügen, um diese Sicht in Frage zu stellen. Allein, es dürfte kaum genügen, um eine alternative Sicht zu vermitteln und plausibel zu machen.

Hoersters Kritik am Begriff eines unbedingten Wertes des menschlichen Lebens ist verständlich, solange man nach einem *Kriterium* seiner Anwendung sucht. Und weil dieser Wert, Kants »Würde«, nicht in einem »Preis« bestehen soll, nicht Gebrauchswert, nicht Ergebnis individueller oder kollektiver Wertschätzung sein und nicht in der Funktion liegen soll, die der Mensch für das Universum oder sonst etwas hätte: deshalb scheinen uns alle Anhaltspunkte für eine Erklärung genommen zu sein.

Aus den Schwächen unseres Verstehens folgt allerdings nicht sofort, daß die Anerkennung eines unbedingten Lebenswertes »eine durch nichts begründete Illusion« sei (die man allenfalls der Metaphysik und dem religiösen Glauben nachsehen kann). Nur so viel ist richtig: Zu dem Urteil, das Leben des Menschen habe Würde oder unbedingten Wert, gelangen wir offenbar nicht durch Schlußfolgerung aus einem anderen Urteil, dessen Wahrheit uns noch gewisser wäre.

Diese Einsicht sollte uns zu der Frage führen, ob die Anerkennung eines unbedingten Wertes jedes einzelnen menschlichen Lebens nicht selbst in unserem Denken und Handeln, und somit auch für unsere Moral, eine *grundlegende* Rolle spielt. Daß dies tatsächlich der Fall ist, sollen die folgenden Beobachtungen plausibel machen.

Dabei lautet meine These: Was »unbedingter Wert des Lebens« *bedeutet*, zeigt sich in der Weise, wie wir spontan und fraglos mit denen *umgehen*, deren Leben wir einen solchen Wert zuschreiben. Die Zuschreibung selbst - der Glaube, *daß das Leben jedes Menschen von unbedingtem Wert ist* - läßt sich nicht begründen, sondern *als Grundlage* unseres Umgangs mit Menschen *aufzeigen*. Zu diesem Umgang gehört ein ganzes Gefüge von Impulsen, Reaktionen, Verhaltensweisen, Einstellungen und Auffassungen. Einiges davon sei hier angeführt.

Unbedingter Wert

1. Daß wir nicht nur dies und das zu erleben hoffen, sondern *leben wollen*, ist eine fundamentale Tatsache unseres Daseins (vgl. 3.1). Die darin liegende Wertschätzung des eigenen Lebens als solchen ist viel fundamentaler als die Rationalität der *Bewertung von Mitteln im Hinblick auf Zwecke*. Sie ist so fundamental, daß die philosophische Zumutung, das Leben als Erlebnis-Mittel mit Gebrauchswert zu verstehen, Schwindel erregt.

Gewiß, wenn es in dieser oder jener Weise schlimm kommt, wünschen manche, ihr Leben zu beenden oder beenden zu lassen. Ihr Wunsch ist dann übrigens, unter dem überwältigenden Eindruck von Leid und Unglück, eher spontan, eine »Gegenbewegung« gegen den Wunsch zu leben, und nicht das Ergebnis einer vorausschauenden *Aufrechnung* des Schlimmen gegen das Gute. Dennoch mag man von ihnen behaupten, sie hätten einen *Grund, nicht mehr leben, sondern sterben zu wollen.* Selbst daraus würde aber keineswegs folgen, daß man umgekehrt einen *Grund* - speziell die Aussicht auf überwiegend gute Erlebnisse - hat oder braucht, um *leben zu wollen.*

2. Sokrates erwägt in Erwartung seiner Hinrichtung die Möglichkeit, den Tod mit der Empfindungslosigkeit einer durchschlafenen Nacht zu vergleichen. Er meint: »Wenn einer eine solche Nacht, die ihm einen völlig traumlosen Schlaf gebracht hat, auswählte und ihr die übrigen Nächte und Tage seines Lebens gegenüberstellen müßte, um zu entscheiden, wie viele Tage und Nächte in seinem Leben er glücklicher verbracht habe als diese Nacht - ich glaube, dann wird nicht etwa bloß ein Mann gewöhnlichen Schlages, sondern der Großkönig in eigener Person finden, daß diese sich sehr leicht zählen lassen im Vergleich zu den anderen Tagen und Nächten. Ist also der Tod von dieser Art, so nenne ich ihn einen Gewinn.«

Für die Frage, auf welcher Basis wir unser Leben wertschätzen, ist dieser Gedanke höchst aufschlußreich. Nehmen wir an, man beschriebe mir alle Einzelheiten meines morgigen Tages, insbesondere auch alles Erfreuliche und alles Unerfreuliche, und man fragte mich, ob ich diesen Tag erleben möchte: dann wäre Sokrates zufolge meine Antwort mit hoher Wahrscheinlichkeit: Nein, ich will ihn lieber auslassen und überspringen. Das bedeutet aber: Nur wenige Tage meines Lebens sind von der Art, daß ich gerade *ihretwegen* zu leben wünsche. Was mein Wunsch zu leben - und *nicht nur diese* Tage zu leben - offenbart, ist eine *umfassende* Wertschätzung meines Lebens; und die beruht sicher nicht auf einer »Gesamtheit der Bewertungen oder Wertschätzungen, die mit dem Ablauf dieses Lebens verbunden sind«.

Daher ist es keineswegs verwunderlich, daß Behinderte nicht weniger am Leben hängen als andere Menschen - auch wenn sie, wie vermutlich die meisten von uns, nicht unbedingt eine »positive Erlebnis-Bilanz« zu melden haben. Ihre selbst-ernannten Anwälte, die voller Verständnis und Mitleid dafür eintreten, daß man behinderten Ungeborenen oder auch Säuglingen *ein unerfreuliches Leben erspart*, projizieren damit eine Art der Lebensbewertung, die sie selbst durch ihre faktische Einstellung zum eigenen Leben praktisch widerlegen.

3. Viele unreflektierte Einstellungen und emotionale Reaktionen zeigen mehr oder weniger deutlich, daß wir dem Leben eines Menschen, unabhängig von »Eigen- und Fremdwert«, unabhän-

gig auch von Vergleichen, einen Wert beimessen. Offenbar stehen nicht Erwägungen der »Erlebnis-Dienlichkeit« im Hintergrund, wenn wir das Leben als ein Gut und den Tod als ein Übel behandeln: wenn z.B. der Gedanke an unsere Sterblichkeit Trauer auslöst oder wenn uns der Tod eines Menschen nahegeht. Beim Sterben einer nahestehenden Person erleben wir auch dann Verlust, wenn wir wissen, daß ihr vor allem weiteres Leid oder Koma bevorgestanden hätte. Wir betrachten und behandeln ein Menschenleben als unersetzlich und seinen Wert nicht als vergleichbar. Mord gilt als furchtbares und erschreckendes Verbrechen, wer immer das Opfer ist. Die tiefe Scheu davor, einen Menschen umzubringen, kann zwar - wie alle Wurzeln der Moral - verkümmern; wo sie aber in Erscheinung tritt, bezieht sie sich sicher nicht darauf, daß dem Opfer wertvolle Erlebnisse entgehen. Sodann sind viele unserer Einrichtungen darauf ausgerichtet, menschliches Leben zu schonen, zu schützen und zu unterstützen. Und schließlich verdient das Thema Lebensrettung in diesem Kontext Interesse.

4. Ist beispielsweise jemand in eine Gletscherspalte gefallen, wird gefragt: Besteht die Hoffnung, ihn lebend zu bergen? Aber nicht: Wie alt und wie gesund ist er, was hat er vom Leben noch zu erwarten, lohnt es sich? Und noch weniger: Ist er *für uns* wichtig, wem wird sein Leben nützen? Im Gegenteil: Solche Erwägungen halten wir für äußerst unpassend.

Freilich: sind an einem Ort viele Menschen und gleichzeitig an einem anderen, sagen wir, nur zwei bedroht, so wird man die einzig verfügbare Rettungsmannschaft gewöhnlich zunächst für die vielen einsetzen. Andererseits wird eine loyale Armee gegebenenfalls Regierung und Generalstab befreien, bevor sie eingeschlossenen Infanteristen zu Hilfe kommt. Aber *beide* Beispiele zeigen nur, daß der Wert jedes einzelnen menschlichen Lebens beim Einsatz für andere *nicht der einzige* Gesichtspunkt ist.

Zu den Gesichtspunkten, die ebenfalls eine Rolle spielen, mögen gelegentlich auch die *Zukunftsperspektiven* der Betroffenen gehören. Es ist aber keinesfalls selbstverständlich, vor eine Wahl gestellt, zunächst einmal »vernünftigerweise« den zu retten, dessen Leben »am meisten wert« ist, insofern ihm eine besonders glückliche Zukunft winkt. *Liegt nicht im Gegenteil diese Reaktion viel näher: Hier ist eine Person, die schon durch ihre Behinderung vom Schicksal benachteiligt ist; und nun auch noch dieses Unglück - retten wir doch auf jeden Fall sie!?*

»Vielleicht ist das tatsächlich unsere spontane Reaktion; nur ist sie eben irrational.« Wer so denkt, muß sich fragen lassen, warum sein Rationalitätsbegriff das - freilich nicht weiter begründbare - Muster spontaner Reaktion desavouieren soll: ob nicht umgekehrt ein so tief wurzelndes Reaktionsmuster seine *willkürlich eingeengte Vorstellung von Rationalität widerlegt, die ja ihrerseits letzten Endes auf unhintergehbaren Selbstverständlichkeiten dieser Art beruhen muß.*

Bemerkenswert ist in diesem Zusammenhang auch, daß wir Rettungsmannschaften, die ihr eigenes Leben *riskieren*, um das eines anderen zu *retten*, nicht für dumm halten, sondern bewundern. Das deutet schon darauf hin, daß unsere Wertschätzung menschlichen Lebens eng mit einer moralischen Beurteilung der auf dieses Leben bezogenen *Absichten und Einstellungen* verbunden ist. Andernfalls *müßte* man ja erst einmal berechnen, ob die Chance, den *einen* zu retten, das Risiko aufwiegt, daß einer oder mehrere Retter bei dem Unternehmen ihr Leben verlieren. Solche Überlegungen sind zwar in Ordnung; doch werden wir sie gerade von den Mitgliedern der Rettungsmannschaft selbst nicht fordern - obwohl wir sicher *Klugheit* von ihnen erwarten.

5. Eine Ahnung davon, was es mit unserer Wertschätzung des Lebens tatsächlich auf sich hat, vermittelt uns auch die Freude, mit der wir auf die Geburt eines Kindes - gar nicht unbedingt des eigenen - reagieren. Wir freuen uns über den neuen Mitmenschen, freuen uns an diesem Menschenleben und freuen uns für das Kind. Freilich kann das Wissen um eine schwere Behinderung und ihre Auswirkungen auf das Leben des Kindes oder indirekt betroffener Personen die Freude dämpfen oder gar ersticken. Aber bedeutet dies etwa umgekehrt, daß die ungetrübte Freude über ein gesundes Kind sich auf dessen Aussicht bezieht, mehr Erfreuliches als Unerfreuliches zu erleben?

6. Wertschätzung zeigt sich, wie gesagt, im Umgang. Hätte das Leben nur einen Wert, der von seiner Brauchbarkeit für erfreuliche Erfahrungen abhängig, also *bedingt* wäre, sollte sich abnehmende Lebensqualität vernünftigerweise auch in sinkender Wertschätzung niederschlagen: in sinkendem »Eigenwert« aus dem Blickwinkel des Betroffenen, in sinkendem »Fremdwert« aus dem der anderen. Tatsächlich aber halten wir es (woran uns Kant nur einprägsam erinnert) für einen moralischen Mangel, speziell den Umgang mit einem anderen einzig am Nutzen seines Lebens für unsere Zwecke zu orientieren. Und niemand will, daß er selbst dereinst, oder jetzt schon, allein seinem reduzierten »Nutzwert« entsprechend behandelt wird - was jedoch nur konsequent wäre, wenn es keinen anderen Wert des Lebens gäbe. Indem wir also einen solchen Umgang ablehnen, erkennen wir implizit dem menschlichen Leben einen unbedingten Wert zu, der von seiner Brauchbarkeit völlig unabhängig ist.

7. Schließlich sei noch das Recht auf Leben erwähnt, eine Einrichtung, die besonders deutlich davon zeugt, daß wir dem Leben des einzelnen einen Wert beimessen, in dem es dem Leben jedes anderen *gleich ist* - so weit auch das eine vom anderen in

der Erwünschtheit der Umstände und der Gestaltung entfernt sein mag. Noch nicht einmal absichtliche Tötung im Kontext legitimer Verteidigung oder gar gerechter Bestrafung muß der Anerkennung eines *gleichen* Lebenswertes widersprechen. Ich werde auf solche Suspendierung des Lebensrechts zurückkommen (6.2). Aber jetzt schon sei angemerkt, daß auch hier das Leben des Getöteten nicht im Blick auf irgendwelche Zwecke *wegen unerwünschter Aspekte als minderwertig* behandelt wird.

Man könnte meinen, das Recht eines Menschen auf sein Leben sei *Grundlage*, nicht *Ausdruck* der unbedingten Wertschätzung dieses Lebens. Wir haben aber gesehen, daß sich diese Wertschätzung in manchem Reaktionsmuster äußert, für dessen Erklärung die Annahme eines Rechts auf Leben weder notwendige noch hinreichende Bedingung ist. Daher ist es plausibler, in der Anerkennung eines unbedingten Lebenswertes eine tief in uns wurzelnde, nicht weiter begründbare *prä-moralische Einstellung* zu erblicken. Sie bildet den gemeinsamen Kern der in diesem Abschnitt beschriebenen spontanen Reaktions- und Verhaltensmuster. In der Forderung und der Bereitschaft, ein gleiches *Recht* auf Leben zu respektieren, findet dann dieselbe Einstellung bereits in moralischer, weniger naturwüchsiger Ausprägung ihren Niederschlag.

4.5 Wert des Lebens und Euthanasie-Begründung

Die Beobachtungen des vorangehenden Abschnitts deuten auf einen *unbedingten* Wert des menschlichen Lebens hin. Seine Anerkennung läßt keinen Platz für eine Unterscheidung zwischen lebenswertem und lebensunwertem Leben - und daher auch keinen Platz für Euthanasie. Denn Euthanasie beruht auf der Annahme, die Vernichtung eines Lebens lasse sich damit *begründen*, daß es *als Ganzes seinen Wert verloren* habe, *weil* es für den Betroffenen (oder allenfalls auch für andere) zu viele *erwünschte Aspekte verloren* habe und vorwiegend *Unerwünschtes* mit sich bringe.

Auch wer sich *den Tod wünscht*, hat diesen Wunsch vielleicht, weil er mit dem Weiterleben vorwiegend Übel auf sich zukommen sieht. Damit muß er noch kein Urteil über den Wert seines Lebens als ganzen fällen. Genau das aber tut er implizit, wenn er *sich tötet oder sich töten läßt*. Und auch der tut es, der ihn *tötet*, um sein Leid zu beenden. Denn im Handeln beider kommt die Überzeugung zum Ausdruck, daß sich *der Wert des Lebens in einer positiven Bilanz des Erfreulichen und des Unerfreulichen erschöpfe*.

Euthanasie enthält - ganz unabhängig davon, ob sie ein Lebensrecht verletzt - die Leugnung dessen, was ich als unbedingten Wert des Lebens bezeichnet und als Konvergenzpunkt einer Reihe tief wurzelnder Impulse und Haltungen aufgewiesen habe. Wer diesen Wert bejaht, für den kommt absichtliche Tötung eines Unschuldigen nicht in Frage, weil weder dessen Wunsch noch seine Lebensqualität als Begründung dienen können. (Konsequenterweise ist er zur Abtreibung ebensowenig bereit, sofern er in ihr die Tötung eines Menschen sieht, dessen Leben denselben unbedingten Wert hat wie das von anderen.)

Ich sollte an dieser Stelle vielleicht dem Einwand vorbeugen, meine Erörterung bewege sich im Kreis: die Ablehnung der Tötung auf Verlangen werde hier auf den unbedingten Wert des Lebens gegründet, dieser aber auf die allgemeine Ablehnung jeder Tötung eines Unschuldigen. Ein solcher Einwand beruht auf Mißverständnissen, die ich hier ausräumen möchte, um so zugleich die vorgetragene Auffassung noch einmal zu verdeutlichen.

1. In Abschnitt 4.4 will ich nicht die These begründen oder beweisen, das menschliche Leben habe einen unbedingten Wert. Es geht vielmehr zunächst einmal um den Nachweis, daß der *Begriff* eines solchen Wertes nicht, wie Hoerster meint, »unrealistisch« ist. Er läßt sich zwar nicht durch eine Definition oder durch Kriterien seiner Anwendung erklären. Muß das aber heißen: Er ist »auf rationalem Wege nicht erfaßbar«? Im Gegenteil: *Was* der *Wert* des Lebens ist, zeigt sich im richtigen *Umgang mit diesem Leben* - ähnlich wie sich im richtigen *Umgang mit einem Ausdruck* zeigt, *was* dessen *Bedeutung* ist (eine Analogie, die ich Mary Geach und Luke Gormally verdanke).

2. Was bedeutet nun die aufgewiesene *Tatsache*, daß wir mit dem Leben von Menschen fraglos in den geschilderten charakteristischen Weisen umgehen? Sie beweist natürlich nicht, daß dieser Umgang der *richtige* ist. Aber Unbeweisbarkeit bedeutet hier nicht Ungewißheit. Im Gegenteil: Insofern die Grundmuster unseres Umgangs mit dem menschlichen Leben einer weiteren Begründung weder bedürftig noch fähig sind, enthalten sie sogar einen *Maßstab des Richtigen*: die in ihnen ausgedrückte Anerkennung eines unbedingten Lebenswertes kann ihrerseits den *Ausgangspunkt* für Begründungen liefern. Mit anderen Worten: Wer in den *Hinweisen auf einen unbedingten Wert des Lebens*, mit denen der vorangehende Abschnitt schließt, die eigene fraglose Einstellung repräsentiert findet, wird so an *seinen* Ausgangspunkt für die Beurteilung von Euthanasie herangeführt bzw. erinnert. Für jeden anderen sind diese Beobachtungen ein Stück Soziologie, vielleicht auch ein Appell; sie beweisen aber nicht, daß es einen unbedingten Wert des Lebens gibt, dessen Anerkennung den Verzicht auf Euthanasie gebietet.

3. Ob mit der Anerkennung eines unbedingten Lebenswertes ein zwingender Grund gegen die absichtliche Tötung Unschuldiger gegeben ist, weiß ich nicht. Mir geht es in diesem Kapitel umgekehrt um den Nachweis, daß gängige *Begründungen für Euthanasie* zum Scheitern verurteilt sind. Sie stützen sich nämlich darauf, daß das Leben eines Menschen per Saldo wertlos sein könne. Dies aber ist nicht möglich, wenn es einen von partiellen Wertungen unabhängigen Wert hat.

Ein Euthanasie-Befürworter könnte dies akzeptieren, dann aber darauf bestehen, daß dieser unbedingte Wert nicht bewiesen sei. - In der Tat: Wie schon angedeutet, kann 4.4 ausschließlich *an eine ehrliche Bestandsaufnahme appellieren*, die den Implikationen der je eigenen Praxis zu widmen ist, *und die Kohärenz der eigenen Einstellungen und Überzeugungen einer Prüfung empfehlen*. Allerdings könnte eine solche Prüfung zeigen, daß die Leugnung eines unbedingten Lebenswertes tatsächlich Konsequenzen nach sich zieht, die der Leugnende nicht zu akzeptieren bereit ist. Von einer solchen Möglichkeit handelt auch der folgende Abschnitt.

4.6 Gemeinnützige Tötung

Euthanasie im engeren Sinne betrifft nur Menschen, die zu der festen Überzeugung gekommen sind: Das Gute, das die noch vor mir liegende Lebenszeit verspricht, ist *für mich* nicht so viel wert, daß es die *mir* drohenden Leiden aufwiegt. Die Bilanz ergibt sich aus Werten und Unwerten im eigenen Leben. Nun könnte aber ein konsequenter Utilitarist auf den Gedanken kommen, sein *eigenes* weiteres Leben werde zwar vermutlich nicht überwiegend leidvoll sein, aber *andere* könnten mit seinem Tod erheblich mehr gewinnen als er selbst mit seinem Weiterleben; z.B. könnten seine Angehörigen von den Annehmlichkeiten zusätzlichen Wohnraums profitieren.

Das banale Beispiel läßt den Gedanken absurd und anstößig erscheinen. Völlig unrealistisch ist er nicht. Wie die Entwicklung in den Niederlanden (1.3) zeigt, muß Banalität des Motivs der Ausführung eines Gedankens nicht im Wege stehen. »Altruistische Euthanasiebereitschaft« wird noch plausibler, wenn man bedenkt, daß Menschen oft in einer Umgebung altern, die zu dieser Bereitschaft auf diesem oder jenem Wege ihren Beitrag leistet.

Es kommt mir aber hier *nicht* auf den Hinweis an, daß die Zulassung freiwilliger Euthanasie nur allzu leicht, per »*Mißbrauch*«, die Praxis der unfreiwilligen im Gefolge hat, sondern auf folgende Feststellungen: 1. Kann mir die Abwägung eigener Interessen gegeneinander einen Grund geben, mich töten zu lassen, so kann mir auch die Abwägung zwischen ihnen und den Interessen *anderer* einen solchen Grund geben. 2. Diesen Grund kann sich auch der Tötende zu eigen machen. 3. Dessen Orientierung an diesem Grund kann auf die Zustimmung des Getöteten verzichten. - Diese Feststellungen will ich hier der Reihe nach erläutern.

Von der altruistischen Euthanasie ...

1. Daß mir die Aussicht auf fremdes Leid grundsätzlich einen ebenso guten Grund gibt, mein Leben zu beenden oder beenden zu lassen, wie die Aussicht auf das eigene: dies läßt sich mühelos mit der Annahme verbinden, ein menschliches Leben habe genau den Wert, den seine erwünschten und unerwünschten Elemente oder Aspekte zusammengenommen hergeben (4.4). Denn wenn ich mir die Interessen anderer zu eigen mache, wird ihr Leid oder Nachteil zu einem unerwünschten Aspekt meines *eigenen* Lebens und ein Faktor in meiner Wert- und Unwert-Bilanz.

Noch einfacher - und plausibler - wird es, wenn man dem Ergehen des Mitmenschen vernünftigerweise auch *unmittelbar* motivierende Kraft zuschreibt. Diese Annahme bedeutet nämlich, daß für mich im Wohlergehen anderer grundsätzlich ein ebenso verfolgenswertes Interesse liegt wie in meinem eigenen. Fügen wir hinzu, daß man mich nach euthanasiastischer Auffassung töten darf, *sofern bzw. weil* dies meinem *Interesse* dient. Warum sollte ich dann nicht meine Tötung verlangen dürfen, wenn es mir um das *Ergehen eines anderen* zu tun ist? Wäre es nicht sogar in löblicher Weise selbstlos, durch Verzicht auf Weiterleben nicht eigenem, sondern fremdem Leid zuvorzukommen?

Erst recht sind utilitaristische Erwägungen geeignet, meinen Lebensverzicht mit dem Wohl eines anderen zu begründen. Für den Utilitaristen sind Menschen, bildlich gesprochen, Behältnisse unterschiedlichen Fassungsvermögens für Glück und Unglück. Vernünftig beurteilt, sind Existenz und Inhalt eines jeden Gefäßes nur insoweit von Bedeutung, als sie zur Verteilung einer möglichst großen Gesamtmenge an Wohlergehen beitragen. Sorgt mein Tod für einen solchen Beitrag, ist seine Veranlassung gut begründet, ja sogar geboten - gleichgültig, ob er unmittelbar mir selbst oder anderen zugute kommt.

Altruistische Euthanasie bzw. Selbsttötung liegen also in der Konsequenz einer Position, die den Wert des Lebens auf seine Brauchbarkeit reduziert. Nun könnte man allerdings vermuten, auch die Anerkennung eines unbedingten Lebenswertes schließe gerade diese Art von Verzicht nicht aus, wenn er das *Leben* eines anderen rette oder möglich mache; und noch weniger, wenn es um das Leben *mehrerer* Personen gehe. Denn wenn jedes menschliche Leben als solches gleichermaßen wertvoll sei, zähle mein Leben nicht mehr als das eines anderen und weniger als das von mehreren Personen.

Erinnern wir uns jedoch daran, wie der Begriff eines unbedingten Lebenswertes eingeführt wurde (4.5). Er enthält, was in der Anerkennung dieses Wertes, also in grundlegenden Mustern unseres Umgangs mit dem menschlichen Leben, zum Ausdruck kommt. Dazu jedoch gehört gerade nicht die Bereitschaft, ein Menschenleben gegen andere auszutauschen. Im Gegenteil: Unser Begriff vom unbedingten Wert eines jeden menschlichen Lebens schließt die Vernichtung oder Preisgabe eines einzigen solchen Lebens in der Absicht, dadurch andere zu retten oder zu ermöglichen, gerade aus.

2. Darf man einen anderen töten, um dadurch einem Dritten zu helfen? Abschnitt 4.2 hat gezeigt, daß in ernsten Belangen das Ziel, *den Wunsch eines anderen zu erfüllen*, kein hinreichendes Handlungsmotiv ergibt. Wer einen Menschen tötet, »weil« dieser Mensch durch seinen Tod einem anderen helfen will, müßte demnach *entweder* einen davon unabhängigen guten Grund für sein Handeln haben *oder* sich den Grund zu eigen machen, der den Euthanasiebereiten motiviert. Im zweiten Fall haben wir es mit Grund 4 im Sinne von Abschnitt 4.1 zu tun: Man tötet einen Menschen, um dadurch anderen etwas Gutes zu tun.

Will nun der Euthanasiebereite sein Leben für einen anderen opfern, dessen Zukunftsperspektiven *ungünstiger* als die eigenen sind, so kann der »*Lebenswert-Vergleich*« die Tötung nicht begründen. Ansonsten aber gilt, sofern das Leben nur einen Gebrauchswert hat: *Wenn ich* gute altruistische Gründe habe, mir das Leben zu nehmen oder nehmen zu lassen, so ergeben sich aus diesen Gründen auch für einen *anderen* gute Gründe, mich zu töten. Nur die Anerkennung eines *unbedingten* Wertes menschlichen Lebens steht beidem im Weg.

3. Welche Bedeutung hat meine Einwilligung in eine Euthanasie des beschriebenen Musters? Nach 4.2 können *auch nicht-freiwillige und unfreiwillige Euthanasie* auf guten Gründen beruhen - falls es kein Recht auf Leben gibt, das allen praktischen Konsequenzen aus Lebenswert-Vergleichen ein Veto entgegenzusetzen vermag. Da sich nun aber Lebenswert-Vergleiche auch zwischen den Zukunftsperspektiven *verschiedener* Individuen anstellen lassen, liefert die »Gebrauchswertschätzung« eines menschlichen Lebens u.U. auch gute Gründe für *nicht-freiwillige und unfreiwillige Euthanasie im Interesse Dritter.*

Diese Feststellung könnte sehr theoretisch erscheinen, da wir ein Recht auf Leben ja anerkennen. Tatsächlich ist sie von ganz aktueller praktischer Bedeutung, wo man durch Tötung eines

Menschen eben *kein Lebensrecht zu verletzen meint.* Und das gibt es in unterschiedlichen Zusammenhängen, von denen ich hier einige nennen werde.

... zur »sozialen Indikation«

Ein Ungeborenes z.B. oder ein Säugling hat nach der Auffassung vieler Philosophen kein *Recht auf Leben* (7.2 und 7.3). Hat nun ohnehin sein Leben genausowenig wie das jedes anderen Menschen einen *unbedingten Wert,* so ist nicht einzusehen, warum man es nicht vernichten sollte, wenn dadurch - nach einer passenden Berechnung - ein für alle Betroffenen erfreulicheres Ergebnis erzielt wird.

Dieser Sicht scheint die faktische Praxis der Abtreibung in unserem Land, deren Begründungshintergrund freilich sehr undurchsichtig ist, zu entsprechen. Man macht zum Beispiel geltend, das Leben eines unerwünschten oder gar behinderten Kindes lasse nicht so viel Gutes erwarten, daß damit seine eigenen Beeinträchtigungen *und die Belastungen für die Eltern u.a.* aufgewogen würden. Oder man weist darauf hin, daß man durch Abtreibung oder auch nachgeburtliche Tötung eines kranken Kindes für das Leben eines *anderen* Platz mache, das eine bessere Lebensqualität verspreche.

Ein zweiter Bereich, in dem das Thema *Nicht-freiwillige Euthanasie zugunsten Dritter* aktuell werden kann, ist der Umgang mit Menschen, die in anhaltendem Koma liegen oder aufgrund von Hirnverletzung, Senilität o.ä. ihr Leben nicht mehr selbst organisieren, aus denselben Gründen aber auch keinen Euthanasie-Wunsch artikulieren können. Ihnen wird ebenfalls immer häufiger das »Personsein« und damit das Lebensrecht abgesprochen. Außerdem hat ihr Leben angeblich - für sie selbst und für andere - nicht mehr den Wert, der die Lasten aufwiegen könnte, die sie ihren Angehörigen oder der Gesellschaft aufbürden. Auch ihre verordnete Tötung liegt also in der Konsequenz der Gebrauchswert-Philosophie.

Schließlich ist auf dieser Basis auch Tötung zwecks Organentnahme kein Tabu mehr. Das hat John Harris erkannt und im Szenario einer »Survival Lottery« festgehalten (abgedruckt in dem von Singer herausgegebenen Band *Applied Ethics,* Oxford 1986): Zwei Patienten, Y und Z, werden sterben, wenn sie keine Transplantate erhalten. Diese aber sind nicht erhältlich - es sei denn, man tötete eine gesunde Person, A, um ihr Lunge und Herz zu entnehmen. In diesem Fall werden zwei Leben gerettet, während nur eines zugrunde geht: ein Resultat, das dem Tod von Y *und* Z vorzuziehen ist - wenn wir etwa davon ausgehen, daß die drei Beteiligten eine »gleich wertvolle« Zukunft hätten. Ein Arzt, der sich weigerte, A zu töten und seine Organe zu transplantieren, würde den Tod von Y und Z verschulden.

Eine Verallgemeinerung des beschriebenen Vorgehens steigert die Lebenserwartung in einer Gesellschaft beachtlich. Damit kein Unrecht geschieht (!), wird der jeweilige Organspender nicht etwa willkürlich von der Straße weggeholt, sondern durch ein schon vorbereitetes unparteiisches Verfahren ermittelt - durch die Überlebenslotterie.

Was an dieser Illustration der Berechnung von Lebenswerten am meisten schockiert, ist die Tatsache, daß ihr Autor nicht etwa zeigen will, zu welch absurden und makabren Konsequenzen utilitaristisches Denken führt, sondern, wie irrational die Ablehnung der beschriebenen Praxis ist. Die Moral einer Gesellschaft mit Überlebenslotterie, meint Harris, würde zweifellos unseren Respekt verdienen (S. 90).

Dagegen meine ich: Es ist nicht nur völlig natürlich, auf eine solche »Moral« und auf die Andeutung, sie sei ernstzunehmen, mit Abscheu zu reagieren: eine solche Reaktion ist auch keineswegs irrational. Denn *zum einen* hat sich schon gezeigt, daß unter Gesichtspunkten der Gewißheit unsere emotional verwurzelte »Intuition« als Argument gegen utilitaristische Axiome der Rationalität mehr Autorität verdient als die umgekehrte »Widerlegung« unserer Intuition durch diese Axiome. (Zu ihnen rechne ich hier vor allem 1. die Annahme, ausschließlich verrechen- und erlebbare Werte sollten unseren Umgang miteinander bestimmen, und 2. die Ablehnung der Unterscheidung zwischen Töten und Sterben-Lassen und anderer Unterscheidungen, von denen im folgenden Kapitel die Rede sein wird.) *Zum anderen* aber gehört der Abscheu gegenüber unmoralischen Vorstellungen nicht weniger zur Praxis der Moral als der Abscheu gegenüber dem vorgestellten Unrecht selbst.

Von der Überlebenslotterie sind wir vermutlich noch weit entfernt. Das läßt sich leider von einer praktikableren Form der Tötung zwecks Organentnahme schon nicht mehr sagen: von der *Tötung durch Organentnahme.* In der *Frankfurter Allgemeinen Zeitung* vom 13. Mai 1997 weisen Bundesjustizminister Edzard Schmidt-Jortzig und der Bundestagsabgeordnete Eckart von Klaeden unter der Überschrift »Leichen bekommen kein Fieber« zu recht darauf hin, daß sehr ernste Gründe dagegen sprechen, den *Hirntod,* also den »endgültigen, nicht behebbaren Ausfall der gesamten Hirnfunktion«, als Kriterium für den Tod zu akzeptieren. Allerdings heißt es vom Hirntod ebenfalls: »Einigkeit herrscht darüber, daß nach seinem Eintritt die Entnahme des Herzens, der Lungen, der Leber, beider Nieren, der Bauchspeicheldrüse und des gesamten Darms möglich sein soll. Die Aufnahme von diesbezüglichen Entnahmekriterien in ein Transplantationsgesetz befürworten daher alle dem Bundestag vorliegenden Anträge.« Mit einer solchen Gesetzgebung erklären sich die Autoren ausdrücklich einverstanden.

Nach ihrer Auffassung soll es also erlaubt sein, *einem noch lebenden Menschen*, dessen Organismus u.a. »zur Regelung der Körpertemperatur, zum Stoffwechsel, zu Bewegungen, ... zur Geburt eines gesunden Kindes« fähig ist, dadurch zu *töten*, daß man ihm lebenswichtige Organe entnimmt. Man wird ihnen durchaus darin zustimmen, »daß jedenfalls mit dem Hirntod die Pflicht des Arztes zur Aufrechterhaltung der Herz-Kreislauf- und weiterer Körperfunktionen endet und in die Verpflichtung wechselt, den natürlichen Sterbeprozeß nicht weiter aufzuhalten«. Nur noch ungläubig staunen dagegen kann man angesichts ihrer Folgerung, es sei »unhaltbar, im Falle einer nach Eintritt des Hirntodes stattfindenden Organentnahme ... aktive Sterbehilfe oder Euthanasie anzunehmen; denn der Hirntote 'bedarf' gerade keiner Hilfe mehr, um zu sterben«. Darf man mit einer vergleichbaren Begründung etwa jeden ungefragt töten, dessen Krankheit irreversibel zum Tode führt? Oder hängt die Erlaubtheit davon ab, welchen Nutzen die Tötung anderen bringt?

Das inzwischen vom deutschen Bundestag verabschiedete Gesetz zur Organ-Transplantation ist übrigens - ebenso wie der reformierte § 216 - ein Beispiel dafür, wie überall in der westlichen Welt der rechtliche Schutz des menschlichen Lebens in unauffälligen Schritten ausgehebelt wird. Es fällt schwer, dahinter keine Taktik zu sehen: Die Grundlage der Gesetzgebung bleibt zunächst auf beruhigende Weise im Dunkeln. (»Vielleicht ist der Fötus noch gar kein Mensch.« »Die Medizin hält den hirntoten Organismus jedenfalls für tot.«) Ist das neue Gesetz dann erst einmal eine Selbstverständlichkeit und die beruhigende Deutung vergessen, kann man einen Schritt weitergehen, ohne eine neue Schwelle nehmen zu müssen: »Da man den ungeborenen Menschen unter gewissen Umständen töten darf, warum dann nicht auch den neugeborenen?« »Da man einen Menschen nach dem Erlöschen der Gehirnfunktionen töten darf, warum dann nicht auch ...?« Nach diesem Modell führen Wege der Legalisierung ebenfalls - wie jetzt in einigen Staaten der USA - von der Beihilfe zur Selbsttötung zur Tötung auf Verlangen (»Da man einem suizid-entschlossenen Behinderten das Gift in den Mund legen darf, warum darf man es nicht injizieren?«); oder - wie in den Niederlanden - von der freiwilligen zur nicht-freiwilligen Euthanasie (4.2); bis sie schließlich, nicht zum erstenmal, auch von der Orientierung am »Eigenwert« zur Orientierung am »Fremdwert« des Lebens führen.

4.7 In Würde sterben

Häufig stellen Euthanasie-Befürworter nicht den Vergleich zwischen einer nicht lebenswerten Zukunft und einem erlösenden Ende in den Vordergrund ihrer Argumentation, sondern die Forderung, die Würde des Sterbens zu respektieren. Bei näherem Hinsehen begründet man allerdings auch hier Euthanasie durch Wertevergleich: Der Tod wird, in beiden Bedeutungen des Wortes, »vorgezogen«, weil das Weiterleben in Erwartung des natürlichen Todes wegen *entwürdigender Bedingungen* einen *Unwert* darzustellen scheint.

Entwürdigend können mir oder anderen recht verschiedene Seiten meines Zustands vorkommen: Bewußtlosigkeit und Verwirrung, Schmerzen, die mir die Kontrolle über mich selber rauben, ekelerregende Aspekte der körperlichen Verfassung, Bewegungsunfähigkeit und erdrückende Angewiesenheit auf andere, Einbuße an Selbstbestimmung durch paternalistisches und maternalistisches Krankenhauspersonal, Unfähigkeit zu Kommunikation und Selbstverwirklichung, Angst, Depression u.a.m.

Manche erblicken eine Entwürdigung schon darin, daß ein Kranker über Art und Zeitpunkt seines Endes nicht selbst bestimmen könne. Überlegungen zu *dieser* Sicht stelle ich zurück (vgl. 6.4), wenn ich mich jetzt der Frage widme, ob entwürdigende oder unwürdige Bedingungen des Lebens und des Sterbens Euthanasie begründen können.

Um diese Frage zu beantworten, muß man sich zunächst darüber klar werden, *warum* bestimmte Bedingungen unsere Würde anzugreifen scheinen. Diese Würde hängt offenbar mit den charakteristischen Kompetenzen eines gesunden Erwachsenen zusammen, die es ihm - in gewissen Grenzen - erlauben, seinem Leben selbst die Gestalt zu geben, für die er sich auf der Basis eigener Vorstellungen entscheidet (7.2). Diese personalen Kompetenzen scheinen direkt oder indirekt, in unterschiedlicher Weise und in unterschiedlichem Ausmaß durch »*entwürdigende*« *Bedingungen* in Frage gestellt zu sein.

Andererseits befähigen uns gerade diese Kompetenzen zugleich, in solchen Bedingungen die Beeinträchtigung von Vollzügen einer *Lebensform* zu erblicken, *deren unbedingten Wert die »entwürdigende« Beeinträchtigung nicht tangiert.*

»Würde des Sterbens« soll einen Aspekt der Menschenwürde bezeichnen. Die aber ist mit dem unbedingten Wert des menschlichen Lebens eng verwandt - vor allem auch in dieser Hinsicht: Es sind nicht bestimmte Umstände und Qualitäten eines Menschen, die seine Würde ausmachen; unser Wissen um diese Würde zeigt sich nicht in der Handhabung von *Kriterien*, sondern darin, wie wir jeden Menschen, unabhängig von seinen besonderen Qualitäten und Lebensverhältnissen, *achten*. Wer wissen will, worin die Menschenwürde besteht, muß sich vergegenwärtigen, mit welchen Einstellungen und Verhaltensweisen man sie respektiert und wodurch sie verletzt wird.

Nicht nur Behinderung, Krankheit und Sterben können die Frage nach den Bedingungen dieser Würde aufwerfen, sondern auch viele andere Umstände, unter denen wir Schlimmes zu *erleiden* haben: Verarmung und Elend, Gefangenschaft und Folter, Verlust von Leistungsfähigkeit, Stellung oder Ansehen, Beschuldigung und Verurteilung, Bloßstellung, Herabsetzung u.a.m. In allen derartigen Situationen ist jedoch erstens *das Verhalten oder die Einstellung von Menschen* das, was gegebenenfalls die Würde *kränkt*, nicht die »Minderung von Lebensqualität«, die den Anlaß oder die Wirkung des Verhaltens bzw. der Einstellung bildet. Zweitens implizieren wir weder *Verlust* noch *Minderung* der Menschenwürde, wo wir von ihr sagen, sie werde *verletzt*, *gekränkt* oder *angegriffen*, - auch wenn solche Mißachtung selbst in ihrem Kern auf Vernichtung der Würde aus sein mag.

Allerdings sprechen wir auch davon, daß jemand unter widrigen Umständen, statt sie in Würde zu bestehen, sich würdelos verhält. Man kann Entbehrungen oder Beleidigungen *in Würde* ertragen; man kann *unwürdig* bitten; usw. Auch der Weise, wie Menschen leiden oder sterben, sprechen wir *nicht bedingungslos* Würde zu.

Aber die Bedingungen der Würde - und das ist entscheidend - liegen auch hier nicht in äußeren Umständen. Ob einer in Würde stirbt, hängt davon ab, ob er *selbst* - soweit das in seiner Macht steht - sich der Würde entsprechend verhält, die ihm als Menschen bedingungslos zuzusprechen ist. Nicht Unselbständigkeit oder Inkontinenz z.B. können den letzten Wochen eines Patienten die Würde nehmen, sondern Ungeduld und Mangel an Bereitschaft, die eigenen Grenzen zu akzeptieren und die Bemühungen derer, die ihn versorgen, anzuerkennen.

Gleichwohl behält die Rede von »*entwürdigenden*« *Umständen* einen guten Sinn. Denn die *Anerkennung menschlicher Würde* drückt sich nicht zuletzt in bestimmten Umständen aus, die wir uns selbst und anderen zugestehen. Insbesondere gehört zu dieser Anerkennung das Bemühen, im Rahmen des Möglichen diejenigen Bedingungen zu vermeiden oder abzubauen, die charakteristisch menschlichen Lebensvollzügen im Wege stehen.

Entwürdigend heißen solche Bedingungen zu recht, weil sie nicht nur einen Mangel an Achtung menschlicher Würde *widerspiegeln* können, sondern deren Mißachtung faktisch auch *fördern*. Bekanntlich muß man einen Menschen nur in Lumpen gehüllt in den Schmutz werfen, und schon ist seine Würde bedroht:

Seinem *Respekt vor sich selbst* wird die Stütze vertrauter Ausdrucksformen und bestätigender Anhaltspunkte entzogen; die *Bereitschaft anderer*, ihn geringzuschätzen, verächtlich und grob zu behandeln, ja zu töten, steigt; das wiederum ist ein weiterer Umstand, der seine Selbstachtung unterminiert.

Was diese Zusammenhänge für die Situation von Behinderten, Kranken und Sterbenden bedeuten und welchen Umgang mit ihnen sie verlangen, dürfte kaum zweifelhaft sein (vgl. 3.4). Nicht *Leid und Elend* eines Menschen, welcher Art sie auch seien, verletzen seine Würde, sondern ein Denken, Reden und Handeln, in dem sich die *Annahme* niederschlägt, *Leid und Elend minderten seine Würde*. Wo also diese Annahme hinter der Forderung nach einem »Sterben in Würde« steht, da unterminiert diese Forderung in Wirklichkeit die Würde des Sterbenden, die sie zu verteidigen behauptet. Die Auffassung, Leid und Elend minderten die Würde eines Menschen, erschwert ihm selbst und seiner Umgebung die Aufgabe, auch angesichts seiner bedrückenden Lage an unbedingter Selbstachtung bzw. Achtung festzuhalten. Wer in leidvollen Umständen eine Infragestellung der Menschenwürde sieht, denkt niedrig von ihr; und wer sie deshalb durch Beseitigung des Leidenden retten will, greift sie in Wirklichkeit an.

Da Selbstachtung einem ohnehin geschwächten Menschen sehr viel abverlangen kann, ist es eine wichtige Aufgabe für Angehörige, Freunde, Krankenschwestern, Ärzte usw., ihm durch »würdigende« Behandlung ein würdiges Sterben zu *erleichtern* - das Anliegen der Hospizbewegung. Aber letzten Endes liegt das Kriterium dafür, ob er in Würde stirbt, weder im Verhalten seiner Umgebung noch in sonstigen Umständen, sondern darin, ob er selbst, auch angesichts des drohenden Todes und bedrückender Umstände, die eigene Würde respektiert. Selbsttötung und Tötung auf Verlangen können also nicht durch Befreiung von *unwürdigen Umständen* die Würde des Sterbens sicherstellen.

5 Aktive, indirekte und passive »Sterbehilfe«: Unterschätzte Unterschiede

5.1 Prinzipien der Verantwortlichkeit

Kapitel 4 hat sich vor allem mit der Auffassung auseinanderge-
setzt, Euthanasie sei begründet, wenn das betroffene Leben keiner lebenswerten Zukunft diene. Bio-Ethiker vertreten häufig
eine *utilitaristische* Ausprägung dieser Auffassung. Diese verlangt
nicht nur, daß in die Bilanzierung von Vor- und Nachteilen einer
Tötung grundsätzlich *alle* zu erwartenden positiven und negativen Folgen eingehen, die sich weltweit für die Interessen Betroffener aus der Handlung ergeben. Sie erklärt diese Folgen auch
zum *einzigen* Gesichtspunkt für die Beurteilung einer Tötung
bzw. ihrer Unterlassung - wie allen menschlichen Handelns.

Damit leugnet sie die moralische Relevanz von Differenzierungen, auf die sich herkömmliche Maßstäbe für den Umgang mit
menschlichem Leben stützen. Mit diesen Differenzierungen müssen wir uns jetzt befassen. Denn wenn sie sich als irrelevant erweisen sollten, spräche dies gegen die Abgrenzung der Euthanasie, und auch der Abtreibung, gegen gewisse Handlungsweisen,
die, obwohl mit dem Tod eines Menschen verbunden, als zulässig gelten.

Für alles verantwortlich? Konsequenzen des Utilitarismus

Der Utilitarismus macht den Handelnden *für alle erkennbaren
Folgen seines Tuns und Lassens gleichermaßen verantwortlich.*
Diese Sicht hat eine Reihe wichtiger Konsequenzen für unser
Thema, insbesondere die folgenden:

1. Ein beliebiges *Geschehen-Lassen* ist als ebenso gut oder
schlecht zu bewerten wie ein *Tun*, das zum selben Ergebnis
führt. Tötung ist unter dieser Voraussetzung überall da am Platz,
wo es erlaubt oder gar geboten ist, einen Menschen sterben zu
lassen. Keine Unterscheidung zwischen aktiver und passiver
Euthanasie kann dann moralisch bedeutsam sein.

2. Auch zwischen *Absicht* und *Inkaufnahme* von Handlungsfolgen besteht kein relevanter Unterschied. Ob z.B. ein Arzt, der
Krebs-Patienten stark dosierte Opiate und Morphine gibt, ihren
Tod beabsichtigt oder nur - in der Absicht, Schmerzen bzw.
terminale Atemnot zu lindern - in Kauf nimmt: in beiden Fällen
beschleunigt er freiwillig den vorausgesehenen Tod. Ebenso ist

Nicht-Behandlung, die zum Tod führt, unabhängig davon zu beurteilen, welchen Gründen sie entspringt.

3. Einen Unterschied zwischen *positiven* und *negativen Pflichten* gibt es nicht. Einen solchen Unterschied nimmt man in Anspruch, wenn man etwa erklärt, ein Arzt sei zwar (positiv) verpflichtet, das Leben eines Kranken nach Möglichkeit zu retten, doch habe die (negative) Pflicht, keinen Unschuldigen zu töten, den Vorrang. Fallen Unterschied und Vorrang fort, so kann es - aufgrund eines Wertevergleichs der Ergebnisse - geboten sein, einen Menschen zu retten, indem man einen anderen umbringt.

4. *Erlaubtes* Verhalten ist zugleich *geboten*. (Nur wo zufällig *mehrere* Handlungsmöglichkeiten optimal, d.h. ihren Wirkungen nach so gut sind, daß keine Alternative besser wäre: nur da ist *jede* von ihnen erlaubt; und eine beliebige von ihnen zu wählen, ist geboten.) Denn einzig erfreuliche und unerfreuliche Resultate entscheiden über die moralische Qualität des Verhaltens. Nach diesem Kriterium aber können wir Handlungen nur in optimale und suboptimale einteilen. Gilt eine Handlung mit *suboptimalen* Folgen ausnahmslos als *unmoralisch*, so ist nur eine optimale Handlung, eine mit *optimalen* Folgen, *erlaubt - und zugleich geboten* (sofern nicht zufällig mehrere optimale Handlungsmöglichkeiten bestehen). Ist also etwa in einem bestimmten Fall eine Abtreibung, oder die Verweigerung einer Therapie, erlaubt, so ist sie (in Anbetracht optimaler Folgen und in Ermangelung gleichwertiger Alternativen) auch schon moralisch erforderlich.

Die Ethik begrenzter Verantwortung

Der relativ einfachen utilitaristischen Orientierung des Verhaltens am Wert seiner Auswirkungen stehen eine Reihe von Gesichtspunkten gegenüber, die uns leiten, wenn wir, vor moralische Fragen gestellt, im Sinne herkömmlicher Maßstäbe entscheiden. Diese Gesichtspunkte lassen sich in Prinzipien zusammenfassen, die angeben, wofür ein Mensch tatsächlich, moralisch gesehen, verantwortlich zu machen ist. Die Erörterung dieser Prinzipien beginne ich mit Beobachtungen zur Rolle der *Folgenbewertung* für die Begründung unseres Verhaltens. Die herkömmliche Moral schränkt diese Rolle in folgendem Sinne ein.

1. Die Abwägung von *Folgen* ist nur *ein Gesichtspunkt unter anderen*. Könnten wir z.B. tatsächlich voraussagen, der Tod eines bestimmten Menschen werde die insgesamt bestmöglichen Folgen haben, so ließe das allein noch gar keine praktischen Konsequenzen zu. 2. Vorrang vor dem vermuteten Wert der Handlungsfolgen haben insbesondere die gegebenenfalls tangierten

Rechte. Ich darf das Recht eines Menschen auf Leben nicht verletzen, selbst wenn seine Tötung nicht nur anderen, sondern auch ihm selbst zugute kommen sollte. 3. Es gibt *Handlungsweisen*, die ihrer Natur nach im Normalfall unerlaubt sind; und die Ausnahmefälle, in denen sie erlaubt sind, verdanken sich *nicht* der Erwartung günstiger *Folgen*. Ausnahmen vom Tötungsverbot beruhen nicht darauf, daß die guten Auswirkungen einer Tötung etwa den Wert aufwiegen, den das Weiterleben des Getöteten gehabt hätte.

Indem sie die Bedeutung von Handlungsfolgen solchermaßen relativiert, stellt die Moral auf doppelte Weise das menschliche Individuum anstelle eines anonymen Maximums an »Lebensqualität« ins Zentrum ihrer Wertungen. Zum einen kommt mit der Anerkennung von *Rechten* der Mensch als *Subjekt von Entscheidungen*, von Zustimmung und Ablehnung, in den Blick, nicht nur als Empfänger erfreulicher und unerfreulicher Zustände. Und zum anderen bedeutet die primäre Wertung von *Handlungsweisen*, daß der Mensch als *Subjekt des Charakters* gesehen wird, der sich aus der Art seines Handelns bildet, nicht als Instrument zur Optimierung der Bilanz des allgemeinen Wohlergehens.

Diesem zweiten Aspekt der herkömmlichen Moral entspricht eine im Vergleich zum Utilitarismus stark differenzierende Sicht von Verantwortlichkeit. Sie konzentriert, begrenzt und stuft die Zuständigkeit des Handelnden: Primär ist dieser für das eigene Handeln verantwortlich, insofern es seinen Charakter zum Ausdruck bringt und formt; anderes ist demgegenüber, in unterschiedlicher Weise, sekundär.

Ich verwende hier übrigens einen neutralen Begriff der *Verantwortlichkeit*: Verantwortlich ist man für das, was einem *zuzurechnen* ist, wofür man fairerweise *getadelt oder gelobt* werden kann. Der Vorwurf also, den das Wort in vielen Kontexten suggeriert, gehört hier nicht zu seiner Bedeutung.

Was besagt nun näherhin: Primat der Verantwortung *für das eigene Tun*? Den oben angeführten utilitaristischen Bewertungsregeln stellt eine herkömmliche Ethik folgende Pendants gegenüber: 1. Verantwortlich bin ich zunächst für das, was *ich tue* und was *ich verursache*; dann für Unterlassungen, die einer Pflicht widerstreiten, also auch für das, was *geschieht*, obwohl ich es nach Möglichkeit *verhindern sollte*; und erst in dritter Linie oder gar nicht für das, was außerdem geschieht, obwohl ich es *verhindern könnte*. 2. Innerhalb meines Tuns und Lassens bezieht sich meine Verantwortung in erster Linie auf das, was ich als Ziel oder Mittel *beabsichtige* (intendiere), erst dann auf Folgen, die ich *freiwillig in Kauf nehme*. 3. Meine moralische Aufgabe ist zunächst die *Unterlassung des Bösen*, erst dann das *Wirken des*

Guten; insbesondere hat die Forderung, einen Menschen nicht zu töten, Vorrang vor der Forderung, Menschenleben zu retten. (Denn nur die Mißachtung der ersten Forderung bedeutet Tötungsabsicht.) 4. Da ich nicht für die Maximierung eines anonymen Wertes zuständig bin, bleiben zwischen Gebotenem und Verbotenem Möglichkeiten offen, *Erlaubtes* und *Gutes* zu tun.

All dem also widerspricht der *Utilitarismus* in seinem Kern: in der Behauptung umfassender Verantwortung. Ist man einmal von dem Gedanken durchdrungen, gutes Handeln *könne nur* darauf gerichtet sein, *zu einer optimalen Bilanz des allgemeinen Wohlergehens beizutragen*, ist diese Behauptung nicht zu vermeiden. Einwänden gegen die utilitaristische Theorie wird man dann zu begegnen suchen, indem man notfalls an ihren Rändern Zugeständnisse macht und Korrekturen vornimmt. Der zentrale Gedanke selbst ist kaum zu *widerlegen*. Mit ihm entwirft der Utilitarismus im Grunde eine *Alternative zur Moral*; und zwar eine Alternative, die durch ihre größere Einfachheit besticht.

Die folgenden Abschnitte müssen erweisen, ob nicht dennoch eher die soeben angeführten Prinzipien begrenzter und gestufter Verantwortlichkeit den Umgang von Menschen mit Menschen bestimmen sollten. Im Blick auf diese Frage versuche ich dreierlei zu zeigen: 1. Moralische Maßstäbe, die unseren Umgang miteinander und speziell mit menschlichem Leben fraglos leiten, sind am besten mit diesen Prinzipien zu erklären. 2. Die Prinzipien lassen sich darüber hinaus durch bessere Argumente stützen als die utilitaristischen Alternativen. 3. Sie geben Hinweise für Situationen, die der moralischen Beurteilung Schwierigkeiten bereiten.

5.2 Töten und Sterben-Lassen

Vergegenwärtigen wir uns noch einmal das Szenario der Überlebenslotterie (4.7). Es enthält, auf der soeben skizzierten utilitaristischen Basis, das Argument: Verlieren Y und Z ihr Leben, während A überlebt, so ist das weniger wünschenswert als die umgekehrte Situation, daß A stirbt, während Y und Z am Leben bleiben. Also sollte A zugunsten von Y und Z sterben - *gleichgültig, ob dies durch Töten oder Sterben-Lassen geschieht*. Wer das Weiterleben von A und den Tod von Y und Z »nur zuläßt«, ist für dieses weniger wünschenswerte Ergebnis ebenso *verantwortlich* wie der »Aktive«.

Ohne Frage hat ein Arzt, dem nur knappe Ressourcen zur Verfügung stehen, u.U. zu *wählen*, für wen er sie einsetzt. Und wir halten es dann unter gewissen Bedingungen für richtig, daß er einen älteren Patienten mit schlechter Prognose nicht behandelt und sterben läßt, um zwei jüngere retten zu können. Man denke auch an die »Triage« in der Katastrophen-Medizin: Der Notarzt folgt zunächst einmal Regeln, nach denen er die begrenzten Mittel und Möglichkeiten dem einen gewährt und dem anderen vorenthält. Die Moral schließt nicht aus, sondern ein, daß man sich in bestimmten Situationen an Zahlen und Zukunftsperspektiven orientiert.

Der Arzt, so heißt es in diesem Zusammenhang oft, ist eben manchmal gezwungen, den Richter über Leben und Tod zu spielen. Ob er nun *sterben läßt* oder *tötet*, das bedeutet keinen moralischen Unterschied: in beiden Fällen trifft er die *Wahl*, wer weiterleben soll. - Ist das richtig?

Relevante Asymmetrien

Sicher nicht. Der Ausdruck »Wahl« gleicht hier verschiedenartige Fälle in irreführender Weise einander an. Wer nämlich knappe Ressourcen zu verteilen hat, steht in der Tat vor einer *Wahl*. Denn so oder so tut er Gutes, und so oder so nimmt er Schaden in Kauf. Daran ändert auch die Tatsache nichts, daß es häufig Gründe gibt, eine der Möglichkeiten vorzuziehen. Wer dagegen aus moralischen Erwägungen bestimmte *Handlungsweisen ausschließt*, für den stehen *diese* in einem plausiblen Sinne nicht »*zur Wahl*«.

»Auch wer sich weigert, A zugunsten von Y und Z zu töten, wer also statt dessen A weiterleben, Y und Z dagegen sterben läßt, trifft damit eine Wahl«: Diese Behauptung *setzt schon voraus*, daß Tötung überhaupt zu den wählbaren Alternativen gehört. Sie übersieht, daß im *Ausschluß der Möglichkeit Mord* die praktische Vernunft sich mindestens ebenso selbstverständlich manifestieren könnte wie in der *Rationalität von Präferenzen*.

Daß uns die Moral für Betätigung und Geschehen-Lassen *nicht* gleichermaßen verantwortlich macht: dieser Umstand fügt sich in mancherlei Weise in grundlegende Handlungsstrukturen und überhaupt in den Rahmen menschlicher Möglichkeiten ein. Bereits auf dieser Ebene bestehen einschneidende *Asymmetrien* zwischen Tun und Lassen.

1. Ein besonders wichtiger struktureller Aspekt des Handelns liegt darin, daß man sich dessen, was man *tut*, problemlos bewußt sein kann und normalerweise bewußt ist, während das, was unabhängig von solchem Tun *geschieht*, nur zufällig oder aufgrund von Nachforschungen in unser Bewußtsein tritt. Unter normalen Umständen tötet man einen anderen nicht *versehentlich*, ohne Wissen; das Maß an Aufmerksamkeit, dessen man be-

darf, um auch nicht fahrlässig zu töten, ist zumutbar; und wo ein Mensch tatsächlich nicht- oder unfreiwillig tötet, beurteilt die Moral *dieses Tun* nicht anders, als wenn *ohne sein Zutun* ein anderer stirbt oder sonst etwas *geschieht*. Was aber unabhängig von uns geschieht, ist uns im großen und ganzen *unbekannt*. Wir wissen nicht, wer beispielsweise wo und wann sterben könnte. So etwas *kann* uns auch lediglich in Fragmenten bekannt sein, die wir in unserer Umgebung wahrnehmen, durch Berichte mitbekommen oder uns durch Recherchen zugänglich machen.

Eine »Moral«, die mich für den Tod einer mir unbekannten Sekretärin in Tasmanien grundsätzlich genauso verantwortlich machte wie für den Tod eines Opfers meiner Gewalt, könnte nicht die Moral *von Menschen* sein.

2. Zwar sind wir heute über Todesgefahren und Rettungsmöglichkeiten überall auf der Welt informiert. Ich leugne auch nicht, daß solche Kenntnisse u.U. zum Helfen verpflichten. Aber schon die Tatsache, daß man nur eine von Millionen Möglichkeiten zu helfen auswählt, wenn man für diesen oder jenen etwas Gutes tut, und daß man keine *beste* Möglichkeit berechnen kann: schon diese Tatsache zeigt, daß hier von Verantwortlichkeit für das Sterben bestimmter Menschen nicht die Rede sein kann - jedenfalls nicht in dem Sinn, in dem wir einen Menschen für den Tod eines anderen verantwortlich machen, den er umgebracht hat.

Aber hat nicht z.B. ein Arzt u.U. den Tod eines Patienten zu verantworten - ohne ihn umgebracht zu haben? - Doch, selbstverständlich sind wir alle für bestimmte, eng begrenzte *Ausschnitte* aus dem *Geschehen* um uns herum verantwortlich, je nach dem, unter welche *Pflichten und Aufgaben* eigene Wahl oder Umstände uns gestellt haben. Daher ist es u.U. für einen Arzt nicht weniger verwerflich, einen Patienten sterben zu lassen, als ihn zu töten.

3. Wie aber, wenn er dieses Sterben nur dadurch verhindern könnte, daß er einen anderen Patienten tötet? Die Moral verbietet das absichtliche *Herbeiführen* des Todes eines Unschuldigen *unbedingt,* verlangt aber nicht mit derselben Unbedingtheit seine Rettung. Überhaupt schreibt sie *in erster Linie Unterlassungen, dann erst Taten* vor.

Auch dies ist im Licht struktureller Gegebenheiten plausibel: Zum einen schließt jede *Tat* unbegrenzt viele andere Taten aus; sie beschränkt den Spielraum für sonstiges, insbesondere zeitgleiches Tun. Dagegen ist jede *Unterlassung* mit unbegrenzt vielen sonstigen Unterlassungen vereinbar. *Gebote*, etwas zu *tun*, erzeugen daher Konflikte, *Verbote* dagegen, Unterlassungsvorschriften, nicht. Zum anderen sind Taten, im Unterschied zu Unterlassungen, auf Zeit und Fähigkeit, auf Mittel und Wege angewiesen.

In diesem Sinne ist ein unbedingtes Tötungsverbot realistisch. Dagegen würde ein ebenso unbedingtes Gebot, rettbare Patienten zu retten, einen Arzt zum Mörder machen, sobald die Ressourcen nicht für alle reichten. Darüber hinaus geriete er u.U. in eine dreifache unlösbare Pflichtenkollision, wenn seine Pflicht, die ihm anvertrauten Kranken, sagen wir: Y und Z, zu retten, dasselbe unbedingte Gewicht hätte wie das Tötungsverbot: Erstens hätte er zu wählen, ob er *sich gegen Y oder gegen Z vergehen* will, wenn er nicht beiden helfen kann. (Die herkömmliche Moral kennt hier einen *ähnlichen* Konflikt. Doch impliziert nach ihr die Rettung von Y kein *Vergehen* gegen Z. Auch muß der Arzt nicht die *einzig* richtige Lösung suchen.) Eine zweite Konsequenz aus der »unbedingten Rettungspflicht«: Wären Y und Z auf eine Herztransplantation angewiesen, so stünde der Arzt u.U. vor der Frage, ob er einen der beiden *retten* oder aber A, einen putzmunteren »Spender«, *am Leben lassen* soll. Ein dritter Konflikt resultiert in diesem Fall daraus, daß eine *Tötung von A* nicht »erlaubter« ist als die *Tötung eines beliebigen anderen.*

Freilich, aus der Perspektive des Utilitaristen sind diese Konflikte *lösbar*, weil er überhaupt keine unbedingte Forderung gelten läßt. Er löst sie, indem er die Betroffenen nach Zukunftsaussichten miteinander vergleicht und notfalls über ihr Los durch Los entscheidet.

Was man dieser Lösung aufgrund von Beobachtungen zur Struktur des Handelns entgegenhalten kann, ist dies: Die Moral, die ein unbedingtes Tötungsverbot vor die Pflicht zur Lebensrettung stellt, wird den unabweisbaren *Asymmetrien* zwischen Tat und Unterlassung, die unser gesamtes Leben strukturieren, zwanglos gerecht. Dagegen verlangt uns die Gleichstellung von Nicht-Retten und Töten Praktiken ab, die jenen grundlegenden Asymmetrien kein Gewicht beimessen und sich statt dessen auf Kriterien des Vergleichs von Interessen, Lebensqualitäten, Überlebenswunsch-Intensitäten und ähnlichem stützen müssen - Kriterien, die nach den Erörterungen in Kapitel 4 als willkürlich gelten müssen.

4. Ein weiterer struktureller Aspekt des Handelns liegt darin, daß seine Bezugspunkte »erreichbar« sein müssen. Wahrnehmung, Aufmerksamkeit, Emotion und Einflußnahme erstrecken sich primär auf Elemente unserer *näheren Umgebung* - oder auf solche, die irgendeine Technik uns »nahebringt«. Gerade auf diesen Bereich jedoch beziehen sich auch unbedingte moralische Forderungen wie das Tötungsverbot. Denn die Handlung, die es zu unterlassen verlangt, die Tötung, hat ein identifizierbares und erreichbares Objekt - das Opfer. Eine Norm dagegen, die grundsätzlich mit derselben Strenge den *Eingriff in beliebige*, vorwiegend in jeder Hinsicht *ferne Geschehnisse* verlangt, zu denen ich

meist in keiner Beziehung stehe: eine solche Norm geht an dem beschriebenen »Erfordernis der Erreichbarkeit« vorbei.

5. Unter den anthropologischen Anhaltspunkten für die moralische Relevanz der Unterscheidung zwischen Tun und Geschehen-Lassen muß auch folgende Selbstverständlichkeit erwähnt werden: Die Verletzung durch eine gegen uns gerichtete *Handlung* erleben wir völlig anders als eine Verletzung, die *uns zustößt*, weil andere nicht eingreifen.

Dieser Unterschied des *Erlebens* hat viele Wurzeln. Insbesondere ist die *verletzende Handlung* - eine bestimmte Gewalttat, die Täuschung durch einen bestimmten Menschen usw. - häufig selbst erlebbar. Dagegen ist das *Ausbleiben* einer erwünschten Handlung im allgemeinen nicht genau datierbar, nicht durch bestimmte Täter, Tatumstände usw. spezifiziert. In unserem Erleben, in unserem Fürchten und Hoffen, in unserem Urteil über andere Menschen findet solches »Ausbleiben« im großen und ganzen nicht den dramatischen Niederschlag, den gegen uns gerichtete Handlungen finden.

Diesem Umstand entspricht auf der Seite des Handelnden ein natürlicher, zwingender Widerstand dagegen, einen beliebigen Mitmenschen *umzubringen* - ein Widerstand, dem kein *vergleichbarer*, ebenso unmittelbar erlebnisbezogener Impuls gegenübersteht kann, beliebigen anderen das Leben zu *retten*.

Eine Moral, die Tötung anders wertet als Sterben-Lassen, spiegelt solche Asymmetrien wider.

6. Abschließend sei auf einen weiteren strukturellen Unterschied hingewiesen, der übergangen wird, wenn es heißt, Tötung und Sterben-Lassen liefen auf dasselbe hinaus. Dieser Unterschied beruht darauf, daß ein Tun *sein Ergebnis unmittelbarer und absehbarer festlegt* als ein Geschehen-Lassen. Was damit gemeint ist, will ich im folgenden zunächst anhand eines Beispiels erläutern, um dann zu prüfen, inwieweit sich - bezogen auf das Thema Tötung - Unterschiede der Verursachung in Unterschieden der Absichtlichkeit und schließlich auch in Unterschieden der moralischen Beurteilung niederschlagen.

Bewirken und Beabsichtigen

Ein Arzt hat sich im Einvernehmen mit seinem Patienten dazu entschlossen, diesen nicht weiter zu behandeln: auf Chemo-Therapie zu verzichten oder den Kreislauf nicht mehr medikamentös zu stützen oder die Lungenentzündung nicht mehr mit Antibiotika zu bekämpfen ... Er geht davon aus, daß der Kranke ohne die Behandlung - die sein Leben vielleicht beträchtlich verlängert hätte - nun in wenigen Tagen oder Wochen sterben wird.

Wir werden kaum zögern zu sagen, der Arzt lasse hier durch Nicht-Behandlung seinen Patienten sterben. Daher nennt man sein Vorgehen auch passive Sterbehilfe. Viele Bio-Ethiker sind sich außerdem darüber einig, daß sich dieses Zulassen des Sterbens, moralisch gesehen, vom Töten nicht unterscheide. Deshalb sei es auch ebenso verwerflich - oder aber das Töten sei, wo das Sterben-Lassen erlaubt sei, genauso erlaubt. Für meine folgenden Überlegungen ist aber zunächst einmal nur eines von Bedeutung: Das Verhalten des Arztes gilt als Sterben-Lassen.

Doch, siehe da, trotz Nicht-Behandlung breiten sich die Metastasen nicht weiter aus, stabilisiert sich der Kreislauf, geht die Lungenentzündung zurück ... Der Patient erlebt noch einen schönen Sommer und stirbt im November an einer Grippe.

Wäre er bald nach Einstellung der Behandlung gestorben, hätte der Ausdruck »Sterben-Lassen« das Verhalten des Arztes vermutlich korrekt bezeichnet. Die Berechtigung dieser Bezeichnung ergäbe sich dann, aufgrund kausaler Zusammenhänge, im *Rückblick vom Ergebnis her*. Im Fall des Beispiels aber können wir nicht sagen: »Wäre er behandelt worden, so wäre er am Leben geblieben«. Denn er *ist* ja am Leben geblieben, und seinen späteren Tod hätte die fragliche Behandlung *nicht* verhindert. Die *Nicht-Behandlung* bedeutet hier also *kein Sterben-Lassen*.

Man könnte nun hinzufügen: Genauso wenig bedeutet beispielsweise *die Gabe eines Gifts* unfehlbar *Tötung*. Auch die Bezeichnung »Tötung« erhält ihre Berechtigung erst im nachhinein, von der tödlichen *Wirkung* des Verhaltens her.

Das ist zweifellos richtig. Dennoch ist hier eine Asymmetrie zu erkennen: Das Sterben-Lassen besteht darin, daß jemand in einen von ihm unabhängigen Wirkungsablauf, der auf den Tod zuführt, *nicht eingreift*. Dagegen besteht die Tötung darin, daß jemand *selbst*, z.B. durch Gift, für die *Ursache* des Todes sorgt.

Die Asymmetrie wird besonders deutlich, wenn wir vorläufig vom beruflichen Verhältnis des Arztes zu seinem Patienten absehen. Wenn ich einen beliebigen Menschen oder einen beliebigen Gegenstand *sich selbst überlasse*, ist in der Regel kaum abzusehen, was aus ihm wird. Und der *möglichen* Einflüsse auf ihn sind so viele, daß, wollte man seine Geschichte schreiben, kein Grund bestünde, ausgerechnet *mein Nicht-Eingreifen* zu erwähnen. Genau umgekehrt verhält es sich, wenn ich auf einen Menschen oder einen Gegenstand *einwirke*. Dann ist - in gewissen Grenzen - abzusehen, was aus ihm wird. Und mein Eingriff gehört zu seiner kausalen Geschichte.

In diesem Sinne also legt ein Tun seine Wirkung unmittelbarer und absehbarer fest als ein Geschehen-Lassen. An diesem Unterschied greift nun auch ein Unterschied zwischen Tun und Nicht-Tun an, der die *Möglichkeit von Absichten* betrifft. Die

»Absehbarkeit« der Wirkung macht es möglich, einem anderen in der »Absicht«, ihn zu erfrischen oder umzubringen, Limonade bzw. Gift zu reichen. Welche Absicht aber könnte ich damit verbinden, ihm *kein Gift* bzw. *keine Limonade vorzusetzen*?

Eine solche Frage ergibt nur unter sehr besonderen Umständen einen klaren Sinn. Das liegt daran, daß ich durch Nicht-Tun nichts bewirke und deshalb im Normalfall keinen besonderen Grund benötige oder habe, *etwas nicht zu tun*. Ständig gibt es Tausende von Dingen, die ich nicht tue, obwohl ich sie tun könnte, und damit Tausende von Dingen, die ich bestehen oder geschehen lasse, obwohl ich intervenieren könnte. Ein *Tun* ist in der Regel unter diesem oder jenem Aspekt beabsichtigt, häufig als Mittel zu einem (primär beabsichtigten) Zweck. Mit einem Nicht-Tun dagegen verbindet man unter normalen Umständen keinerlei Absicht: es ist weder Selbstzweck noch Mittel zu einem ferneren Zweck. Meist wäre es vermutlich noch nicht einmal richtig zu sagen, der Grund, etwas Bestimmtes nicht zu tun, bestehe darin, daß es keinen Grund gebe, es zu tun.

Behandlungspflicht als Handlungspflicht

Die bisherigen Überlegungen dieses Abschnitts zeigen handlungsstrukturelle Gründe dafür auf, daß die Moral bestimmte *Arten des Tuns*, aber nicht bestimmte *Arten des Geschehen-Lassens* als solche disqualifizieren kann. Außerdem weisen sie darauf hin, daß sich eine *Absicht* mit Nicht-Tun und Geschehen-Lassen nicht in derselben Selbstverständlichkeit verbindet wie mit einem Tun. Wie weit die moralische Relevanz dieses Umstandes reicht, will ich nun im Blick auf das Thema Sterben-Lassen erörtern.

Unter normalen Umständen verbindet man keine Absicht damit, einem beliebigen Menschen *keine* Antibiotika zu geben; und daher auch nicht die Absicht, ihn sterben zu lassen. Nun sind aber die Umstände, die wir voraussetzen, wenn wir die *Moral des Sterben-Lassens* diskutieren, nicht »normal«. Wir nehmen vielmehr besondere Zusammenhänge an, z.B. einen Kontext, den die *Pflichten eines Arztes* kennzeichnen, für die Gesundung ihm anvertrauter Menschen zu sorgen oder doch die Symptome ihrer Krankheiten möglichst erträglich zu machen (vgl. 5.4).

Der Arzt muß nicht nur - wie jeder - das Recht des Kranken auf Leben respektieren. Er ist darüber hinaus dazu verpflichtet, gewisse Dinge für ihn zu *tun*. Damit wird manches Nicht-Tun in seinem Fall zu einer *Unterlassung*, für die er *verantwortlich* ist.

Das heißt nicht, für den Umgang des Arztes mit seinem Patienten sei der Unterschied zwischen Tun und Lassen moralisch belanglos. Ich will nur sagen, daß mit dem Arzt-Patient-Verhältnis und der resultierenden Behandlungspflicht ein spezieller *Hintergrund* gegeben ist, der manchem Nicht-Tun erst den Charakter der Unterlassung und der *Frage nach Grund oder Absicht solcher Unterlassung* ihren Sinn gibt.

Auf die Frage nach einer *Absicht* wird es hier häufig keine Antwort geben. Nehmen wir an, der Arzt unterlasse eine Behandlung, weil sie den baldigen Tod des Patienten nicht verhindern, höchstens aufhalten wird; oder weil er die erforderlichen Ressourcen bei einem anderen Patienten einsetzt. In beiden Fällen macht er rechtfertigende *Gründe* geltend, die Behandlung zu unterlassen; eine *Absicht* dagegen verfolgt er mit der Unterlassung nicht: sie ist nicht *Mittel zu irgendeinem Zweck*.

Wo sie das jedoch ist, wo also der Arzt *absichtlich*, um eines Zweckes willen, auf Behandlung verzichtet, da sind nochmals unterschiedliche Konstellationen zu bedenken - auch wenn in allen Fällen die Nicht-Behandlung faktisch zum Tod des Kranken führt: Entweder will der Arzt den *Zweck* der Behandlung nicht verwirklicht sehen, oder er will andere vorhersehbare Folgen, also *Nebenwirkungen* vermeiden.

Die zweite Konstellation mag eintreten, wenn sich die Behandlung mit einer anderen, etwa vorrangigen Behandlung nicht vertrüge; oder wenn sie mit schweren Belastungen für den Patienten oder für andere verbunden wäre. Auch den Fall könnte man hier nennen, daß der Kranke die Behandlung ablehnt, so daß der Arzt sie unterläßt, um ein Recht seines Gegenübers zu achten.

In diesen Fällen ist Nicht-Behandlung also zwar mit einer Absicht verbunden; aber diese Absicht richtet sich gegen Nebenwirkungen, nicht gegen den spezifischen Zweck der Behandlung, gegen Genesung bzw. Besserung.

Genau dies jedoch ist der Fall, wenn der Arzt die Behandlung unterläßt, *damit der Kranke nicht weiterlebt*. Dabei ist es gleichgültig, welches fernere Motiv er haben mag, den Tod des Patienten zu beabsichtigen. Entscheidend ist, daß er *als dessen Arzt* für Behandlung und Nicht-Behandlung *verantwortlich* ist. Damit erst stellt sich für ihn die Frage nach der *Absicht eines bestimmten Nicht-Tuns* - eine Frage, die sich unabhängig von seiner Behandlungspflicht oder einem anderen besonderen Hintergrund gar nicht stellen würde.

Wo sie sich allerdings stellen und beantworten läßt, da scheint bei gleicher Absicht - z.B.: Tod des Patienten; oder auch: Vermeidung von Belastungen - der Unterschied zwischen Tun und Geschehen-Lassen, auch moralisch gesehen, nicht sehr relevant zu sein. Aber nicht, weil man für alle Folgen des eigenen Tuns oder Lassens gleichermaßen verantwortlich wäre, wie der Utilitarismus behauptet; sondern weil besondere Verhältnisse besondere Verantwortlichkeiten für Unterlassungen schaffen.

Die angedeutete Vielfalt möglicher Gründe für Nicht-Behandlung offenbart ein ernstes Ungenügen des gängigen Ausdrucks »passive Sterbehilfe«. Die ethischen Fragen, die sich an den Ausdruck knüpfen (5.4), erweisen sich schon jetzt als verzweigt.

5.3 Freiwillig, aber unbeabsichtigt

Die vorangehenden Erörterungen haben gezeigt, daß ein *Nicht-Tun*, das im Normalfall höchstens als wissentlich und freiwillig zu bezeichnen ist, in bestimmten Kontexten - unter einer ärztlichen Verpflichtung etwa - die Frage nach *Gründen* zuläßt und sogar *absichtlich* sein kann. Auf den folgenden Seiten will ich nun umgekehrt zeigen, daß ein *Tun*, dem wir in der Regel Absichtlichkeit unterstellen, u.U. *bloß freiwillig* ist.

Nicht nur der Unterschied zwischen Tun und Lassen, auch der zwischen Absicht und bloßer Freiwilligkeit kann von moralischer Bedeutung sein. Entschiede sich die moralische Qualität des Verhaltens, wie die Utilitaristen meinen, einzig an dessen Resultaten, so ergäbe sich die Konsequenz, daß es moralisch *gleichgültig* ist, ob man *beabsichtigt* oder nur *in Kauf nimmt*, was man bewirkt. Die Praxis unseres moralischen Urteilens verrät allerdings eher die Annahme, daß wir *nicht* für alles, was wir freiwillig tun, in derselben Weise verantwortlich sind wie für absichtliches Handeln.

Zweierlei Wirkung?

Auch in der philosophischen Reflexion ist dieser Gedanke alt. Im europäischen Denken kündigt er sich spätestens bei Aristoteles an; und bis zum Ende des Mittelalters hat er sich zu einer Lehre von der »Doppelten Wirkung« ausgewachsen. Ihr zufolge kann eine ihrer Art nach zulässige Handlung, schlechten Folgen zum Trotz, erlaubt sein, solange 1. keine dieser Folgen, sondern 2. ein guter Zweck beabsichtigt ist, der 3. die schlechten Folgen aufwiegt und 4. sich nicht anders erreichen läßt. Entscheidend ist hier die Bedingung, daß die schlechten Folgen auch nicht als Mittel zum guten Zweck intendiert, sondern Nebenwirkungen sind.

»Nebenwirkung« bedeutet natürlich nicht einen Effekt, den man vernachlässigen kann. Gemeint ist eine Wirkung, die man weder als Mittel noch als Zweck intendiert, sondern lediglich in Kauf nimmt. Man verursacht sie durchaus freiwillig, insofern man ihr Eintreten erstens voraussieht oder voraussehen sollte und zweitens durch Unterlassung vermeiden könnte. Das Wort »Nebenwirkung« soll also niemand der *Verantwortlichkeit* für bestimmte Wirkungen seines Handelns entheben. Es markiert vielmehr einen *Unterschied in seinem Wollen*, aus dem sich ein *Unterschied der moralischen Beurteilung* ergeben kann.

Da die Unterscheidung zwischen intendierten und Nebenwirkungen auch die Unterscheidung zwischen intendiertem und bloß in Kauf genommenem Tod ermöglicht, ist sie offenbar für die Themen Euthanasie und Abtreibung von einiger Bedeutung. Allerdings ist ihre Anwendung weder einfach noch unumstritten.

Der Verdacht liegt nahe, die Lehre von der Doppelten Wirkung sei nichts als Haarspalterei: Wie soll dieselbe Art von Handlung im einen Fall erlaubt sein, im anderen nicht, wenn sich die beiden Fälle einzig in der Intention unterscheiden? Da könnte man ja sein schäbiges Verhalten häufig dadurch hoffähig machen, daß man ausschließlich dessen gute Wirkungen zu seiner Absicht erklärt!

Dagegen scheint mir die Lehre von einer Doppelten Wirkung zwar ungenau oder ergänzungsbedürftig zu sein, tendenziell jedoch einem unstrittigen Gesichtspunkt tatsächlicher moralischer Urteilsbildung zu entsprechen und gängigen Einwänden gewachsen zu sein. Vor allem drei Einwände sind zu prüfen. Der erste lautet: Die vorausgesetzte Unterscheidung ist nicht möglich. Der zweite: Sie ist nicht moralisch bedeutsam. Und der dritte Einwand besagt: Die Frage, wann ein guter Zweck die schlechten Nebenwirkungen aufwiegt, ist unentscheidbar.

Wie unterscheiden?

Die Unterscheidung zwischen Absichtlich und Unabsichtlich muß *praktikabel* sein, um moralisches Gewicht zu haben. Ist aber nicht die Grenze zwischen den beiden fließend? Und lassen sich Absichten überhaupt feststellen?

Zweifellos gibt es Fälle, in denen nicht klar ist, ob ein Geschehen unbeabsichtigte Folge einer Handlung oder aber Mittel zum beabsichtigten Zweck und daher auch selbst beabsichtigt ist. Als Beispiel dafür diene eine Situation, die früher in der Moraltheorie oft diskutiert wurde, heute aber, aufgrund medizinischer Fortschritte, kaum noch vorkommt: Bei einer Niederkunft stellt sich heraus, daß wegen Verengung des Geburtsganges das Kind nicht lebend zur Welt kommen kann.

Darf hier der Arzt (durch sogenannte Kraniotomie) den Schädel des Kindes zerstören, um wenigstens der Mutter das Leben zu retten? Nach der Lehre von der Doppelten Wirkung lautet die Antwort *Ja*, falls der Tod des Kindes eine unbeabsichtigte *Folge* des Eingriffs ist, der auf die Rettung der Mutter zielt; *Nein* dagegen, falls dieser Eingriff selbst als Tötung des Kindes zu betrachten ist - dann nämlich ist diese Tötung das *Mittel*, um die Mutter zu retten, und insofern beabsichtigt. Aber welche der beiden Annahmen trifft tatsächlich zu?

Ich werde nicht zu klären versuchen, wie der Arzt entscheiden sollte. Es ist denkbar, daß eine genauere Ausarbeitung der Lehre von der Doppelten Wirkung das Problem einer gut begründeten Lösung zuführen würde. Ich vermute aber, daß man sie zu diesem Zweck erweitern muß - etwa um *Kriterien* dafür, ob die Wirkung einer Handlung als deren Bestandteil oder aber als Nebenwirkung zu gelten hat.

Andernfalls scheint die Lehre von der Doppelten Wirkung Handlungen wie die Tötung durch Organentnahme zu erlauben. Zum Beispiel stützen sich bei Harris Y und Z, die Verfechter der »Überlebenslotterie«, u.a. auf eben diese Lehre, wenn sie erklären, es gehe ihnen keineswegs um den Tod von A, ihr Ziel sei einzig die Benützung einiger seiner Organe, die sie zum Überleben benötigten. Die unbeabsichtigte Folge der Organentnahme, den Tod von A, bedauern die beiden zutiefst. Um einer solchen Anwendung zu entgehen, bedarf also die Lehre von der Doppelten Wirkung einer Ergänzung, die klarstellt, warum der Tod von A hier keine Nebenwirkung darstellt.

Demnach sieht es ganz so aus, als ließe uns die Lehre von der Doppelten Wirkung im Stich, wo wir *in unübersichtlichen Fällen* Kriterien benötigen, um die genaue Reichweite der intendierten Wirkung abzugrenzen. Das bedeutet aber nicht, man könnte zwischen Beabsichtigt und Unbeabsichtigt *generell* nicht unterscheiden; wir tun dies ja ständig. Die Unschärfe einer Grenze macht nicht die Grenze als solche zur Illusion.

Freilich sind unsere Motive häufig *unausgegoren oder gemischt*. Auch deshalb ist es nicht immer leicht zu entscheiden, welche Wirkungen ihres Handelns eine Person bezweckt und welche sie nur voraussieht und in Kauf nimmt. In einem konkreten Fall mag es unklar bleiben, ob der Arzt die Behandlung eines »schwierigen« Schwerkranken eingestellt hat, um ihn schneller loszuwerden, oder aber, um seinen Wunsch nach Abbruch der Behandlung zu respektieren - mit der Nebenwirkung des früheren Todes. Und es könnte sein, daß von beidem etwas in die Motive des Arztes eingegangen ist. Es muß uns aber nicht beunruhigen, daß ambivalenten Absichten auch eine Schwierigkeit entspricht, zu eindeutigen moralischen Bewertungen zu kommen.

Vielleicht aber kann man, auch in ganz normalen Fällen, *nie sicher wissen*, in welcher Absicht ein anderer tut, was er tut? Nun, wir wissen es so sicher und so fehlbar, wie wir auch anderes über sein Innenleben wissen. Manches sagt er uns; noch mehr zeigt sein Verhalten. Vieles nehmen wir bis zum Erweis des Gegenteils als selbstverständlich an, weil er ein Mensch ist. Und was er eigentlich will, zeigen oft genug die Umstände des Verhaltens: was vorausgeht und was folgt, was sich um ihn herum gerade abspielt usw.; auch Lügen lassen sich grundsätzlich aufdecken. Wäre es nicht möglich, auf dieser Basis um die Intentionen eines anderen zu wissen, so könnte z.B. kein Gericht je ein gerechtes Urteil fällen. Freilich bleiben *im einzelnen Fall* - wie in allen Bereichen des Lebens - Unwissen, Irrtum und Täuschung möglich. Aber dadurch wird die Unterscheidung zwischen Absichtlich und Unabsichtlich nicht grundsätzlich unbrauchbar.

Unbegründet ist auch das Bedenken, jemand könnte sein schäbiges Verhalten durch passendes Ein- und Ausschalten von Intentionen in ein unverdient gutes Licht rücken. Ob z.B. der Arzt dem Patienten das Beatmungsgerät entzieht, damit er stirbt, oder aber um einen anderen Patienten zu retten, ob er also den Tod des ersten intendiert oder nur in Kauf nimmt: das legt er nicht durch geheimnisvolle Willensakte oder sonstwie nach Belieben fest. Es ist vielmehr ein Aspekt seines Handelns, der sich *weitgehend* darin zeigt, wie er vorher mit den einzelnen Kranken umgegangen ist, was er über ihre Prognosen gesagt hat, welche Situation und welche Behandlungsmöglichkeiten gegeben sind, was er tut, was er nicht tut, und schließlich darin, welche Handlungsgründe er ehrlicherweise nennt. Um es anhand des Beispiels und pointiert zu sagen: Ein Arzt, der die künstliche Beatmung eines Kranken einstellt, kann durch keinen inneren Akt die Rettung eines anderen Patienten *zur Absicht seines Vorgehens machen*, wenn offensichtlich kein anderer Patient der künstlichen Beatmung bedarf!

Warum unterscheiden?

Wenn *die Möglichkeit besteht*, an freiwilligem Verhalten absichtliche Aspekte von unabsichtlichen zu unterscheiden, stellt sich die weitere Frage, ob eine solche Unterscheidung *von moralischer Bedeutung* ist. Nach den Utilitaristen z.B., das wissen wir schon, bestimmen nur die Ergebnisse des Handelns dessen moralische Qualität - ob sie nun bloß vorhergesehen und akzeptiert oder auch beabsichtigt und geplant waren. Für die moralische Bewertung ist aus dieser Sicht, außer dem Wert der Ergebnisse selbst, nur eines erheblich: die Fähigkeit, sie zu beeinflussen, die *Freiwilligkeit* des Verhaltens. Denn verantwortlich sind wir nur, wo wir wählen konnten - wo Alternativen erkennbar und realisierbar waren. Das aber ist, wo ein Ergebnis als Nebenwirkung in Kauf genommen wird, nicht weniger der Fall, als wo es - um seiner selbst willen oder als Mittel - intendiert ist.

In unserem alltäglichen moralischen Denken ist allerdings nicht nur die Frage nach der Freiwilligkeit des Verhaltens, sondern auch die nach seiner Absicht fest verankert. Und wir machen einen Menschen zwar grundsätzlich auch für in Kauf genommene Wirkungen seines Handelns *verantwortlich*; indessen bestimmen wir das *moralische Gewicht* dieser Wirkungen nicht unabhängig von der Beurteilung dessen, was er absichtlich bewirkt.

Betrachten wir ein Beispiel. Um rasch meine Wohnung zu erreichen, stelle ich den Wagen in die letzte Lücke im Parkstreifen vor dem Haus. Dadurch hindere ich - das ist mir bewußt - vielleicht eine Mitbewohnerin daran, ihren eigenen Wagen dort abzustellen. Ist mein Verhalten kritikwürdig? Vermutlich nicht - sofern ich nichts anderes im Sinn habe als den schnellen Weg in die Wohnung. Ganz anders sehen wir dasselbe Verhalten, wenn ich damit die *Absicht* verbinde, die Dame zu mühevoller Suche und langem Fußmarsch zu zwingen - vielleicht als Teil einer Strategie, sie aus dem Haus zu ekeln.

Oder denken wir an einen Betriebsunfall in einem Chemie-Werk. Zur Verhinderung einer Explosion mit verheerenden Auswirkungen muß augenblicklich mindestens eines von mehreren Ventilen geöffnet werden, durch die ein hochgiftiges Gas entweicht. Der zuständige Ingenieur entscheidet sich für das Ventil, durch dessen Öffnung das Leben möglichst weniger Menschen gefährdet wird. Das finden wir richtig: Seine Absicht, ein verheerendes Unglück zu verhindern, rechtfertigt die Gefährdung einzelner. Da er diese Nebenwirkung dennoch zu verantworten hat, sollte er die Gefährdung möglichst eingrenzen. Zufällig sind nun die Personen, die auf diese Weise in Gefahr geraten, größtenteils ausländische Mitarbeiter des Werkes. Ohne Frage würden wir, wenn *dieser* Umstand ihn zur Wahl des Ventils *motiviert hätte*, sein Handeln der schlechten Absicht wegen negativ bewerten.

Diese Weise, bloß in Kauf genommene von intendierten Folgen zu unterscheiden und eine Handlung entsprechend unterschiedlich zu bewerten, gehört also zu den *selbstverständlichen* Grundsätzen der Moral. Ein Utilitarist wird aber fragen, ob sie denn auch *vernünftig* sei.

Auf diese Frage sollte man zunächst mit einer Gegenfrage antworten: »Vernünftig« - nach welchen Kriterien der Rationalität? Denn grundlegende Muster moralischen Urteilens und Strebens sind ihrer Natur und ihrem Anspruch nach *selbst* nichts anderes als grundlegende Kriterien des Vernünftigen, der Rationalität. Die Berufung auf die »Doppelte Wirkung« wäre also höchstens durch den Nachweis zu disqualifizieren, daß sie sich mit anderen, wenigstens ebenso fraglosen Beurteilungs- und Begründungsmustern nicht vertrüge. Einen solchen Nachweis bleiben uns aber die Gegner einer moralisch relevanten Unterscheidung zwischen bloßer Freiwilligkeit und Absicht schuldig.

Allerdings kann man in der Verteidigung dieser Unterscheidung noch einen Schritt weitergehen: Man kann zeigen, daß ihre Berücksichtigung sich in ähnlicher Weise in grundlegende Strukturen des menschlichen Lebens einfügt wie die Berücksichtigung der Unterscheidung zwischen Tun und Lassen (5.2).

Das Leben ist nämlich nicht nur voll von Handlungen mit schlechten Folgen. Bei näherem Hinsehen ist vielmehr *all unser Tun und Lassen in seinen Auswirkungen mit Übeln und Nachteilen für andere und für uns selbst verbunden.* (Bei dieser Feststellung ignoriere ich noch einen dramatischen Umstand, den der Utilitarist nicht ignorieren darf: Jede Handlung bedeutet zugleich Unterlassung unzähliger Alternativen und damit Verzicht auf unzählige gute Wirkungen.)

Man beachte, daß wir viele der nachteiligen Folgen unserer Handlungen ohne viel Mühe vorhersehen und *in jedem einzelnen Fall* durch Unterlassung verhindern können: Schädigung und Gefährdung anderer Menschen, Reduzierung ihrer Handlungsspielräume, Verlust von Zeit und Geld, Beeinträchtigung der eigenen Gesundheit, Verschmutzung der Umgebung u.a.m. Wir nehmen also im einzelnen Fall bestimmte schlechte Folgen *freiwillig* in Kauf, und in diesem Sinne haben wir sie zu verantworten.

Offensichtlich ist es dennoch ganz *unmöglich*, so zu handeln, daß man auch nur die vorhergesehenen nachteiligen *Folgen* vermiede. Daher könnte eine Moral, die solche Vermeidung vorschriebe, nach keinem Maßstab der Rationalität vernünftig sein.

Dagegen ist es *durchaus möglich*, Übel und Nachteile der angeführten Art nicht zum Gegenstand unserer *Absichten* zu machen, sie weder als Ziele noch als Mittel zu intendieren. Das strikte Verbot solcher Absichten wäre demnach nicht in derselben Weise unvernünftig.

Im übrigen ist der Mensch Subjekt und Bildner seines eigenen *Charakters*. Auch unter diesem Aspekt hat die unterschiedliche Beurteilung von beabsichtigten und unbeabsichtigten Handlungsfolgen einen guten Sinn: Die Absicht, etwas Gutes oder ein Übel zu bewirken, verrät und prägt den Charakter des Handelnden so unfehlbar, wie man das von der Freiwilligkeit, mit der er Gutes oder Übles bloß in Kauf nimmt, sicher nicht sagen kann.

Grundlegende Strukturen unseres Lebens legen also von vornherein einen Standpunkt nahe, der dem Unterschied zwischen beabsichtigten und bloß akzeptierten Folgen moralische Bedeutung beimißt. Den Utilitaristen zwingt die Vernachlässigung dieses Unterschieds dazu, in das Gewebe von guten und schlechten Folgen des Handelns andere Unterscheidungen *einzuführen*, die eine Auswahl ermöglichen: problematische quantitative Unterscheidungen zwischen vergleichbaren Werten und Wahrscheinlichkeiten der Weltzustände, die aus alternativen Handlungen resultieren könnten.

Wonach entscheiden?

Der dritte Einwand gegen die Lehre von der Doppelten Wirkung lautete: Die Frage, wann ein guter Zweck die schlechten Nebenwirkungen aufwiegt, ist unentscheidbar. In der Tat hat noch niemand ein zufriedenstellendes allgemeines Kriterium der Abwägung vorgeschlagen. Doch nennt die Lehre wenigstens einen wichtigen Gesichtspunkt, nämlich das *Verhältnis* zwischen intendierter und Neben-Wirkung.

Häufig besteht kein Zweifel daran, ob die erforderliche Verhältnismäßigkeit gewahrt ist oder nicht. Ein Sprung z.B., den ich nicht ausführen kann, ohne einen Menschen zu verletzen, ist trotz dieser Nebenwirkung vertretbar, wenn ich nur durch den Sprung meine Intention verwirklichen kann, ihm oder einem anderen oder auch mir selbst das Leben oder die Freiheit zu erhalten; nicht aber, wenn ich bloß in der Absicht springe, meine Muskeln zu trainieren.

Die Frage, unter *welchen* Bedingungen eine Verhältnismäßigkeit zwischen dem in Kauf genommenen Übel und dem intendierten Guten anzunehmen ist, wüßte ich allerdings nicht *allgemein* zu beantworten. Zu vermuten ist allenfalls ein Test, bei dem sich der Handelnde eine Frage etwa folgender Art zu stellen hat: Wäre ich - unter Voraussetzung meiner ohnehin akzeptierten moralischen Maßstäbe - zur fraglichen Handlung auch dann bereit, wenn ich selbst von der Nebenwirkung betroffen wäre?

Im übrigen stellt Ungewißheit über die Verhältnismäßigkeit und somit über die Erlaubtheit einer schlechten Nebenwirkung den Handelnden nicht vor unlösbare praktische Probleme. Denn im Unterschied zum utilitaristischen Denken kennt die Moral nicht nur gebotenes und verbotenes Handeln (5.1): Ich *muß* ja nicht jeden »optimalen« - geschweige denn jeden guten - Zweck verfolgen; in manchen Situationen *darf* ich trotz schlechter Nebenwirkungen etwas Gutes anstreben, ohne dazu verpflichtet zu sein; und wo ich unsicher bin, ob das *intendierte Ergebnis* die üblen *Nebenwirkungen* aufwiegt, kann und sollte ich die Tat unterlassen, der beides entspringt.

Es bleiben dann genug Situationen, in denen wir uns darüber klar werden können, ob eine legitimierende Verhältnismäßigkeit vorliegt. Eine von diesen Situationen ist die bereits erwähnte eines schmerzgequälten Sterbenden - ein klassisches Beispiel für die Tragweite des Unterschiedes zwischen Absichtlich und Freiwillig im Zusammenhang der Euthanasie-Debatte.

Der in Kauf genommene Tod

Zwar ist die Palliativmedizin inzwischen weitgehend in der Lage, chronische Schmerzen so zu behandeln, daß der Kranke selbst sie als erträglich oder gar als unerheblich erlebt. Gerade in diesem Kontext gibt es aber Fälle, in denen nur noch zunehmend starke Dosen eines Opiats oder ähnlicher Mittel helfen, Atemnot, Schmerzen oder andere Beschwerden zu lindern - Mittel, die zugleich die dem Kranken verbleibende Lebenszeit verkürzen. In anderen Fällen sind zur Beruhigung schwerer Ängste usw. sedierende Medikamente erforderlich, die zugleich Bewußtsein, Kommunikationsvermögen und Entscheidungsfähigkeit des Patienten stark beeinträchtigen, u.U. aber auch seinen Tod beschleunigen.

Setzt ein Arzt das wirkungsvolle Medikament in immer stärkeren Dosen ein, so verursacht er auf diese Weise den Tod des Patienten. Soll man also sagen, er töte ihn? Auch diese Beschreibung ist korrekt. Man sollte sogar zugeben, daß er ihn *freiwillig* tötet - insofern nämlich, als er die Beschleunigung des Todes voraussieht und vermeiden könnte. Und auch dies können wir sagen: daß er für den Tod des Patienten in dem (unter 5.1) erläuterten neutralen Sinn »verantwortlich« sei. Allerdings tötet er ihn nicht *absichtlich*. Denn nicht der Tod des Patienten, sondern allein die Linderung seiner Schmerzen macht den Zweck aus, ohne den der Arzt das Opiat nicht gegeben hätte. Und deshalb kann hier nicht von Mord und auch nicht von Euthanasie die Rede sein.

Ganz anders, wenn der Arzt das Mittel gibt, um den Patienten zu töten und ihn *dadurch* von seinen Schmerzen zu befreien. Hier ist die Tötung nicht nur freiwillig, sondern beabsichtigt - als Mittel zur Beseitigung der Schmerzen. Des guten Zweckes wegen nennen wir solche Tötung Euthanasie. (Es ist aber fraglich, ob sie dieses Zweckes wegen aufhört, Mord zu sein. Wird nicht mancher auch sonst um guter oder gar hehrer Ziele willen zum Mörder?)

Bewertet man absichtliches und bloß freiwilliges Bewirken grundsätzlich *gleich*, so wird man im beschriebenen Unterschied der ärztlichen Motive keinen moralisch relevanten Unterschied erkennen: Ist absichtliche Tötung durch ein Medikament niemals zulässig, dann ist auch eine palliative Behandlung, die den Tod zur Folge hat, unerlaubt; ist umgekehrt solche Behandlung erlaubt, so kann man auch Euthanasie an schmerzgequälten Menschen nicht ablehnen.

Nicht immer steht solche ausdrückliche Gleichstellung hinter dem Plädoyer für Euthanasie. Gelegentlich verwechselt oder vermischt man einfach den Gedanken, daß bestimmte *Hilfen* gegen Schmerzen ein früheres *Sterben* herbeiführen, mit dem Euthanasie-Gedanken, daß nämlich dieselben Präparate eine *»Hilfe« zum Sterben* seien. Euthanasie scheint dann in einer Linie mit sonstigen Formen der Behebung von Leid zu liegen, die wir dem Arzt nicht nur gestatten, sondern sogar zur Aufgabe machen.

Die Bezeichnung »indirekte Sterbehilfe« für eine Schmerzbehandlung, die den Tod beschleunigt, unterstützt die Verwirrung. Denn was in Wirklichkeit *indirekt* - nämlich ohne Absicht - bewirkt wird, ist hier das *Sterben*; die *Hilfe* jedoch, die auf Linderung von Schmerzen und keineswegs auf Sterben zielt, ist ganz und gar *direkt*.

Freilich, ein euthanasiastischer Arzt mag seinem Patienten dasselbe Opiat verabreichen; auch er mag die Dosis langsam erhöhen - um etwa den Angehörigen den Abschied zu erleichtern. Dann *gleichen sich die beiden Handlungsweisen* in allen möglichen Einzelheiten. Sogar das Ziel - die Beseitigung der Schmerzen - ist in beiden Fällen dasselbe. Und da soll der rein innerliche Unterschied zwischen in Kauf genommener und intendierter Tötung einen Gegensatz begründen, wie er sich größer kaum denken läßt: Wohltat im einen, schlimmste Untat im anderen Fall?

Aber lassen wir uns nicht von dieser »realistischen« Rhetorik blenden. Solange wir moralisch urteilen, ist es nun einmal letzten Endes die »Innenseite« des Verhaltens, die uns interessiert. *Das ist bereits der Fall, wo wir unbewußte Bewegungen nicht mit freiwilligem Verhalten auf eine Stufe stellen.* Freilich bleibt diese Innenseite Aspekt eines Lebewesens, sie ist im Handeln verkörpert. Daß dennoch wichtige moralische und sonstige Qualitäten eines Verhaltens den wahrnehmbaren Vorgängen *nicht immer* zu entnehmen sind und daß u.U. erst ein erweiterter Ausschnitt der Wirklichkeit Kriterien der Unterscheidung liefert, wissen wir bereits; es muß die prinzipielle Relevanz der unterscheidenden Absicht nicht erschüttern.

Versetzen wir zwei äußerlich nicht unterscheidbare Verhaltensweisen in der Vorstellung in eine leicht variierte Umgebung, so können wir uns die wirklichen Unterschiede vor Augen führen. Wir können uns z.B. vorstellen, was geschähe, wenn weder ein Opiat noch andere Mittel die Schmerzen des Patienten spürbar linderten. Es ist klar, daß der palliativ motivierte Arzt nun keinen guten Grund mehr hätte, weiterhin Opium zu geben. Im

Gegenteil, er würde es seiner tödlichen Wirkung wegen absetzen. Gerade diese Wirkung wäre dagegen für den euthanasiastischen Arzt der Grund, die »Behandlung« fortzusetzen. Auch würde dieser umgekehrt, wenn die tödliche Wirkung nicht erfolgte, vielleicht zu einem anderen Mittel der Tötung greifen. Dagegen hätte hierzu natürlich keinen Anlaß, wer durch Opium nicht töten, sondern Schmerzen bekämpfen will.

5.4 »Passive Sterbehilfe« - ja oder nein?

Der vorangehende Abschnitt zeigt: Die Unterscheidung zwischen beabsichtigten und nur in Kauf genommenen Aspekten des Verhaltens gehört nicht nur zum Grundbestand des moralischen Denkens. Wir tragen vielmehr mit dieser Unterscheidung der Tatsache Rechnung, daß kaum ein Handeln denkbar ist, das keinerlei üble Folgen hätte. Die Unterscheidung und ihre moralische Bedeutung leuchten ein. Sie widerlegen die Behauptung, Euthanasie sei ebenso zu billigen wie eine schmerzlindernde oder sedierende Behandlung, die den Tod des Patienten beschleunigt.

Nun kann sich die Frage, ob der Tod eines Menschen intendiert oder nur in Kauf genommen wird, auch da als bedeutsam erweisen, wo es um die *Unterlassung ärztlicher Behandlung* geht. Diese Beobachtung führt uns zur Frage nach der »passiven Sterbehilfe« zurück, vor die uns Abschnitt 5.2 gestellt hat: Unter welchen Bedingungen stellt Sterben-Lassen ein Unrecht dar?

Ärztliche Aufgaben

Aufgrund der bisherigen Überlegungen gehe ich davon aus, daß man ein Übel, das man nicht verursachen darf, nicht ohne weiteres auch verhindern muß. Menschen, die ich nicht umbringen darf - einige Milliarden -, muß ich deshalb noch nicht am Sterben hindern, selbst wo mir das möglich wäre. Es gibt aber Umstände, unter denen genau dies von mir verlangt ist. Das sind zum einen *Umstände*, unter denen die Rettung eines Menschen in Lebensgefahr eine Forderung der *Hilfsbereitschaft* ist. Zum anderen mag ich aufgrund einer besonderen *Rolle* besondere *Aufgaben* dem Gefährdeten gegenüber haben. Eine solche Rolle ist insbesondere das berufliche Verhältnis des Arztes zu seinem Patienten, von dem ja bereits die Rede war.

Allerdings: den Tod des Patienten zu verhindern, das kann schon deshalb nicht die Aufgabe des Arztes sein, weil jeder Mensch irgendwann stirbt. Aber auch den Tod hinauszuschieben, scheint nicht der eigentliche Sinn seiner Tätigkeit zu sein. Unter welchen Umständen also, die überhaupt seinem Handeln einen Spielraum lassen, handelt er falsch, unter welchen richtig, wenn er einen Patienten sterben läßt?

Die zentrale Aufgabe eines Arztes - auf die sich die antike Medizin bewußt beschränkte - ist nichts anderes als: Kranken, soweit möglich, zur *Wiederherstellung und Erhaltung der Gesundheit* zu verhelfen, mit einem Wort: *Therapie*. Häufig aber ist Gesundheit nicht oder nur partiell zu erreichen. In diesen Fällen hat er nach unserer heutigen Auffassung die Aufgabe, wenigstens zur Verbesserung der Lebensqualität des Patienten beizutragen, genauer: ihm dabei zu helfen, trotz Krankheit *möglichst weitgehend das Leben zu führen, das bei Gesundheit möglich wäre*.

Die Erfüllung dieser zusätzlichen Aufgabe nimmt insbesondere zwei Formen an, die nicht scharf voneinander zu trennen sind. Die eine besteht in der Bereitstellung von *Behelfen*: Eine Prothese wird eingesetzt, eine chronische Krankheit medikamentös neutralisiert, die Körpertemperatur gesteuert, Nahrung durch eine Sonde zugeführt, das Herz-Kreislauf-System gestützt, die Tätigkeit der Nieren durch Dialyse ersetzt usw. Die andere Form der Hilfe besteht im ärztlichen Beitrag zur umfassenden palliativen Behandlung, der es darum geht, *Krankheitsfolgen* wie Übelkeit, Schmerzen, Hoffnungslosigkeit und Passivität *zu überwinden oder doch zu begrenzen*, um die verbliebenen Lebensvollzüge zu erleichtern.

Dient eine »Behandlung« weder diesen supplementären noch therapeutischen Zwecken, so hat sie in der Regel keinen medizinischen Sinn. (Zwei Ausnahmen seien erwähnt: In der Notfallmedizin ist die Erhaltung vitaler Funktionen angesagt, bevor die Chancen der Wiederherstellung absehbar sind. Und es kann sinnvoll sein, eine schwangere Frau trotz Hirntod am Leben zu erhalten, damit ihr Kind zur Welt kommen kann.) *Leben zu verlängern*, ist nur *indirekt* Aufgabe eines Arztes. Die therapeutischen und vielleicht auch palliativen Maßnahmen, für die er zuständig ist, sind unmittelbar auf die Lebens*qualität* des Patienten ausgerichtet; nur mittelbar üben sie dadurch oft auch einen *quantitativen* Einfluß aus: sie ermöglichen ein längeres Leben.

Noch weniger als zur Lebensverlängerung ist freilich der Arzt zur *Lebensverkürzung* berufen. Daß er gelegentlich durch *palliative Maßnahmen* unabsichtlich den Tod beschleunigt, widerspricht seiner Aufgabe nicht; wohl aber Euthanasie, denn was hat *absichtliche Tötung* mit »Wiederherstellung und Erhaltung der Gesundheit« oder mit Ermöglichung eines Lebens zu tun, das menschlichem Gedeihen möglichst nahe kommt? Wenn schon getötet werden muß, warum sollen ausgerechnet Ärzte dieses Geschäft übernehmen?

Gewiß, sie *verstehen mehr davon* als andere, denn sie haben studiert, was der Körper braucht und was er nicht verträgt. Daher können sie effizient und schmerzfrei töten; und, bei der Tötung eines Ungeborenen, ohne die Mutter körperlich schwer zu schädigen. Aber das macht natürlich die *ärztliche* Zuständigkeit für Tötungsaufträge (man denke auch an die Todesstrafe) weder selbstverständlich noch unproblematisch.

In dem 1881 erschienenen Zukunftsroman *The Fixed Period* von Anthony Trollope hat der separatistische Inselstaat Britannula demokratisch beschlossen, daß jeder Bürger beim Erreichen des Alters von 67½ Jahren, zu seiner eigenen wie auch der Gesellschaft Entlastung, durch Euthanasie verabschiedet wird. Der Autor denkt überhaupt nicht daran, mit dieser Maßnahme die Medizin zu befassen. Sie ist politischer Natur, und Präsident Neverbend hat vor, sich zunächst einmal selbst darum zu kümmern. (Allerdings machen schließlich die Weigerung derer, die sich dem Alter nähern, und ein britisches Kanonenboot dem Spuk ein Ende. Wenigstens in diesem letzten Punkt ist Trollopes Zukunftsvision unrealistisch.)

Eigentlich können Ärzte nicht wünschen, daß ihr *Beruf* ins Zwielicht gerät und die Eindeutigkeit seiner Zwecksetzung einbüßt zugunsten des Eindrucks, ein Arzt verkaufe, ähnlich wie ein Fremdenlegionär, ein *spezifisches Können* an Auftraggeber mit *beliebigen Zielen* oder setze die Ziele selbst. In der Praxis macht sich der resultierende Vertrauensverlust bereits bemerkbar: zum einen im Kontext der pränatalen Diagnostik, wo mitunter voreilig dem Ungeborenen ein schwerer gesundheitlicher Mangel attestiert und Abtreibung als zwingende Konsequenz »verordnet« wird; zum anderen im Kontext der Behandlung älterer Patienten, die - vor allem in den Niederlanden - gelegentlich schon befürchten, einem Euthanasiasten in die Hände zu fallen. Freilich verdankt die Gesellschaft den drohenden Verfall des ärztlichen Ethos vor allem wohl ihren eigenen, nicht auf gesundheitliche Besserung, sondern auf perfekte Leidvermeidung zielenden Ansprüchen und Forderungen an die Medizin.

Wie dem auch sei: auf jeden Fall dürfte auch manche Verzerrung der Diskussion darauf zurückgehen, daß man wie selbstverständlich »Euthanasie-Kompetenz« mit der ärztlichen Aufgabe verknüpft. Nicht nur taucht eine solche Verknüpfung die Euthanasie von vornherein in das milde Licht wohltätiger Sorge. Vielmehr legt die vorgestellte Personalunion zwischen Arzt und »Helfer zum Sterben« Vermischungen nahe: Therapeutisch und palliativ orientierte ärztliche Entscheidungen, die vielleicht mit Risiken für das Leben eines Patienten verbunden sind, scheinen nahtlos in Entscheidungen überzugehen, die seinen Tod beabsichtigen. Stellte man sich Euthanasie als Angelegenheit einer getrennten Instanz vor, verlöre sie schnell die irreführende Assoziation mit medizinischer Behandlung.

Sterben lassen

Akzeptiert man meine Bestimmung der Aufgaben eines Arztes, so ergeben sich für seine Spielräume und Pflichten im Umkreis des Themas Sterben-Lassen eine Reihe von Konsequenzen.

Zunächst einmal dürfte klar sein, daß er Menschen, die unwiderruflich im Sterben liegen, sterben lassen und nicht »aufhalten« soll. Ich denke dabei an Patienten, deren kritische Krankheit einer aussichtsreichen Behandlung nicht mehr zugänglich ist, den Zusammenbruch organischer Grundfunktionen nach sich zieht und so in Stunden, Tagen oder wenigen Wochen zum Tod führt.

Kein Arzt ist verpflichtet, das Leben eines solchen Kranken durch kreislauf-stabilisierende Mittel oder maschinelle Beatmung zu verlängern oder auch gegen eine hinzutretende Krankheit anzukämpfen. Im Gegenteil, die Ehrfurcht vor dem Sterbenden dürfte Maßnahmen *verbieten*, die einem »Erfolg« gelten, der mit seiner Situation und mit seinem Wohl nichts mehr zu tun hat.

Auch wo der Tod *nicht unmittelbar* bevorsteht, der tödliche Verlauf z.B. einer Krebs-Erkrankung aber mit Gewißheit nicht mehr aufzuhalten ist, scheint eine Behandlung etwa durch Chemo-Therapie nicht mehr geboten, es sei denn, sie komme auf diese oder jene Weise der Lebensqualität - nicht nur der Lebensquantität - des Patienten zugute.

Ebenso unproblematisch wie diese Situationen ist der sozusagen entgegengesetzte Fall, in dem der Patient bei angemessener Behandlung wahrscheinlich wieder genesen, andernfalls aber sterben wird. Sind die Mittel der Behandlung verfügbar und stimmt der Patient ihnen zu, so muß der zuständige Arzt sie einsetzen. Den Patienten aus welchen Gründen auch immer, oder grundlos, sterben zu lassen, wäre Verletzung einer ärztlichen Pflicht und im Normalfall Mord.

Innerhalb des Spektrums zwischen den beiden genannten Situationen gibt es weniger einfache Fälle. Sie werfen Fragen auf, die nicht jeder im gleichen Sinne beantworten wird. Dazu gehört zum einen die Frage nach denkbaren *Gründen*, einen Kranken nicht zu behandeln, sondern sterben zu lassen; und zum anderen die Frage, wo genau die *Aufgaben des Arztes* ihre Grenze finden. - Ich will hier exemplarisch zu einigen dieser problematischen Fälle, die im Zusammenhang der Euthanasie-Debatte immer wieder auftauchen, auf der Basis der bisherigen Erörterungen Stellung nehmen und diese Stellungnahme dann durch einen Blick auf Grenzen ärztlicher Hilfspflicht ergänzen.

Probleme der Praxis

1. Sollen Neugeborene, die mit schweren Schäden geboren werden, ernährt werden? Man hört, in manchen Kliniken sei es gängige Praxis, in solchen Fällen das Kind nicht zu füttern, vor allem, wenn ohnehin mit seinem baldigen Tod zu rechnen sei.

Hier scheint es mir wichtig, zwischen zwei Sorten von Situationen zu unterscheiden: *Entweder* kann man den Säugling nur künstlich, etwa durch eine Sonde, ernähren. Dann stellt sich vor allem die Frage: Welche Maßnahmen sind in einer solchen Situation vom Arzt als solchem verlangt? Dieser Frage werde ich unter Punkt 2 nachgehen. *Oder* aber die Verfassung des Säuglings gestattet die üblichen Formen seiner Ernährung. In derartigen Situationen geht es nicht eigentlich um Behandlung. Denn Ernährung gehört zu den grundlegenden Lebensvollzügen eines Menschen. Auch Fütterung ist keine medizinische Maßnahme; sie entspricht dem Entwicklungsstadium und den besonderen Bedürfnissen eines Säuglings. Eine Krankenschwester z.B., die diese Aufgabe erfüllt, tut grundsätzlich nichts anderes als Eltern, die einen gesunden Säugling füttern.

Was für einen Grund können Ärzte oder Schwestern haben, das Kind verhungern zu lassen? Sofern sie ihm selbst oder anderen durch seinen Tod ein schweres Leben ersparen wollen, liegt der unmittelbare Grund in ihrer Absicht, das Kind zu töten. Diese Absicht aber wird durch den ferneren guten Zweck nicht gerechtfertigt. Früh-Euthanasie durch Nahrungsentzug ist zwar nicht *dasselbe* wie aktive Tötung, unter den angenommenen Umständen aber moralisch kaum weniger verwerflich.

2. Sollen die schwer geschädigten Säuglinge, von denen unter Punkt 1 die Rede ist, behandelt bzw. operiert werden, wenn ihnen dies - wie bei manchen Anenzephalen (denen das Großhirn fehlt) oder im Fall eines offenen Rückens (spina bifida) - wenigstens für eine begrenzte Zeit das Weiterleben ermöglicht? Dagegen macht man geltend: *erstens* sei in vielen dieser Fälle der baldige Tod des Kindes absehbar; und *zweitens* sei in fast allen derartigen Situationen trotz Behandlung oder Eingriff mit einer sehr begrenzten Lebensqualität zu rechnen.

Betrifft der *erste* dieser beiden Gesichtspunkte einen kurzen Zeitraum, so ist er, wie die bisherigen Erörterungen zeigen, zweifellos berechtigt. Denn die Pflicht zur ärztlichen Hilfe endet, wo diese Hilfe als vergeblich zu betrachten ist; und das ist der Fall, wo sie nicht den Zweck erreicht, ein Weiterleben in relativer Gesundheit oder doch in einer von Krankheit weniger belasteten Verfassung möglich zu machen.

Es macht nichts, wenn der »kurze Zeitraum« nicht näher spezifiziert wird. Wo überhaupt die sichere Prognose eines baldigen

Todes möglich ist, kann die Zeit bis zu diesem Tod als kurz gelten, andernfalls nicht.

In den angenommenen Fällen kann man zwar die Entscheidung, von medizinischen Maßnahmen abzusehen, als eine Entscheidung bezeichnen, den Säugling sterben zu lassen. Dessen Tod ist aber unter den angenommenen Umständen nicht beabsichtigt. Vielmehr wird hier in den Verlauf der Krankheit *nicht* eingegriffen, weil *kein guter Grund* zum Eingriff besteht: das ist mit dem Wort »vergeblich« gemeint. Vor allem hat die Entscheidung, die ich hier verteidige, auch nichts damit zu tun, daß der Patient noch ein Säugling ohne Zukunfts-, Selbst- oder Wertbewußtsein ist (vgl. 7.3).

Daher ist der »ohnehin erwartete baldige Tod« eines Säuglings auch kein Grund, Behandlung oder Eingriff zu unterlassen, wenn dieses »bald« eine Frage von Jahren ist. Auch bei einem Erwachsenen würde man auf eine lebensrettende Maßnahme nicht allein mit dem Hinweis darauf verzichten, daß er ohnehin in einigen Jahren sterben werde.

Eine Anmerkung, die vielleicht überflüssig sein sollte, betrifft den *Umgang* mit Säuglingen (und selbstverständlich mit allen anderen Patienten), die man nicht behandelt, weil man mit ihrem baldigen Sterben rechnet: *Nicht-mehr-Behandeln* heißt nicht Aufgeben, Abschreiben, *Sich-selbst-Überlassen.* Wo die eigentlich medizinische Hilfe vergeblich wäre, sind Versorgung mit Flüssigkeit, Pflege und (wenigstens nicht-künstliche) Ernährung, Linderung von Beschwerden und Beistand von Mensch zu Mensch natürlich nicht gleichermaßen entbehrlich, sondern teilweise sogar in besonderem Maße geboten.

Der *zweite* der oben erhobenen Einwände gegen die Behandlung eines schwer geschädigten Neugeborenen geht davon aus, daß auch erfolgreiche medizinische Maßnahmen das Kind mit einem *nicht lebenswerten Leben* zurücklassen. Wenn aber diese Bewertung eines Menschenlebens unangemessen ist und keinen Grund zur Tötung liefert, dann begründet sie auch nicht ein Sterben-Lassen, das den Tod *beabsichtigt.*

Anders ist eine Maßnahme zu beurteilen, die mir zwar das Leben rettet, zugleich jedoch mit Nebenwirkungen verbunden ist, die dieses Leben überaus beschwerlich machen werden. Wenn ich aus diesem Grund auf die Maßnahme verzichten darf - das Thema wird uns weiter unten beschäftigen -, dann darf auch ein Arzt im Interesse eines unmündigen Patienten die lebensrettende Behandlung, Operation usw. unterlassen. Seine Absicht ist dann nicht, den Tod des Patienten herbeizuführen, sondern nichts zu tun, was leidvolle Lebensbedingungen herbeiführt.

3. Sind Behandlung und künstliche Ernährung bei Menschen im anhaltenden Wachkoma angebracht? Spricht dagegen nicht

die Tatsache, daß sie nie mehr zum Bewußtsein kommen werden, nie mehr ein typisch menschliches Leben werden führen können? (Meine Antwort auf diese Frage soll von Zweifeln daran absehen, ob der einzelne Patient mit Sicherheit ganz und gar und unwiderruflich bewußtlos ist.)

Entscheidend sind hier zunächst einmal zwei Feststellungen: *Erstens* bedient sich die bei Rechtsphilosophen und Bio-Ethikern um sich greifende Rede von Menschen, die nur noch »technisch lebendig«, »eigentlich« aber »schon tot« seien, einer Rhetorik, die mit einer vom Erlebniswert unabhängigen Würde des menschlichen Lebens (vgl. 4.4) nicht vereinbar ist. *Zweitens* aber geht es auch bei den hier betroffenen Kranken nicht an, einen Tod, den man nicht aktiv herbeiführen darf, statt dessen durch eine Unterlassung zu intendieren.

Wie aber, wenn die Unterlassung nicht auf den Tod des Patienten zielt, sondern in der Auffassung des Arztes gründet, das unterlassene Tun hätte keinen Sinn? Läßt sich mit dieser Auffassung die Beendigung lebenserhaltender Maßnahmen begründen? Diese Frage hat bekanntlich in den Vereinigten Staaten und dann in Großbritannien anläßlich trauriger Schicksale und spektakulärer Gerichtsverfahren die Gemüter bewegt und zu heftigen Diskussionen geführt. Soweit ich sehe, lassen sich *für zwei Positionen* gute Gründe anführen.

Für die *eine* ist die Aufnahme von Nahrung und Flüssigkeit ein so grundlegender Lebensvollzug, daß auch künstliche Ernährung als ein Fall elementaren Beistands, ja vielleicht als Forderung der Gerechtigkeit gelten kann - *unabhängig von irgendwelchen therapeutischen Chancen.* Solche Ernährung ist dann keine medizinische Maßnahme, über deren Sinnhaftigkeit von Fall zu Fall im Licht der Aufgaben eines Arztes zu entscheiden wäre. Unter den angenommenen Umständen gibt es keinen Grund, sie einzustellen.

Die *Gegenposition* verweist auf die besonderen technischen Erfordernisse und Risiken, die mit der künstlichen Ernährung verbunden sind und stuft sie deshalb - ebenso wie künstliche Beatmung - als *medizinische Maßnahme* ein. Derartige Maßnahmen sind jedoch unbegründet, wenn sie keinen medizinischen Zweck verfolgen.

Der Unterschied zwischen den beiden Positionen wäre rein theoretischer Natur, wenn ohnehin *jede lebenserhaltende Behandlung* zu den Pflichten eines Arztes gehörte. Falls aber der Arzt die Aufgabe hat, wenn nicht zur Gesundheit, dann wenigstens zu einem Minimum an menschlichem Gedeihen beizutragen, so stellt sich die Frage: Von welcher Behandlung läßt sich sagen, sie leiste einen solchen Beitrag? Die Behandlung einer Infektion z.B. würde unter Umständen den Tod des komatösen

Patienten verhindern; in welchem Sinne aber wäre sie geeignet, die Qualität seines Lebens als Mensch zu fördern?

Ich bin geneigt zu antworten: Sie könnte sein organisches Wohlergehen wiederherstellen; und darin liegt ein entscheidender - und hier vielleicht der einzige - Beitrag, den der Arzt zu dem menschlichen Gedeihen leisten kann, das für den Komatösen überhaupt möglich ist.

Aber auch eine Antwort wie diese halte ich für vertretbar: Wir haben keine Vorstellung davon, was *für einen ständig bewußt-losen Erwachsenen* ein »Minimum an menschlichem Wohler-gehen« überhaupt bedeutet, da sein Leben keine Spur von *ei-gener Gestaltung* enthält. - Wer diese Antwort gibt und die *me-dizinische Behandlung* von Menschen im unwiderruflichen Koma *deshalb* ablehnt, muß damit durchaus nicht das Urteil ver-binden, deren Existenz sei »kein wirklich menschliches Leben« oder nicht lebenswert und *deshalb* nicht erhaltenswürdig oder gar zu beenden.

Sowohl das Problem der Aufgaben des Arztes gegenüber Koma-Patienten als auch die Frage, ob künstliche Ernährung als Behandlung zu gelten habe, lasse ich hier ungeklärt. Keinen Zweifel dagegen möchte ich daran lassen, daß *keine* der hier als plausibel vorgestellten Positionen den Tod eines komatösen Pati-enten als *Zweck* der Unterlassung einer Behandlung (einschließ-lich künstlicher Ernährung) in Betracht zieht.

Es dürfte klar geworden sein, daß die spezifisch ärztliche Auf-gabe medizinischen und pflegerischen Pflichten sozusagen *in-terne Grenzen* setzt. Diese Pflichten stoßen auch an verschiedene *von außen gesetzte Grenzen*, derentwegen es u.U. zulässig oder gar geboten ist, einen Kranken sterben zu lassen, dessen Tod verhindert oder aufgeschoben werden könnte. Von solchen Grenzen muß nun kurz gesprochen werden.

Grenzen der Behandlungspflicht

So wie es keinen akzeptablen Grund gibt, einen Unschuldigen zu töten, so gibt es auch keinen akzeptablen Grund, seinen Tod durch Sterben-Lassen herbeizuführen. Sterben-Lassen kommt also nicht in Frage, wenn der Tod - aus welchen Gründen immer - *intendiert* ist. Doch besteht das Sterben-Lassen, anders als das Töten, in der *Unterlassung* bestimmter - insbesondere medizini-scher - *Hilfen*. Und gegen das Tun, das diese Hilfen ausmacht, kann es akzeptable oder gar zwingende Gründe geben. Solche Gründe begründen oder rechtfertigen dann das Sterben-Lassen, wo das Töten selbstverständlich nicht begründet oder gerecht-fertigt wäre. An welche Fälle ist zu denken?

1. Zunächst ist jede Hilfe moralisch ausgeschlossen, die auf *unerlaubte Mittel* angewiesen ist. Das gilt z.B. für die Einpflanzung von Organen, die nicht ohne Tötung des »Spenders« verfügbar sind (vgl. die »Überlebenslotterie« in 4.6).

2. Die Unterlassung einer medizinisch notwendigen Maßnahme kann ferner zulässig oder gar unumgänglich sein, wenn es an Personal, spezialisierter Kompetenz, Apparaten, Medikamenten, Krankentransport usw. fehlt. Daß man z.B. auf sehr teure Maßnahmen verzichtet, um den »gewöhnlichen« medizinischen Bedarf zu decken, ist nicht nur denkbar, sondern in vielen Gesellschaften unumgänglich. Knappheit der Ressourcen wirft Fragen der gerechten Verteilung auf. Zu diesem zunehmend wichtigen Thema sei nur gesagt, daß zu den relevanten Gesichtspunkten jedenfalls *nicht* ein unterschiedlicher Wert des Lebens unterschiedlicher Patienten gehört (4.4).

Viele ethnologische Beispiele angeblicher Euthanasie sind offenkundig ebenfalls unter dem Gesichtspunkt des Mangels an Ressourcen zu deuten. Gewiß, wenn es an Nahrung und sonstigen Ressourcen nicht fehlt, begehen auch Nomaden Unrecht, wenn sie ihre Alten unterwegs zurücklassen. Andernfalls aber können Verhungern- und Sterben-Lassen, sofern der Tod der Betroffenen in Kauf genommen, aber nicht intendiert ist, durchaus gerechtfertigt sein.

3. Diese Überlegung leitet zu einem dritten Gesichtspunkt über, der den Verzicht auf medizinische Hilfe begründen und rechtfertigen kann: Die Behandlung, die dem einen helfen würde, kann für andere gravierende Einschränkungen oder unzumutbare Belastungen mit sich bringen - und zwar auf ganz unterschiedliche Weise.

Zum Beispiel, auf gesellschaftlicher Ebene, durch Beeinträchtigung ganzer Lebensbereiche. Ressourcen sind ja unter einer umfassenden Perspektive immer knapp. Warum sollte also eine Gesellschaft nicht bereit sein, weniger Geld für aufwendige Behandlungsmethoden, teure Maschinen und den medizinischen Fortschritt aufzuwenden, um mehr für die Sorge um Unbemittelte und Obdachlose oder für Bildungseinrichtungen auszugeben? In dieser Gesellschaft würden vermutlich manche Personen an einer Krankheit sterben, die in der unseren erfolgreich behandelt wird. Aber körperliches Gedeihen ist nur ein Gut in einer Reihe fundamentaler menschlicher Güter. Nichts spricht dagegen, den Tod von Menschen *in Kauf zu nehmen*, wenn man ihre Gesundheit oder ihr Weiterleben nur dadurch erreichen würde, daß man andere Menschen in anderen wichtigen Hinsichten vernachlässigte.

Die Hilfe für den einen kann aber noch unmittelbarer die Schädigung des anderen zur Folge haben. So besteht mitunter die

Gefahr, daß die lebensnotwendige antibiotische Behandlung eines stationären Patienten zur Entstehung von resistenten Bakterien führt, die, in andere Teile des Krankenhauses eingeschleppt, das Leben der übrigen Patienten bedrohen.

Wieder anders kann die Behandlung eines Kranken seine Mitmenschen belasten, wenn sie nur unter *der* Bedingung eine Besserung seines Zustandes bedeutet, daß anschließend die erforderliche Pflege einsetzt. Ich zögere, diesen Zusammenhang überhaupt zu erwähnen, da wir in der Regel nur allzu bereit sind, eine Anforderung als Überforderung und eine Belastung als unzumutbar zu erleben. Darin muß man ja wohl sogar eines der *Motive* vermuten, aus denen mancher sich von Argumenten zugunsten der Euthanasie überzeugen läßt. Dennoch läßt sich nicht leugnen, daß in bestimmten Fällen - wenn auch kaum in unserer Gesellschaft - die Entscheidung vertretbar sein kann, auf die Behandlung eines Kranken deshalb zu verzichten, weil ihr Erfolg die Lebensmöglichkeiten anderer untergraben würde.

4. Derartige Fälle stellen die ärztliche Behandlungspflicht zugleich vor eine weitere Grenze. Wäre nämlich nach der Behandlung nicht mit der nötigen pflegerischen Versorgung zu rechnen, so läge diese Behandlung kaum im *Interesse des Patienten*. Ganz allgemein muß gelten: Auch eine lebensrettende Maßnahme darf - und sollte in der Regel - unterbleiben, wenn sie dem Patienten gravierenden Schaden bringt oder ihn in anderer Weise ernsthaft beeinträchtigt.

Der Schaden mag darin bestehen, daß die Maßnahme für den Patienten mit starken Schmerzen oder sonstigen schwer belastenden Folgen verbunden wäre. Damit vergleichbar ist das Risiko der Lähmung oder anderer Beeinträchtigungen, das mit einer Operation verbunden ist, deren Unterlassung Sterben-Lassen bedeutet. Von Schaden oder ernster Beeinträchtigung kann vielleicht auch da die Rede sein, wo etwa eine teure Therapie zwar ein längeres Leben verspricht, aber auch die finanziellen Mittel aufzehren würde, die der Kranke besser investiert, um die ihm verbleibenden Monate oder Jahre in der vertrauten Umgebung und mit der gewohnten Betätigung verbringen zu können.

Ferner denke man an geistesgestörte Kranke, die sich einer Behandlung widersetzen oder gar die Aufnahme von Nahrung verweigern. Gewiß kann solche Weigerung u.U. selbst durch Therapie überwunden werden. Das ist jedoch nicht immer möglich. Eine zwangsweise Behandlung oder Ernährung aber wird kaum im Interesse des Patienten sein. Sie würde ihn vielleicht am Leben erhalten, zugleich aber die ihm verbliebene Integrität, sein Empfinden von Kompetenz und seine Würde verletzen.

5. Da Wünsche und Weigerungen eines Geistesgestörten sozusagen »infiziert« sind, betrachten wir sie nur beschränkt als Äu-

ßerungen menschlichen Wollens. Wer dagegen im Besitz seiner geistigen Kräfte ist, kann kundtun, was *er will*, und seine Wünsche und Weigerungen haben deshalb Autorität. Sie setzen der Behandlungspflicht zusätzliche Grenzen.

Freilich hat auch das Recht des Patienten auf Selbstbestimmung Grenzen (vgl. 6.4). Hier gehe ich nur davon aus, daß medizinische Maßnahmen nicht ohne Zustimmung des Patienten zulässig sind, sofern dieser imstande ist, überlegte Entscheidungen zu treffen. Seine Weigerung muß der Arzt auch dann respektieren, wenn er sie für kurzsichtig oder gar für verwerflich hält, von dieser Auffassung aber den Kranken nicht überzeugen kann. Übrigens hat demnach der Patient auch das Recht, die *Einstellung* einer Maßnahme zu verlangen, z.B. die Beendigung der Sondenernährung oder das Abschalten des Beatmungsgerätes.

Zur Diffamierung der Unterscheidung zwischen Tun und Geschehen-Lassen verweist man gelegentlich darauf, daß dieser letzte Fall dem Arzt ein Tun zumutet, das unter den Umständen nichts anderes als *aktive* Tötung auf Verlangen sei. Hinge das Beatmungsgerät jedoch an einem Akkumulator, den man in regelmäßigen Abständen aufladen müßte, so könne der Arzt den Patienten durch *Unterlassung* sterben lassen. Ob denn dieser Unterschied moralisch relevant sein könne?

In der Tat, muß die Antwort lauten, die moralisch relevante Unterscheidung zwischen Tun und Geschehen-Lassen betrifft *nicht* die Art des *Hantierens*, das die Konstruktionsweise einer Maschine zufällig fordert. Sie setzt vielmehr diejenige Klassifizierung von *Verhaltensmöglichkeiten* voraus, auf die sich eine moralische Bewertung bezieht. Auf der Ebene dieser Klassifizierung bedeutet »Abschalten« *Sterben-Lassen*, genauer: den *Beginn einer Unterlassung, die wahrscheinlich den Tod zur Folge hat*. Der Arzt hört auf, Vollzüge, zu denen der Organismus nicht mehr in der Lage ist, durch Maßnahmen von außen zu ersetzen: ein *Geschehen-Lassen* beginnt.

Das Beispiel macht noch einmal deutlich, daß im Kontext ärztlichen Handelns die Unterscheidung zwischen Tun und Lassen meist in Verbindung mit der Unterscheidung zwischen Intendieren und In-Kauf-Nehmen moralisch bedeutsam wird. Denn wer den Tod eines anderen beabsichtigt und ihn deshalb *sterben läßt*, unterscheidet sich moralisch kaum von demjenigen, der absichtlich *tötet*. Dagegen sind Tötung und Sterben-Lassen ganz unterschiedlich zu beurteilen, wenn man in der Absicht handelt, der Absicht des Gegenübers zu entsprechen: *Tötet* man ihn auf sein Verlangen hin, so *beabsichtigt man seinen Tod* - wenn auch nur als Mittel dazu, dem Verlangen nachzukommen. *Läßt* man ihn dagegen auf sein Verlangen hin *sterben*, muß man seinen Tod durchaus nicht beabsichtigen. Die Unterlassung mag hier durchaus *allein der Absicht entspringen, nicht gegen den Willen des Kranken in dessen Leben einzugreifen.* Sein Tod ist in diesem Fall tatsächlich in Kauf genommene Nebenwirkung.

Sterben dürfen

Wenn die Behandlungspflicht des Arztes am Selbstbestimmungsrecht des Patienten eine Grenze findet, stellt sich um so dringlicher die Frage: Nach welchen moralischen Maßstäben soll sich *der Kranke selber* für oder gegen eine Behandlung entscheiden?

Ein grundlegender Gesichtspunkt ist nach den bisherigen Überlegungen selbstverständlich dieser: Wenn ein Mensch sich nicht absichtlich *töten* darf (vgl. 8.3), ist es ihm auch nicht erlaubt, »sich absichtlich *sterben zu lassen*«, also den eigenen Tod durch irgendeine Unterlassung anzustreben.

Was es da zu unterlassen gibt, kann sich aus besonderen Umständen ergeben. Zunächst einmal aber handelt es sich um Atmung, Schutz vor extremer Kälte und Hitze, Ernährung, Aufnahme von Flüssigkeit u.ä.: um *spontane* Lebensvollzüge also, deren unser Leben von Natur aus bedarf und deren Unterdrükkung oder Unterlassung daher im Normalfall eine Weise darstellt, sich das Leben zu nehmen.

Darüber hinaus gehört es zum normalen Leben eines entscheidungsfähigen Erwachsenen, daß er sozusagen *sich selbst* gegenüber die Rolle spielt, in der etwa Eltern ihren Kindern gegenüber besondere Aufgaben der Abwehr und der Sicherung wahrnehmen. Es ist *meine* Sache, mich vor Gefahren zu schützen und Bedrohungen meines Lebens zu begegnen.

Dieser Normalitäten halber lassen nur spezielle Kontexte Platz für die Frage: »Warum nimmst du Nahrung und Flüssigkeit zu dir?« Oder auch für die Frage: »Warum läßt du deine Lungenentzündung behandeln?« Dagegen wirft in *diesem* Bereich die *Unterlassung* Fragen nach Begründung und Rechtfertigung auf: »Warum ißt du nicht?« »Warum gehst du nicht zum Arzt?«

Antworten auf diese Fragen können unterschiedlich aussehen. Und nicht jede lassen wir *als Rechtfertigung* gelten. Wer beispielsweise nur zu feige oder zu faul ist, seine Krebserkrankung behandeln zu lassen, geht verantwortungslos mit seinem Leben um. Ähnliches gilt für den Eitlen, der den Gedanken nicht erträgt, daß ihn die notwendige Maßnahme bei ungünstigem Ausgang vielleicht mit deutlicher Narbe oder partieller Gesichtslähmung zurückläßt. Aber auch wer gute Gründe hat, auf Behandlung oder Ernährung zu verzichten, mag aufgrund einer besonderen Verantwortung für andere, z.B. für seine Familie, verpflichtet sein, für seine Gesundheit und sein Weiterleben zu sorgen.

Welche Gründe einen Verzicht auf Behandlung oder auch auf Ernährung rechtfertigen würden, hängt also von den angestrebten Zielen und von vorgegebenen Verpflichtungen, vermutlich auch von sonstigen Aspekten und Umständen des einzelnen Falles ab. Die folgenden Überlegungen sollen erstens zeigen, daß *keine uneingeschränkte moralische Notwendigkeit* besteht, den eigenen Tod zu verhindern; und zweitens, *welche Bedingungen typischerweise die Verweigerung von Nahrungsaufnahme oder Behandlung erlauben.*

Selbstverständlich werden sich diese Bedingungen mit den bereits erwähnten Grenzen ärztlicher Behandlungspflicht berühren. Sehen wir aber zunächst von der besonderen Situation des Patienten und von seiner Einstellung zu medizinischen Maßnahmen ab. Wie steht es um den Umgang mit Vollzügen, die nicht nur in Ausnahmesituationen erforderlich sind, um das Leben zu erhalten, sondern zu den typischen Äußerungen des Lebens selbst gehören? Kann es überhaupt Fälle geben, in denen man beispielsweise auf das Essen so verzichten darf, daß man stirbt?

In der Tat bedeutet Verhungern in der Absicht, zu sterben, Selbsttötung. Aber man kann auch ohne diese Absicht freiwillig verhungern und den Tod in Kauf nehmen. Welche Zwecke könnten dies im Sinn der Lehre von der Doppelten Wirkung rechtfertigen? Wer etwa um eines Experiments oder eines Spektakels willen Nahrung verweigerte, vom dem müßte man wohl sagen, er habe sich umgebracht, auch wenn sein Tod als unbeabsichtigte Nebenwirkung gelten könnte. Nur wo *sehr Wichtiges* auf dem Spiel steht, scheint der Verzicht auf Ernährung legitim. Das dürfte bei *zwei Klassen von Beispielen* der Fall sein.

Zur *einen* gehört die immer wieder diskutierte Situation, in der eine Gruppe von Menschen auf unbestimmte Zeit von Hilfe abgeschnitten und auf begrenzte Vorräte angewiesen ist. Ein Mitglied der Gruppe, das sich von den übrigen entfernt und verhungert, um ihnen eine bessere Überlebenschance zu geben, ist kein Selbstmörder. Um anderen das Leben zu retten, darf man sich zwar nicht töten - dann nämlich wäre der eigene Tod als Mittel beabsichtigt. Doch ist zu demselben Zweck der Verzicht auf Nahrung, also eine *Unterlassung* erlaubt, die im Normalfall als Selbsttötung behandelt würde. Denn hier ist nicht der eigene Tod, sondern einzig der Verzicht auf Nahrung das, was man als Mittel zum Zweck der Rettung anderer einsetzt.

Eine *zweite* Klasse von Situationen gestattet den Verzicht auf Ernährung, weil dieser Verzicht *für einen selbst* etwas Wichtiges erreicht. Das mag Verschiedenes sein. In der Praxis wird es sich vor allem um Situationen handeln, in denen die Aufnahme von Nahrung mit allzu großen Schmerzen oder sonstigen Belastungen verbunden wäre. Auch hier verzichtet man nicht auf Nahrung, um zu sterben, sondern um unerträglichen Beschwerden zu entgehen; im Hinblick auf diesen Zweck nimmt man den baldigen Tod in Kauf.

Dies kann insbesondere da vorkommen, wo nur noch künstliche Ernährung möglich wäre. Mit diesem Fall bewegen wir uns dann zugleich im Bereich der Frage, unter welchen Bedingungen ein Patient medizinische *Hilfe* verweigern darf.

Wenn die Absicht, schlimme Beschwerden zu vermeiden, den Verzicht auf Nahrung legitimiert, dann sicher auch z.B. den Verzicht auf eine aufwendige, langwierige und schmerzhafte Behandlung mit unsicherem Ausgang. Wie aus der Perspektive der Hilfeleistung, so ist auch im Hinblick auf die Organisation des eigenen Lebens *die Sorge für Gesundheit und Weiterleben nur ein Beitrag zum guten Leben unter anderen.* Zu diesen anderen Beiträgen gehört aber nicht nur die Vermeidung von Belastungen aller Art, sondern auch das Verfolgen von Plänen, das Streben nach Freundschaft, nach Bildung, nach Erfolg u.a.m. Auch diesen Zielen können medizinische Maßnahmen oder ihre Folgen gelegentlich im Weg stehen.

Und unter welchen Umständen ist ein solches Ziel so wichtig, daß wir seinetwegen eine Verkürzung des Lebens in Kauf nehmen sollten, die ein ärztlicher Eingriff hätte vermeiden können? Zur Beantwortung dieser Frage haben wir kein für alle Fälle gültiges Rezept. Und wir brauchen auch keines. Wo es nicht um den Ausschluß übler Absichten, sondern um die Wahl zwischen schwer vergleichbaren Gütern geht, läßt die Moral eine Freiheit, die bei einseitig medizinisch orientierter Betrachtung leicht aus dem Blick gerät.

Mein Fazit: Wo ärztliche Behandlung entweder ihr Ziel nicht mehr erreichen kann oder anderen, vorrangigen Zielen oder gewichtigen Patienten-Interessen im Weg steht, darf und soll sie unterbleiben. Solange der Tod des Patienten weder von diesem selbst noch vom Arzt beabsichtigt ist, bedeutet solche Nicht-Behandlung keine Euthanasie.

6 Leben, Sterben, Selbstbestimmung: kollidierende Ansprüche?

6.1 Rechte

Im dritten Kapitel ging es in erster Linie um die Frage: Kann Tötung auf Verlangen, wenigstens manchmal, ein lebensunwertes Leben beenden und insofern eine Wohltat sein? Sollte daher z.B. ein Arzt in der schlechten Prognose eines Patienten einen *Grund* sehen, ihn zu töten? Diese Fragen habe ich verneint, weil der Wert eines menschlichen Lebens sich nicht durch Bilanzierung seiner erwünschten und unerwünschten Aspekte bestimmen läßt. Doch auch wenn man die Fragen bejahen müßte, wäre Euthanasie zwar in manchen Fällen *begründet*, aber noch nicht *gerechtfertigt*. Denn die beste Wohltat wird zur Untat, wo sie ein Unrecht darstellt.

Daher fragt das sechste Kapitel nach den *Rechten*, die zu bedenken sind, wenn für und wider Euthanasie oder Abtreibung argumentiert wird. Wir denken dabei sofort an das Recht auf Leben. Aber auch von anderen Rechten muß die Rede sein, von Ansprüchen des Patienten an seinen Arzt, von dessen Rechten im Blick auf jenen und vor allem von *Autonomie*, dem Recht auf *Selbstbestimmung*. Auf dieses Recht beziehen sich nämlich im gegenwärtigen Kontext zwei wichtige Fragen: Haben Frauen ein Recht auf Beendigung ihrer Schwangerschaft? Und: Haben Leidende ein Recht auf den Tod?

Wozu Gerechtigkeit?

Entgegen utilitaristischen Prinzipien kümmert sich die Moral, zumindest auf den ersten Blick, nicht ausschließlich um Interessen. Zwar orientieren sich Wohlwollen und Wohltaten unmittelbar daran, was für andere gut bzw. schlecht ist. Die Gerechtigkeit jedoch, speziell die Beachtung von Rechten, hat offenbar etwas anderes im Blick. Ein Beispiel mag diesen wichtigen Unterschied verdeutlichen:

Nach eingehender Untersuchung erklärt mir meine Ärztin, ich müßte mich dringend einer Magenoperation unterziehen. Sie legt mir die Gründe für diese Notwendigkeit dar und beschreibt die unangenehmen, vielleicht tödlichen Folgen einer Unterlassung des Eingriffs. Mich jedoch bestimmen Angst und Dummheit dazu, die Operation strikt abzulehnen. Da meine Ärztin kompetent ist und meine Lebensumstände berücksichtigt, besteht kein Zweifel daran, daß eine sofortige Magenoperation zu meinem Besten wäre. Da sie außerdem beherzt und kräftig ist, könnte sie mich kurzerhand betäuben, fesseln und zu einem bereits informierten Chirurgen verbringen lassen, der mich von der gefährlichen Wucherung befreien würde.

Allerdings würden wir der Ärztin und dem Chirurgen vorwerfen, sie hätten ein Recht verletzt, genauer: meine Rechte auf Bewegungsfreiheit und auf körperliche Unversehrtheit. Sie könnten darauf bestehen, daß ihr Handeln einzig der Fürsorge entsprang und in meinem *Interesse* lag: diese Verteidigung würde keineswegs zeigen, daß kein *Recht* verletzt wurde oder daß die Rechtsverletzung moralisch in Ordnung war.

Wäre es aber für das *Wohl* der Menschen nicht *besser*, sie verzichteten auf Rechte und richteten sich statt dessen nach der Norm: »Ein jeder sorge nach Möglichkeit für sein eigenes Wohlergehen, ohne das der anderen zu beeinträchtigen, beachte aber darüber hinaus auch die Interessen derer, die auf seine Hilfe angewiesen sind«?

Wie die Anerkennung einer solchen Norm sich auswirken würde - z.B. auf Ehrfurcht vor anderen, Selbstachtung, Uneigennützigkeit und Umgang mit Missetätern -, ist gar nicht leicht zu überblicken. Auf jeden Fall aber würde eine solche Norm, durch keinerlei Rechte ergänzt, wegen relevanter Meinungsverschiedenheiten zu fatalen Konflikten führen: Mein Gegenüber sähe sein Wohlergehen durch mein Handeln beeinträchtigt, das doch in meinen Augen lauterster Rücksicht entsprang oder wenigstens entsprach. Was ich als mein Interesse einstufe, wäre nicht immer das, was hilfs- und eingriffsbereite Nachbarn, Ärzte, Sozialarbeiter usw. dafür halten. Nach welchen Kriterien soll man sich darüber verständigen, wer auf wessen Hilfe angewiesen ist, wo es keine berechtigten Ansprüche gibt? Und auf welcher Basis könnte man ohne ein System von Rechten und Pflichten - von Einrichtungen wie Versprechen und Vertrag bis hin zum staatlichen Recht - die eigene Zukunft planen?

Die Geltung von Rechten ist unter diesen Rücksichten ein *notwendiges Fundament* des Zusammenlebens. Das heißt nicht unbedingt, sie lasse sich auf diese oder irgendeine andere Weise *begründen*. Denn jede Anerkennung eines Rechts bedeutet die Anerkennung eines *Grundes*, etwas zu tun bzw. nicht zu tun. Warum aber sollte gerade dieses Begründungsmuster einer noch gründlicheren Begründung zugänglich sein, die wir ihrerseits ohne weitere Begründung akzeptieren würden? Immerhin aber machen die Argumente des vorangehenden Absatzes unser tatsächliches moralisches System *plausibel* - ein System, das ein vermutlich tödliches Übermaß an Meinungsverschiedenheit, Hilfesuche, Entscheidungsbedarf und Ungewißheit durch die Anerkennung von Rechten verhindert. Auch wenn es in der Moral allein um das Wohlergehen der Menschen gehen sollte, scheinen Rechte eine unentbehrliche Rolle zu spielen: Rechte auf gewisse Leistungen von anderen und vor allem Rechte, selbst gutgemeinte Eingriffe auszuschließen.

Moralisches und gesetzliches Recht

Wie kommen Rechte zustande? Auf diese Frage kann ich hier nur mit einigen Hinweisen antworten: Rechte, die sich tradierter Gewohnheit, freier (vertraglicher) Vereinbarung oder staatlicher Gesetzgebung verdanken, finden wir zunächst einmal vor. Gelegentlich wird jedoch dieses oder jenes dieser Rechte in Frage gestellt. Dann stehen wir vor der Aufgabe, es entweder zu verteidigen oder seine Ablehnung zu begründen. Für beides stehen letztlich nur zwei Arten der Argumentation zur Verfügung: einmal der Nachweis, daß die Anerkennung bzw. die Abschaffung jenes Rechts zur Sicherung oder Verbesserung menschlichen Lebens und Zusammenlebens *erforderlich* ist; und dann die Berufung auf *moralische Überzeugungen*, die für uns mit größerer Gewißheit feststehen als unsere Bejahung bzw. Verneinung des zur Debatte stehenden Rechts.

Unter *moralischen* Rechten sind Rechte zu verstehen, die sich in diesem Sinne verteidigen lassen oder aber keiner Verteidigung bedürfen, weil sie selbst für uns in einer Weise feststehen, daß keine Gegengründe eine größere Gewißheit mit sich führen. Sie sind normalerweise gemeint, wenn in diesem Buch von Rechten die Rede ist. Wo ich mich auf Rechte beziehe, die uns die staatliche *Gesetzgebung* zusichert, hebe ich dies eigens hervor. (Die Juristen sprechen hier von subjektiven Rechten. Als objektives positives Recht bezeichnen sie jedes System von staatlichen oder quasi-staatlichen Gesetzen. In diesem Sinne spricht man etwa von Bundes- und Landesrecht, von deutschem und kanadischem Recht; zwischenstaatliche Vereinbarungen bringen sogar europäisches oder internationales Recht zustande.)

Es ist leicht einzusehen, daß unser Begriff eines Rechts mehr umfassen muß als gesetzlich zugesicherte Rechte. Sonst könnten wir z.B. gar nicht sinnvoll die Frage stellen, ob bzw. wieso denn der Staat selbst das *Recht* habe, Gesetze zu erlassen und Gehorsam zu fordern. Die Antwort, er gebe sich selbst, etwa in der Verfassung, das Recht dazu, würde uns offenkundig nur im Kreis herumführen.

Selbstverständlich stehen Moral und staatliches Recht auf vielfältige Weise in Beziehung zueinander. Von der Rechtsordnung erwarten wir u.a., daß sie in allen Punkten respektiert und in wichtigen Punkten reflektiert, was die Gerechtigkeit verlangt. Zur Gerechtigkeit aber gehört die Achtung moralischer Rechte. Vom Staat erwarten wir daher, daß er diese Rechte achtet und daß er weitgehend durch Gesetzgebung dafür sorgt, daß wir sie gegen ihn selbst und gegen Dritte durchsetzen können (vgl. Abschnitt 3.6 in Anselm W. Müller und Christoph Friedrich, *Demokratie: Illusionen und Chancen*, Stuttgart 1996). Auf der anderen Seite bringen Gesetze (z.B. Steuergesetze) ihrerseits moralische Pflichten mit sich. Und, was für unser Thema besonders bedeutsam ist: sie prägen auch das Moralbewußtsein der Bürger.

Die Rechte auf Leben und auf Selbstbestimmung, um die es in diesem Kapitel vor allem gehen soll, sind moralische Rechte und Quellen moralischer Forderungen, deren genaue Konturen in der Diskussion um Euthanasie bzw. um Abtreibung zur Debatte stehen. (Umstritten ist auch, in welchem Umfang staatliche Gesetze diese Rechte und Pflichten festschreiben und sanktionieren sollen. Allerdings ist das eine Frage, auf die ich in diesem Buch nur am Rande eingehe.)

6.2   Recht auf Leben

Das Recht auf Leben ist unter den Rechten ein besonders merkwürdiger Fall. Zum einen nämlich scheinen Gründe und Gesichtspunkte, wie wir sie anführen mögen, um die übrigen Rechte zu verteidigen, seltsam unproportioniert und ungeeignet zu sein, um etwas so Grundlegendes wie das Recht auf Leben plausibel zu machen - ich werde diesen Gedanken noch näher erläutern. Zugleich aber kann es in einem bestimmten Sinne ein Recht auf Leben noch nicht einmal geben: als Recht nämlich, *überhaupt* am Leben zu sein.

Ein Recht, überhaupt zu existieren?

Diese zweite Behauptung folgt daraus, daß der Zustand, in dem ein solches Recht verletzt wäre, gar nicht der Zustand eines bestimmten Menschen wäre. Denn ein menschliches *Individuum* können wir nur identifizieren, weil es *existiert*. Um irgendwelche Rechte zu haben, muß also ein Mensch bereits da sein oder da gewesen sein. Ist diese Voraussetzung erfüllt - was könnte sein Recht, überhaupt zu existieren oder ins Dasein zu treten, dann noch bedeuten? Gäbe es diesen Menschen aber nicht - wem sollte man das (nicht realisierte) Recht wohl zuschreiben?

Hat aber nicht das ungeborene Kind ein Recht darauf, ins Dasein zu treten? Nun, von seinem Recht, »das Licht der Welt zu erblicken«, kann (und wird weiter unten) die Rede sein. Aber auch dem Ungeborenen bescheinigen wir schon seine Existenz, indem wir ihm Rechte zuschreiben. Sobald es aber zu existieren begonnen hat, ist der »Anspruch auf diesen Beginn« eine leere Formel.

Manche Philosophen meinen, wir könnten doch vielleicht jedem *möglichen Menschen* ein Recht zuschreiben, *wirklich* zu werden - also: ins Dasein zu treten. Aber Rechte setzen unterscheidbare Rechtsträger voraus; so etwas wie einen möglichen, noch nicht existenten Menschen aber zu *identifizieren*, davon haben wir keinen Begriff. Gäbe es einen solchen Begriff, so müßte es möglich sein, Fragen wie die folgende sinnvoll zu stellen und zu beantworten: Wie groß ist die Zahl der möglichen Menschen, die 1950 nicht zu existieren begannen? Die Frage ist aber barer Unsinn. Erst einem identifizierbaren menschlichen Individuum also kann man ein Recht - oder irgendetwas anderes - sinnvoll zuschreiben.

Schon deshalb sind auch bio-ethische Argumente zurückzuweisen, die auf »mögliche Menschen« Bezug nehmen. Ich denke einerseits an entsprechende »Begründungen« einer »Pflicht« der Erwachsenen, möglichst vielen Nachkommen das Leben zu schenken. Andererseits, und insbesondere, an eine bestimmte Rechtfertigung eugenisch motivierter Abtreibung oder Früh-Euthanasie: wer ein schwer behindertes oder krankes Kind zur Welt bringe oder am Leben lasse, beraube dadurch ein anderes gesundes Individuum - nämlich ein *mögliches* (aber welches?) - der Chance, anstelle des behinderten ein glückliches Leben zu führen!

Nicht weniger unsinnig als die Vorstellung eines Rechts, überhaupt zu existieren, ist die Vorstellung eines Rechts, *nicht* zu existieren, also: nicht ins Dasein zu treten - oder gar: nicht ins Dasein getreten zu sein. In den ohnehin recht prozeßfreudigen Vereinigten Staaten werden zwar unter dem Stichwort »wrongful conception« Klagen ernstgenommen, in denen jemand den eigenen Eltern vorwirft, seine Empfängnis nicht verhindert zu haben. Aber nicht nur gesundes Empfinden, sondern auch die Logik wehrt sich gegen eine solche Klage: Wer lebt, kann jetzt weder ein Recht ausüben, nicht ins Dasein zu treten, noch an der Ausübung eines solchen »Rechts« gehindert werden. Und bevor er zu leben begann, gab es kein Individuum, dem man seine Rechte zuschreiben konnte.

Kann man aber nicht eine menschliche Eizelle, also bereits Existierendes, als *möglichen Menschen* und deshalb als Rechtsträgerin betrachten? - Nehmen wir an, es sei die Eizelle, die mit oder ohne Befruchtung zu einem Menschen werden kann. Sie mag dann potentieller Mensch heißen. Aber von einem *Menschen* kann eben nicht die Rede sein, bevor die typischen Erscheinungen einer menschlichen Entwicklung einsetzen. Vorher könnte also höchstens von einem Recht der Eizelle gesprochen werden, zu einem Menschen zu *werden*. Ein solches Recht ist aber ganz abwegig - nicht nur, weil Menschen allein als Rechtsträger gelten können; sondern einfach deshalb, weil unter der Voraussetzung des fraglichen Rechts beständig grenzenloses Unrecht geschähe, insofern niemand verhindert, daß fast alle Eizellen absterben, ohne zu Menschen geworden zu sein. (Und wem wären diese Rechtsverletzungen eigentlich zur Last zu legen?)

Ein Recht, nicht getötet zu werden

Das Recht auf Leben ist also nicht das Recht, ins Dasein zu treten oder überhaupt am Leben zu sein. Es ist nicht - wie das Recht auf Erziehung - ein Recht, etwas zu *erhalten*. Es ist noch nicht einmal ein Recht, das Leben zu *behalten*, also am Leben zu bleiben; denn wer hätte *im Normalfall* die entsprechende Pflicht, meinen Tod zu verhindern? Das Recht auf Leben ist *kein Anspruch* an irgendwen, sondern eher - wie das Eigentumsrecht - ein Recht darauf, *nicht* dessen *beraubt* zu werden, was man, auf welcher Basis auch immer, hat.

Gewiß: das Leben »hat« man nicht wie der Eigentümer sein Haus. Alles, was in einem gegebenen Augenblick Teil meines Lebens ist, ist auch Teil meiner selbst. In einem anderen Sinne aber läßt sich das Leben eines Menschen von ihm selbst unterscheiden. Wer ihn z.B. umbringt, macht ja nicht sein Leben ungeschehen. Er verringert nicht die Zahl der Menschen, die zur Weltgeschichte gehören. Vielmehr hindert er ihn am *Weiterleben*. Das Recht auf Leben ist demnach ein *Recht, am Weiterleben nicht gehindert zu werden*.

Im »Normalfall«, so habe ich behauptet, entspricht dem Recht eines Menschen auf Leben nur eine Unterlassungspflicht seiner Mitmenschen; sie sind nicht verpflichtet, ihn durch ihr Tun am Leben zu erhalten. Aber Ausnahmen von dieser Regel sind uns schon begegnet (5.4). Zu ihnen gehört z.B. die Situation des kleinen Kindes: Eltern, die einen Säugling absichtlich oder auch nur fahrlässig verhungern lassen, verletzen sein Recht auf Leben.

Haben auch Ärzte eine Pflicht, ihre Kranken am Leben zu erhalten? Man sollte hier höchstens von einer *indirekten Verpflichtung* reden. Denn die Aufgabe des Arztes seinen Patienten gegenüber ist partiell, nicht umfassend wie die der Eltern dem kleinen Kind gegenüber. Sie ist primär therapeutischer Natur

(5.4). Wo er *diese* Aufgabe absichtlich oder fahrlässig nicht erfüllt und so den Tod des Patienten zuläßt oder herbeiführt, hat er dessen Recht auf Leben verletzt. Der Kranke hat jedoch ihm gegenüber keinen Anspruch darauf, am Leben erhalten zu werden, sondern darauf, therapeutische Hilfe zu erhalten, deren Erfolg in manchen Fällen zu den *Bedingungen des Weiterlebens* gehört.

Eine eigentliche Begründung des Rechts auf Leben ist kaum denkbar: Daß, von besonderen Umständen abgesehen, ein furchtbares Unrecht geschieht, wenn ein Mensch einen anderen tötet, ist uns so selbstverständlich gewiß, daß wir uns ein Argument dafür oder dagegen, das gewisser wäre, nicht vorstellen können. Wohl aber können wir nach Gründen für das Recht auf Leben fragen, die uns besser *verstehen* lassen, welche Rolle es in der Moral und im Leben spielt.

Allerdings habe ich angedeutet, daß Rechte sich u.U. durch den Nachweis verteidigen lassen, daß ihre Anerkennung erforderlich ist, um menschliches Leben und Zusammenleben möglich zu machen. Ist das Lebensrecht nicht vielleicht doch auf diese Weise *begründbar?*

Vermeidung von Gemütsbelastungen?

Manche Philosophen scheinen eine solche Begründung vorzuschlagen: Gäbe es kein Recht auf Leben, so könnte man niemals sicher sein, ob man den kommenden Tag noch erlebt; menschliches Leben könnte sich nicht entfalten. Die hypothetische Situation läßt sich näherhin so beschreiben: Man muß ständig damit rechnen, daß man unversehens den Interessen eines anderen im Weg steht. Solche Interessen sind - nicht nur bei Egoisten - immer wieder einmal so gewichtig, daß auch das Wohlwollen für den Nachbarn nicht mit ihnen konkurrieren kann. Ihn (vielleicht mit tiefem Bedauern) umzubringen, erscheint nicht selten als das kleinere Übel. Da also jeder ständig mit einer erheblichen Wahrscheinlichkeit rechnen muß, daß er selbst oder andere, die für ihn in irgendeiner Weise wichtig sind, in Bälde umgebracht werden, kann er für die Zukunft nicht verläßlich planen, lebt er permanent in Ungewißheit, Angst und Schrecken, entwickelt er Mißtrauen und Taktiken der Täuschung, investiert er seine Energie in unproduktive lebenssichernde Maßnahmen usw.

Ohne die (wenigstens bedingte) Anerkennung eines Rechts auf Leben wäre ein derartiges Szenario wohl tatsächlich unvermeidbar, und menschliches Leben könnte nicht gedeihen. Was wir über Bürgerkriege wissen, gibt uns davon eine Ahnung. Dennoch hinterläßt das Argument einen faden Geschmack. Denn es *vertauscht die wahren Gewichte.* Es erweckt den Eindruck, das

Leben eines Menschen müsse vor Angriff und Zerstörung geschützt werden, damit die *Gewißheit* seines Planens und die *Zuversicht* seines Handelns nicht gestört, damit seine Seelenruhe und seine Beziehungen nicht von *Angst und Mißtrauen* vergiftet und damit die Einbußen an Energie infolge solcher Belastungen verringert werden u.ä. Das Leben wird in dieser Begründung instrumentalisiert; und der dem *Recht* auf Leben gegebene Stellenwert erinnert deutlich an die unter 4.4 erörterte Vorstellung, der *Wert* des Lebens ergebe sich aus dem Wert der Erlebnisse, die es möglich macht.

Die skizzierte Sicht des Lebensrechts erweist sich erst recht als unplausibel, wenn man auf ihre *Konsequenzen für die Kriterien* achtet, nach denen dieses Recht einem Menschen zusteht.

Wenn man es nämlich auf die Funktion gründet, Gemütsbelastungen und ihre ungünstigen Auswirkungen zu verhindern, dann besteht kein Grund dazu, ein Lebensrecht anzunehmen, wo mit solchen Belastungen nicht zu rechnen ist. Und tatsächlich werden nur normale *Erwachsene* durch die ständig drohende Möglichkeit, umgebracht zu werden, beunruhigt sein. *Säuglinge* und *senile* Menschen z.B. sind ihrer seelischen Ausstattung nach kaum in der Lage, Angriffe auf ihr Leben zu befürchten. Und wer in einem *krankhaften* Wahn sein Leben bedroht sieht, wird davon natürlich nicht durch die Anerkennung seines Rechts auf Leben geheilt. Unter der angenommenen Voraussetzung bestünde also kein Grund, kleinen Kindern oder geistig hinfälligen und gestörten Menschen ein Lebensrecht zuzubilligen.

Eine solche Einschränkung steht jedoch im Widerspruch zu unserer tatsächlichen Anwendung des Begriffs. Das Recht auf Leben schreiben wir allen Menschen zu. Und wer Einschränkungen macht, wählt als Kriterium der Zuschreibung jedenfalls *nicht*: Anfälligkeit für die genannten Gemütsbelastungen. Offenbar verstehen wir also das Recht auf Leben nicht wesentlich als ein Mittel zur Beseitigung von Befürchtungen, Ungewißheit, Mißtrauen etc. und zur Sicherung des produktiven Einsatzes unserer Energien. Was dieses Recht schützen soll - wer hätte das gedacht? -, ist nichts anderes als *das menschliche Leben* selbst.

Sicherung von Interessen?

Plausibler als die hier verworfene Deutung des Rechts auf Leben scheint ein Verständnis, das dieses Recht in den Wünschen verankert, die man sich schlechterdings nicht erfüllen kann, ohne am Leben zu sein. Nach Hoerster z.B. bleibt, nachdem man metaphysische und religiöse Gesichtspunkte als unwissenschaftlich ausgeschlossen hat, nur die Möglichkeit, das Lebensrecht eines

Individuums auf sein *Überlebensinteresse* zu gründen. Ein solches Interesse aber »kann ein Wesen nur dann haben, wenn es entweder einen ausdrücklichen Überlebenswunsch hat oder wenn es irgendeinen sonstigen Wunsch hat, für dessen Erfüllung das Überleben eine notwendige Voraussetzung ist« (*Neugeborene*, S. 12-14).

Hier ist das Lebensrecht nicht Mittel der Beruhigung, sondern, allgemeiner und indirekter, *Mittel der Wunschbefriedigung* - und damit enger auf all das bezogen, worum es einem im Leben geht. Aber auch in dieser Auffassung liegt eine konsequenzenreiche Relativierung des Lebensrechts.

So sollten wir, wie es scheint, nach Hoerster einem buddhistischen Mönch, der alles Wünschen hinter sich gelassen hat und den die Aussicht auf den morgigen Tag mit derselben Gelassenheit erfüllt wie die Aussicht auf den heutigen Tod, kein Lebensrecht zugestehen. Wenn eine derartige Konsequenz absurd ist, müssen wir die zugrunde liegende Theorie zurückweisen - die Orientierung des Rechts auf Leben an einem Interesse, das seinerseits auf Wünschen beruht, die ohne Überleben nicht in Erfüllung gehen können. Wenn aber die Theorie nicht aufrechtzuerhalten ist, sollten wir auch eine andere Konsequenz in Frage stellen, die Hoerster *tatsächlich* zieht: daß nämlich grundsätzlich einem Menschen erst mit dem Erwachen zukunftsbezogener Wünsche ein Recht auf Leben zusteht.

Für Ungeborene kommt auf dieser Basis kein Lebensrecht in Frage. Neugeborenen will Hoerster es zwar zugestanden wissen. Aber es sind *rein pragmatische Erwägungen*, die er zugunsten einer Regelung anführt, die mit der *Geburt* den exakten Zeitpunkt markiert, von dem an ein Mensch nicht getötet werden solle: eine spätere Grenze lasse sich nicht überzeugend und effektiv fixieren. Auch die Tötung schwer Geisteskranker soll nach Hoerster einzig aus *pragmatischen* Gründen, unklarer Grenzen wegen, verboten sein (*Abtreibung im säkularen Staat*, Frankfurt/Main [2]1995, S. 141-143)! *Eigentlich* fehlt ja dem Menschen in den ersten Monaten bzw. bei gravierenden Bewußtseinsstörungen jeder in die Zukunft gerichtete Wunsch und damit die Basis für ein Recht auf Leben.

Die hier diskutierten und manche andere Bemühungen, diesem Recht eine Grundlage zu geben, gehen in einem und demselben Punkt fehl: Weil sie dem Leben nur einen Gebrauchswert als Erlebnismittel zuschreiben, degradieren sie das Recht auf Leben zu einem Zugeständnis, das wir einander machen, um das so abgesicherte (und von Ungewißheit entlastete) Leben in den Dienst unserer jeweiligen Zwecke stellen zu können.

Wenn ich das als Vertauschung der wahren Gewichte bezeichne, will ich freilich nicht behaupten, die Erfüllung unserer

Wünsche und die Erreichung unserer Zwecke seien ihrerseits Mittel, uns am Leben zu erhalten. Ich will daran erinnern, daß der Wert des menschlichen Lebens kaum in dessen Brauchbarkeit aufgehen kann (4.4), und daraus folgern, daß auch das Recht, das diesen Wert zum Ausdruck bringt und schützt, nicht darin gründen kann, daß es eine solche Brauchbarkeit sichert.

Wunsch, Interesse und Recht auf Leben

Seltsam ist bereits die Vorstellung, ein Recht, das nicht metaphysisch oder religiös zu begründen sei, *müsse* in den Interessen und so in den Wünschen des Rechtsträgers gründen. Sie resultiert wohl daraus, daß sich ein anderes *einfaches* Verständnis von Rechten nicht anbietet. Aber das ist natürlich kein Grund für die Richtigkeit der Vorstellung. Außerdem spricht einiges gegen sie (vgl. auch 7.3). Meine Einwände richten sich hier 1. gegen die Bindung von Rechten an Wünsche, 2. gegen die Zurückführung von Interessen auf Wünsche und 3. gegen die Orientierung von Rechten an Interessen.

1. Zunächst einmal sind die *Wünsche* der Menschen von höchst unterschiedlicher Qualität. Warum sollten wir beispielsweise Wünsche, die weitgehend im Dienste verbrecherischer Ziele stehen - und diese Art der Lebensausrichtung kommt ja vor -, zur Basis irgendwelcher Rechte machen? - Beschränken wir uns also auf berechtigte Wünsche! - Wie aber kann man diese von unberechtigten Wünschen unterscheiden, ohne sich schon auf den Begriff eines Rechts zu stützen? Als *hinreichende* Bedingung von Rechten dürfte das Wünschen also kaum in Frage kommen.

Ebensowenig dürfte es aber eine *notwendige* Bedingung sein. Das wäre speziell für das Recht auf Leben kaum plausibel. Denn Ungeborene und Neugeborene scheinen ja in der Tat keine zukunftsbezogenen Wünsche zu haben. Daß aber gerade *sie* zumindest in großer Anzahl überleben, ist offenbar für den Bestand der Gesellschaft höchst notwendig. Liegt nicht darin ein hinreichend vernünftiger Grund für die Anerkennung ihres Lebensrechts - wenn man schon nach Gründen sucht?

2. Diese Überlegungen werden eher gestützt als in Frage gestellt, wenn wir zur Vermittlung zwischen Wünschen und Rechten das *Interesse* ins Spiel bringen. Denn *Interessen* schreiben wir einem Menschen keineswegs ausschließlich aufgrund seiner *Wünsche* zu und häufig sogar im Widerspruch zu ihnen. Unreife, Dummheit, Verwirrung und andere Umstände mögen einen Menschen zu völlig unrealistischen oder gar fatalen Wünschen führen. Von solchen Wünschen werden wir die *Interessen* dieses Menschen durchaus unterscheiden. Offenkundig bringen

wir den Begriff des Interesses mit einer Vorstellung davon in Verbindung, was *gut* für ihn ist.

Bei der Aufstellung von Bedingungen, unter denen Euthanasie an schwer geschädigten Säuglingen angebracht sei, nennt Hoerster deren eigenes *Interesse*. Dem aber können noch keine *Wünsche* zugrunde liegen. Auf welcher Basis also darf die Tötung erfolgen? »Der Leidenszustand des Kindes muß so gravierend sein, daß das Kind, wenn es urteilsfähig und über seinen Zustand aufgeklärt *wäre*, aufgrund reiflicher Überlegung die Sterbehilfe selbst wünschen *würde*« (*Neugeborene*, S. 106 f.). Mit einem einzigen Satz widerlegt hier Hoerster seine eigene Position. Denn *wie* entscheidet man, was der aufgeklärte Säugling »wünschen *würde*«? Offenbar kann man sich nur an seinen *Interessen* orientieren! Wünsche können also *nicht*, umgekehrt, das ausschließliche Kriterium für Interessen abgeben. Andere, objektive Kriterien sind vorausgesetzt.

3. Aber - und das ist ein weiterer Kritikpunkt - auch ein so verstandenes Interesse gibt nicht die einzige Grundlage von Rechten ab. In vielen Fällen hat man ein Recht, auch ohne an seiner Ausübung ein Interesse zu haben, vor allem aber: *ohne daß das Recht um eines solchen Interesses willen bestünde*.

Ein Beispiel wurde schon genannt: Gesellschaften können nicht bestehen, ohne das Leben ihrer Mitglieder und speziell der jeweils nachwachsenden Generation zu schützen. Ein anderes Beispiel ist das Recht der Eltern, in weitem Umfang darüber zu entscheiden, was ihre Kinder tun und lassen, welchen Einflüssen sie ausgesetzt sind usw. Dieses Recht gründet nicht im Interesse der Eltern, sondern in ihrer Pflicht zur Erziehung der Kinder, die sie ohne ein Erziehungsrecht nicht gut erfüllen können. Und im Hintergrund dieser elterlichen Pflicht - und damit indirekt des erforderlichen Rechtes - stehen Interessen und Rechte der Kinder, Erfordernisse des Zusammenlebens u.a.m. Auch ein weniger grundlegendes Recht wie das Wahlrecht hat zwar indirekt mit den Interessen seiner Träger zu tun, aber seine Ausübung liegt schon deshalb nicht im *Interesse* des einzelnen Wählers, weil in einer Massendemokratie die Chance einer politischen Wirkung der einzelnen Stimme vernachlässigbar ist. Das Recht dient hier der Realisierung einer Verfassung und der Zusammenstellung eines brauchbaren Parlaments, es schließt Unmündige und Nicht-Bürger von der politischen Mitwirkung aus etc.

Noch offenkundiger ist die komplexe Basis von Rechten, wenn als Rechtsträger nicht nur Personen, sondern auch Institutionen in die Betrachtung einbezogen werden. Dem Staat z.B. gestehen wir Rechte zu, insbesondere das Recht auf den Gehorsam seiner Bürger im Rahmen von Gesetzen. Zwar sprechen wir auch von den »Interessen des Staates«. Aber für die Begründung seiner

Rechte spielen nicht diese Interessen, sondern ganz andere Umstände die letztlich entscheidende Rolle - vor allem die Tatsache, daß Menschen zum Schutz ihrer Rechte und vielleicht auch zur Förderung anderer wichtiger Belange auf eine Macht angewiesen sind, die ihrerseits das Recht hat durchzusetzen, was zur Erfüllung solcher Aufgaben erforderlich ist.

Wenn es aber Rechte gibt, die nicht oder nicht ausschließlich in den *Interessen ihrer Träger* gründen, warum *muß* das Lebensrecht auf solchen Interessen beruhen? Diese Frage läuft *nicht* auf die Behauptung hinaus, das Recht auf Leben *gründe* in einer *Pflicht* zum Leben o.ä. Sie regt uns nur dazu an, auch nach *Zusammenhängen* Ausschau zu halten, die jenseits von Interessen und Wünschen der Rechtsträger liegen. Sie führt uns damit zurück auf die Frage: Wie sollen wir das Recht auf Leben, das wir nicht eigentlich begründen können, *verstehen*?

Partielle Rechte und Lebensrecht

Der Schlüssel zur Antwort auf diese Frage scheint mir darin zu liegen, daß man das Lebensrecht von partiellen Rechten her beleuchtet, in diesem Licht von ihnen unterscheidet und als ihre Voraussetzung erkennt. Der Gedankengang vollzieht sich in zwei Schritten:

1. Daß Menschen *überhaupt Rechte haben können und haben*, nicht nur Menschenrechte, sondern auch gewohnheitsmäßige, politische, vertragliche usw.: das gehört zu den unerschütterlichen Eckpfeilern jeder ethischen Argumentation. Fraglich ist im einzelnen Fall nur, ob dieses oder jenes angebliche Recht sich tatsächlich verteidigen läßt; oder umgekehrt, ob nicht ein weiteres Menschenrecht anzuerkennen oder ein bestimmtes Recht auf Kinder auszudehnen ist usw.

2. Nun kann man fragen: Ergeben die Rechte, die wir da anerkennen, oder auch nur die Möglichkeit solcher Rechte einen *Sinn*, sofern wir ihren Trägern nicht zugleich so etwas wie ein Recht auf Leben zubilligen? Und da muß die Antwort lauten: Nein. Denn was soll mein Recht, mir meinen Wohnort auszusuchen oder meine Muttersprache zu sprechen, über Berufstätigkeit und Freizeitgestaltung zu entscheiden, meine Partei zu wählen, bereits bezahlte Waren auch zu erhalten usw. usw. - wenn ich nicht ein wenigstens ebenso sicheres Recht habe, nicht umgebracht zu werden?

Schließlich ist die *Ausübung* aller jener Rechte ja von meinem Weiterleben nicht weniger abhängig als von der Anerkennung der einzelnen Rechte. Rechte aber sollen mich letzten Endes in die Lage versetzen, sie auszuüben: das *zu tun* oder *zu erhalten*, was sie mir zugestehen, bzw. *von anderen nicht beeinträchtigt zu werden.* Daher wäre ihr *Sinn* in Frage gestellt, solange das System der Rechte nicht auch mein *Leben* vor denen schützte, die von eben diesem System daran gehindert werden, da oder da oder da in meine *Freiheit* einzugreifen. Anders verhielte es sich damit nur, wenn, *unabhängig von moralischen Rechten,* die Menschen zwar dazu neigten, einander zu übervorteilen und ihrer Freiheit zu berauben, nicht aber willens oder imstande wären, einander »nötigenfalls« auch zu töten.

Um es etwas grob und konkret zu sagen: Was helfen mir meine Freiheiten und Ansprüche, wenn mein Gegenüber mich *erschlagen darf,* um mich auf diese Weise - *ohne eins der Rechte zu verletzen* - daran zu hindern, in ein vornehmes Viertel zu ziehen, sorbisch zu sprechen, Bier zu brauen, Drachen steigen zu lassen oder ihn zur vertragsgemäßen Lieferung der Kartoffeln zu zwingen? *Nur wenn ich zugleich ein Lebensrecht ihm gegenüber habe, können die übrigen Rechte in der Weise wirksam werden, wie sie gemeint sind.*

Dieser Gedankengang zeigt einerseits: Wie die Menschen nun einmal sind, ergeben moralische Rechte ohne ein Recht auf Leben kein sinnvolles System gerechten Zusammenlebens. Insofern erklärt der Gedankengang, ohne uns von einem Recht auf Leben erst überzeugen zu wollen, die Rolle und die Unumgänglichkeit dieses Rechts.

Auf der anderen Seite weist er auch auf dessen Sonderstellung hin. Die Notwendigkeit, ein Recht auf Leben anzuerkennen, ergibt sich nicht unmittelbar aus Interessen und Erfordernissen des individuellen und gemeinsamen Lebens usw., wie das bei anderen Rechten der Fall zu sein scheint, sondern als *Voraussetzung der sinnvollen Anerkennung irgendwelcher partiellen Rechte.*

Ordnen wir das Recht auf Leben, ohne dies zu bedenken, in die Reihe der übrigen Rechte ein, so werden wir es auch den *Einschränkungen* unterwerfen, die sich u.U. rechtfertigen lassen, wo ein partielles Recht wie das auf die Wahl des Wohnorts tatsächlich nur bestimmte Interessen schützt oder ein Erfordernis unter anderen bedient. Ein solches Recht kann gelegentlich schaden oder mit anderen Rechten kollidieren. Unter Umständen darf es dann suspendiert werden - wie wenn jemand sich notfalls ohne Erlaubnis von fremdem Eigentum ernähren darf, um nicht zu verhungern. In derselben Absicht einen Mord zu begehen, halten wir nicht für zulässig: das Recht auf Leben wird nicht den Einschränkungen unterworfen, die bei anderen Rechten denkbar sind.

Nochmals: Wenn ich das Recht auf Leben als Voraussetzung der sinnvollen Anerkennung anderer Rechte aufweise und erkläre, so ist dies *keine Begründung* - keine Alternative zu den Versuchen, das Lebensrecht mit Wünschen oder Interessen oder sonstwie zu begründen. Dazu wäre nämlich verlangt, daß wir partielle Rechte mit noch größerer Selbstverständlichkeit anerkennen als das Lebensrecht. Mit dem Hinweis auf dessen Rolle in einem System von Rechten will ich nur erstens auf seine Notwendigkeit, seine Sonderstellung und seine Unabhängigkeit von Interessen und Wünschen aufmerksam machen; und zweitens zeigen, wie dieses *Recht,* durch seinen besonderen Charakter als unbedingte Bedingung der Sinnhaftigkeit partieller Rechte, dem unbedingten *Wert* entspricht, den wir dem Leben im Unterschied zu diesem oder jenem Aspekt oder Element eines Lebens beimessen.

Was Ausnahmen zeigen

Den hier angestellten Überlegungen wird man vielleicht entgegenhalten, unsere ethische Tradition behandle das Recht auf Leben ja gar nicht als ein unbedingtes Recht. Man habe immer auf Ausnahmen bestanden: insbesondere habe absichtliche Tötung eines ungerechten Angreifers im Krieg sowie »Tyrannenmord«, aber auch z.B. Tötung in Notwehr und weithin auch die Todesstrafe als erlaubt gegolten.

Eine ausführliche Erläuterung und Beurteilung solcher Ausnahmen würde uns weit vom Thema Tötung auf Verlangen wegführen. Hier muß eine kurze Antwort auf den Einwand genügen: Keine der in der Tradition vertretenen Ausnahmen vom Tötungsverbot wird durch Rekurs auf die beteiligten *Interessen* verteidigt. Absichtliche Tötung gilt in den erwähnten Fällen - grundsätzlich und in jeder einzelnen Situation - nur insoweit als gerecht, als sie das Leben eines Menschen beendet, der durch ein schweres Verbrechen gegen die politische Gemeinschaft, durch ungerechten Angriff oder sonstwie *den Tod verdient* hat.

Man kann nun fragen, ob wirklich irgendjemand durch die erwähnten Taten oder sonstwie je den Tod *verdient* haben kann. Auch kann man ein solches Verdienen für möglich halten und dennoch bezweifeln, daß Menschen jemals das Recht haben, den verdienten Tod absichtlich herbeizuführen. Aber unabhängig davon, ob die »verdiente Tötung« *tatsächlich zu rechtfertigen* ist: wer die traditionellen Ausnahmen *behauptet,* begründet sie nicht damit, daß die Betroffenen keine *Interessen* hätten oder daß die Interessen anderer sie aufwögen.

Damit aber ist eher bestätigt als widerlegt, was in den vorangehenden Überlegungen deutlich werden sollte: Das Recht auf Leben basiert nicht auf Überlebens- oder sonstigen Interessen seines Trägers und wird deshalb auch nicht durch entgegenstehende Interessen außer Kraft gesetzt.

Die Anerkennung *jedes* Rechts bedeutet: Jeder Orientierung unseres Verhaltens an der *Zweckdienlichkeit und Schädlichkeit* eines Menschen und all dessen, was irgendwie zu ihm gehört, werden Grenzen gesetzt. *Diese* Grenzen sind im Falle des Lebensrechts »unbedingt«. Indem wir einem Menschen dieses Recht zusprechen, drücken wir die Anerkennung seiner Würde dadurch aus, daß wir ihn nicht lediglich als Steinbruch zur Bedienung irgendwelcher *Interessen*, sondern *gerecht* behandeln.

Selbst in den Fällen, in denen die Tradition seine absichtliche Tötung für berechtigt hält, weicht sie von der Anerkennung der menschlichen Würde durch gerechte Behandlung nicht ab. Denn hier rechtfertigt man die Tötung nicht etwa mit ihrem *Nutzen* für irgendjemand, sondern man erklärt sie für *verdient*. So gibt man zu erkennen, daß *nur* das Unrecht eines Menschen sein Recht auf Leben unterminieren kann. Und damit bestätigt man indirekt dieses grundsätzliche Recht und mit ihm die Würde, die in der Anerkennung des Rechts geachtet wird.

6.3   Dennoch zum Töten berechtigt?

Ich habe zwei Arten *freiwilliger Tötung* erwähnt, die dem Tötungsverbot entgehen. Zum einen war soeben davon die Rede, daß vielleicht der Täter schweren Unrechts getötet zu werden verdient. Die zweite Ausnahme bilden gewisse Fälle, in denen jemand zwar wissentlich, aber nicht absichtlich tötet (5.3). Wenden wir uns jetzt der Frage zu, ob auch Abtreibung und vor allem Euthanasie beanspruchen können, vom Tötungsverbot nicht betroffen zu sein.

Gefragt wird hier nicht nach den Motiven oder Gründen, aus denen Euthanasie und Abtreibung praktiziert werden. Diese Frage war Thema des vierten Kapitels. Ich habe zu zeigen versucht, daß die gängigen Gründe nur dem plausibel erscheinen können, der den unbedingten Charakter des Wertes eines menschlichen Lebens verkennt. Vielleicht aber ist meine Leserin oder mein Leser nach wie vor der Meinung, das Leben eines Menschen habe keinen unbedingten Wert, sondern nur den Wert oder Unwert, den sie bzw. er oder andere den erfreulichen und unerfreulichen Aspekten dieses Daseins per Saldo abgewinnen können; und daher könnten Bewertungen von Lebensqualitäten und deren Vergleiche durchaus *Gründe* liefern, einen Menschen zu töten. Wer dieser Meinung ist, steht allerdings immer noch vor der weiteren Frage: Läßt sich solche Tötung auch *rechtfertigen*? Oder bildet das *Recht auf Leben* einen unüberwindlichen Grund, Euthanasie, und vielleicht auch Abtreibung, moralisch auszuschließen?

Verzicht auf Ausübung des Lebensrechts?

Weit verbreitet und zunächst plausibel ist die Auffassung, das Lebensrecht eines Menschen schließe Tötung *auf sein Verlangen hin* nicht aus. Denn indem er der Tötung zustimme, verzichte er dadurch ja auf sein Recht, nicht getötet zu werden, oder jedenfalls darauf, es wahrzunehmen. »Das Recht eines Individuums auf x«, so beispielsweise Hoerster (*Neugeborene*, S. 102), »wird prinzipiell dann nicht berührt, wenn es selbst auf x verzichtet oder x preisgibt.« Auch das Lebensrecht »wird durch eine Tötung dann nicht berührt, wenn der Betroffene in gültiger Form in seine Tötung einwilligt«.

Der Einfachheit halber werde ich diese Auffassung kurz als *Verzichtsthese* und den gemeinten Verzicht als Rechtsverzicht bezeichnen. Die These bezieht sich aber nicht auf einen *völligen Rechtsverzicht*, sondern behauptet, wer (für den Fall bestimmter Bedingungen) darauf verzichte, das Recht auf Leben »*auszuüben*« oder *wahrzunehmen*, könne (unter solchen Bedingungen) in diesem Recht nicht verletzt werden. Im übrigen schließt sie natürlich nicht aus, daß ein Mensch, der sein Lebensrecht nicht in Anspruch nimmt, dennoch aus irgendwelchen Gründen nicht getötet werden sollte. Wie ist die Verzichtsthese, so verstanden, zu beurteilen?

Daß man auf die Ausübung eines Rechts verzichten kann, ist in vielen Fällen klar. Man hat z.B. ein Recht darauf, vor denen bedient zu werden, die in der Schlange weiter hinten stehen; aber niemand würde behaupten, man werde in seinem Recht auch dann verletzt, wenn ein anderer, dem man den *Vortritt gelassen* hat, nun vor einem drankommt. Die Frage muß lauten: Läßt ein Recht *seinem Wesen nach* und daher in *allen* Fällen den Verzicht auf seine Ausübung zu oder nicht? Ist insbesondere das Lebensrecht vielleicht ein »unveräußerliches« Recht, auf dessen Wahrnehmung niemand verzichten darf (bzw. überhaupt verzichten kann), so daß es auch Tötung auf Verlangen ausschließt?

Ich will hier nicht davon sprechen, daß dem geäußerten Verlangen, getötet zu werden, häufig eine kurzfristige Depression oder der verzweifelte Wunsch nach Hilfe und Zuwendung oder ähnliche Motive zugrunde liegen. Dieser Gesichtspunkt ist in der Praxis höchst bedeutsam (vgl. 3.1 und 3.4), berührt aber nicht die grundsätzliche Frage, ob eine Tötung, die ohne Einwilligung unerlaubt wäre, diesen Makel durch Einwilligung verliert; ob also die Verzichtsthese recht hat.

Zu deren Verteidigung macht man mitunter darauf aufmerksam, daß unsere moralische Tradition die Bereitschaft der christlichen Märtyrer, getötet zu werden, nicht verurteilt. Aber - verzichten diese wirklich auf die Wahrnehmung ihres Lebensrechts?

Auch der Gläubige, der sich der Verfolgung nicht durch Flucht entzieht, muß damit weder die *Absicht* verbinden, getötet zu werden, noch auch nur *Zustimmung* zur Tötung signalisieren. Gewiß, er verzichtet darauf, sein Leben *um jeden Preis* zu retten oder zu verteidigen - und dafür hat er vermutlich mindestens ebenso gute Gründe, wie ein Kranker für den Verzicht auf Behandlung haben kann (5.4). Wenn nun andere ihn töten, so ist dies - anders als beim Euthanasiebereiten - hingenommene, nicht beabsichtigte Folge seines Verhaltens (vgl. 5.3).

Das trifft sogar auf das Angebot Maximilian Kolbes im Konzentrationslager Auschwitz zu, sich an der Stelle eines (ebenso unschuldigen) Mithäftlings durch Hungertod »hinrichten« bzw. ermorden zu lassen. »Aber er trägt doch aktiv zu seinem Tode bei; er läßt ihn nicht bloß geschehen!« Richtig. Aber dieser Beitrag ist tatsächlich in Kauf genommene Folge. Die *Absicht* seiner Tat ist nichts anderes als die Rettung eines Mitmenschen. Sein eigener Tod ist auch *kein Mittel* zu diesem Zweck - das Mittel ist die Äußerung seiner Bereitschaft, an der Stelle des anderen die Tötung hinzunehmen.

Was wir hier bewundern, ist also der von Idealen der Menschlichkeit motivierte Verzicht darauf, das eigene Leben festzuhalten. Dieser Verzicht beabsichtigt weder den eigenen Tod, noch will er die Tötungshandlung eines anderen rechtfertigen. Beides aber gehört zu *dem* Verzicht, der eine Tötung auf Verlangen legitimieren soll. Nochmals also: Ist dieser Verzicht legitim?

Unerlaubte Erlaubnis

Euthanasie-Befürworter bejahen diese Frage unter Hinweis darauf, daß das Lebensrecht eines Menschen sein Überlebensinteresse schütze und daß dieses Interesse seinen Wünschen entspringe. Wenn aber seine Wünsche sich so wandelten, daß sein Überlebensinteresse nicht mehr bestehe und daher keines Schutzes mehr bedürfe, sei es doch ungereimt, diesen »Schutz« nun gegen seine Wünsche zu kehren.

Indessen hat sich gezeigt, daß die Interessen eines Menschen nicht mit seinen Wünschen gegeben sind; und vor allem, daß nicht jedes Recht eines Menschen, auch nicht das Lebensrecht, ausschließlich seinen Wünschen oder Interessen dient. Das wird durch Fälle bestätigt, in denen wir ein Verhalten, mit dem wir das Recht eines anderen verletzen würden, auch dann noch als Unrecht betrachten, wenn er uns das Verhalten erlaubt.

Sklaverei z.B. ist unvereinbar mit dem Recht auf Selbstbestimmung. Will einer dieses Recht für den Rest seines Lebens nicht in Anspruch nehmen - Menschen haben sich selbst z.B.

zwecks Schuldentilgung verkauft -, so scheint uns dies nichts daran zu ändern, daß niemand ihn als Sklaven halten darf. Ähnlich behandeln wir sein »Recht auf körperliche Unversehrtheit« als unveräußerlich: sein Verzicht darauf, es wahrzunehmen, ist moralisch wirkungslos, sofern nicht medizinische oder vergleichbare Erfordernisse einen Eingriff rechtfertigen. Auch die Freiwilligkeit eines Duells ist für uns kein Grund, diese Praxis zu billigen. Oder denken wir an die bereits erwähnten Rechte, die jemand aufgrund seiner Pflichten als Erzieher oder als Amtsinhaber genießt: Viele von diesen Rechten dürften wir auch dann nicht ignorieren, wenn er uns dazu die Erlaubnis gäbe.

In allen derartigen Fällen ist der Eingriff, den das Recht auf Selbstbestimmung, Unversehrtheit, Leben, Pflichterfüllung usw. ausschließt, *auch dann noch* unerlaubt, wenn der Betroffene das Recht nicht in Anspruch nehmen will - ob wir das *Unrecht* nun als *Verletzung seines Rechts* bezeichnen wollen oder nicht. Solcher Rechtsverzicht *rechtfertigt*, anders als etwa die Zustimmung zu einer Operation, den Eingriff nicht.

Und zwar gibt der Verzicht dem anderen offenbar *deshalb* keine moralisch relevante Erlaubnis, das sonst Verbotene doch zu tun, weil *bereits der Verzicht nicht erlaubt* ist; genauer: weil man mit diesem Verzicht, mit der Zustimmung zum Eingriff, ein unzulässiges Ziel intendiert. Ein wenig paradox formuliert: Weil schon *Erlaubnis* nicht erlaubt ist, ist auch das durch sie *Erlaubte* nicht erlaubt. Dies bedeutet - sofern es für die Tötung auf Verlangen gilt: Weil niemand, den eigenen Tod bezweckend, einem anderen die Zustimmung zum tödlichen Eingriff geben darf, deshalb ist auch dem anderen dieser Eingriff trotz Berufung auf die Zustimmung nicht erlaubt. Durch Rechtsverzicht läßt sich Euthanasie nicht rechtfertigen.

Ist es aber wirklich unzulässig, den eigenen Tod zu beabsichtigen und deshalb auf das Lebensrecht zu verzichten? Kapitel 8 soll diese Frage nochmals aufgreifen. Einstweilen läßt sich die Unveräußerlichkeit des Lebensrechts als eine Seite, oder als Ausfluß, des *unbedingten Wertes* verstehen, den jedes menschliche Leben darstellt: als Niederschlag dieses Wertes in einem Tabu. Es ist die Verwurzelung des Lebensrechts in einem *unbedingten Wert*, die nicht nur aus der nicht verlangten Tötung, sondern auch aus dem Lebensrechtsverzicht, der Zustimmung zur Tötung, und daher auch aus der Tötung auf Verlangen unerlaubte Handlungen macht.

Allerdings steht, wer von diesem unbedingten Wert nichts wissen will, immer noch vor der Aufgabe nachzuweisen, daß das Recht eines Menschen auf Leben keinen anderen Sinn habe, als Wünsche oder Interessen dieses Menschen zu schützen. Er müßte zeigen, daß das moralische Nein zu Tötung auf Verlangen,

Selbsttötung und Beihilfe zur Selbsttötung auf irrigen Vorurteilen beruht. Er müßte z.B. dem Einwand begegnen, daß diese Handlungen nicht nur die unmittelbar Betroffenen angehen; daß sie und ihre Duldung oder gar Rechtfertigung indirekte Auswirkungen haben; daß sie insbesondere dazu beitragen, daß sich in der ganzen Gesellschaft, und zwar in allen Lebensbereichen, eine Einstellung durchsetzt, die dem Leben jeder Person mit der Frage gegenübertritt: »Was bringt es ihr?« - und schließlich mit der Frage: »Was bringt es mir?« Denn wenn sich die *Orientierung am eigenen Ergehen* über das Tabu der Selbsttötung hinwegsetzen darf, warum sollte sie sich dann vom Tabu der Ausbeutung anderer schrecken lassen (8.3)?

6.4 Autonomie und Recht auf Leben im Konflikt?

Das Lebensrecht eines Menschen - so das Resultat von 6.3 - wird durch Euthanasie auch dann verletzt, wenn dieser Mensch der Tötung *zustimmt*. Moralisch relevanten Rechtsverzicht gibt es hier nicht.

Damit scheint aber noch nicht ausgeschlossen, daß andere Faktoren der Situation das Tötungsverbot suspendieren könnten. Insbesondere wäre es denkbar, daß dieses Verbot im Konflikt mit dem *Recht auf Selbstbestimmung* unterliegen kann, und zwar speziell in zwei Bereichen: zum einen, wo eine Person die Freiheit, das eigene Leben zu beenden, als Recht in Anspruch nehmen will; zum anderen aber auch, wo - wie bei einer unerwünschten Schwangerschaft - ihr Selbstbestimmungsrecht mit dem Lebensrecht eines anderen kollidiert.

Selbstbestimmung

Unter 4.1 und 4.2 war davon die Rede, daß die Erfüllung eigener Wünsche in zweifacher Hinsicht zum Wohl eines Menschen beitragen kann: Zum einen, weil er häufig Dinge wünscht, die seinem Wohlergehen dienen; zum anderen, weil die Übereinstimmung der Wirklichkeit mit unseren Wünschen, auch unabhängig vom Wert des Gewünschten, einen eigenen Wert bedeutet.

Wo wir nun selbst *herbeiführen*, was wir wünschen, kommt noch etwas anderes hinzu, was für unser Selbstverständnis als Menschen von tiefer Bedeutung ist: Wir erfahren uns als freie Gestalter des eigenen Lebens; was wir sind und was uns zugehört, dürfen wir, wenigstens teilweise, als Ergebnis eigener Wahl und eigener Leistung betrachten.

Diesen Wert schützt die Moral durch ein *Recht auf Selbstbestimmung*: sie fordert, daß man die Freiheit jedes mündigen Menschen respektiert, in gewissen Grenzen *über sein Tun und Lassen allein zu entscheiden und Eingriffe anderer auszuschließen*. Dieses Recht ist offenbar so bedeutsam, daß es sogar noch zu gelten scheint, wo man durch seine Ausübung sich selber schadet, wo das also fehlt, worauf der primäre Sinn von Autonomie zu beruhen scheint: daß man nämlich für sein eigenes Wohlergehen am kompetentesten selber sorgt.

Einige besonders wichtige oder gefährdete Aspekte der Freiheit sind durch spezielle Selbstbestimmungsrechte gesichert: durch die Rechte auf freie Wahl von Beruf und Wohnort, auf Kundgabe der eigenen Meinung, auf Religionsausübung u.a.m. Gehören zu diesen auch ein Recht auf Bestimmung über den eigenen Tod und ein Recht auf Beendigung der eigenen Schwangerschaft?

Eine Antwort auf diese Fragen muß sich daraus ergeben, *welche Vollzüge* es denn grundsätzlich sind, zu denen einen das Recht, die eigene Entscheidung zu realisieren, berechtigt. Es können ja nicht alle denkbaren sein - schon deshalb nicht, weil andernfalls jeder berechtigt wäre, auch das zu tun, was das Selbstbestimmungsrecht anderer verletzte. *Zwei Grenzen der Berechtigung* sind im Hinblick auf die anstehenden Fragen besonders bedeutsam.

1. Die eine ist *formal* und ist mit dem Wort »Vollzug« schon angedeutet: Das Selbstbestimmungsrecht erlaubt mir lediglich, *ungehindert* etwas *zu tun*. Es gibt mir keinen Anspruch darauf, daß mir dies oder jenes *widerfährt*; schon gar nicht darauf, daß ich *von Mitmenschen dies oder jenes erfahre* - dazu bedarf es anderer, speziellerer Rechte.

2. *Inhaltlich* wird das Selbstbestimmungsrecht durch *moralische Grenzen* begrenzt - vor allem, aber nicht nur, durch *Rechte* anderer. Diese Grenzen sind enger als die vom staatlichen Gesetz gezogenen. Das *Strafgesetzbuch* gesteht mir gewissermaßen ein Recht zu, arrogant oder undankbar zu handeln u.ä. Ein *moralisches* Recht dazu habe ich aber nicht. Zur Moral kann sozusagen kein Recht auf Unmoral gehören; und daher auch kein prinzipieller Anspruch darauf, an einer *unmoralischen Ausübung des Rechts auf Selbstbestimmung* nicht gehindert zu werden - was freilich einem anderen noch nicht das Recht gibt einzugreifen.

Aber, mag man einwenden, wir gestehen doch nicht nur Kindern und Jugendlichen, sondern jedem Menschen und nicht zuletzt uns selbst ein *Recht* zu, *Fehler zu begehen*, auch moralisch zu versagen! - Gewiß, ein Recht auf Selbstbestimmung wäre für Menschen nicht viel wert, wenn nur die vollkommenen unter ihnen es ausüben dürften. Vor allem bedarf man ja bereits der Autonomie, um sich moralisch zu qualifizieren. Auch das moralische Recht auf Selbstbestimmung *muß* daher mit dem Risiko des moralischen Versagens rechnen.

Andererseits sollte man den etwas trotzigen Unterton in Ausdrücken wie »Recht zu irren«, »Recht auf Fehler« u.ä. nicht überhören. Wir brauchen eigentlich kein *Recht,* im Leben immer wieder zu versagen - wir brauchen Nachsicht. Vor allem aber: Wenn es ein Recht auf Versagen tatsächlich geben sollte, so wäre damit noch nicht das Recht zu diesem oder jenem *einzelnen* Versagen gegeben. Ohne dieser Differenzierung hier auf den Grund zu gehen, können wir ihre Plausibilität an einem trivialen, aber zwingenden Vergleich erkennen: Entrichte ich beim Bootsverleih die Gebühr für eine Stunde Rudern, so erwerbe ich damit ein Recht auf Benützung eines Ruderboots; zur Benützung dieses oder jenes *bestimmten* Bootes bin ich damit aber nicht berechtigt.

Meine Folgerung - daß mit dem Selbstbestimmungsrecht kein »Recht auf Unrecht« gegeben ist - verträgt sich auch gut mit dem Gedanken, Autonomie sei ein Recht, das den Menschen in besonderer Weise qualifiziere: Selbstbestimmung sei die Bedingung der Moralität und daher ein Aspekt der Würde des Menschen. Gerade unter dieser Perspektive ist es undenkbar, daß auch unmoralisches Verhalten den Schutz eines moralischen Rechts auf Selbstbestimmung genießen sollte.

Ein Recht zu sterben?

Eine der besonders irreführenden Vokabeln im Umfeld des Themas Tötung auf Verlangen ist »das Recht zu sterben« (vgl. auch 2.1). Man sollte meinen, schon der Begriff des Sterbens lasse keinen Spielraum für Selbstbestimmung, sondern impliziere das Ende jeder eigenen Wahl. Immerhin aber könnte sich Autonomie hier auf Zeit und Umstände und insbesondere auf die *Verursachung* des Sterbens beziehen.

In diesen Hinsichten gibt es zweifellos ein - nicht nur gesetzliches - Recht des Patienten, mit lebensverlängernden Maßnahmen verschont zu werden, wenn sich sein Zustand, keiner Therapie mehr zugänglich, unaufhaltsam verschlechtert (5.4). Wo dagegen ein Mensch seinen eigenen Tod beabsichtigt, kann von einem moralischen Recht auf den Einsatz von Mitteln zu diesem Zweck keine Rede sein - wenn Selbsttötung nicht erlaubt ist. Denn ein solches Recht würde die zweite der oben genannten Grenzen der Selbstbestimmung überschreiten, es wäre sozusagen ein Recht auf Unrecht.

Das gilt unabhängig davon, *welche* Mittel jemand einzusetzen gedenkt: ob er verhungern oder sich vergiften will, ob er von einem anderen Hilfe zur Selbsttötung oder einen tödlichen Eingriff verlangt; und ebensowenig darf ein Kranker die Unterlassung einer therapeutischen Maßnahme in der Absicht fordern, früher zu sterben.

Nun könnte er eine solche Unterlassung auch in anderer, erlaubter Absicht verlangen (5.3). *Deshalb* ist zunächst einmal von seinem Anspruch darauf auszugehen, nicht gegen seinen Willen medizinisch behandelt zu werden. Aber dieser Anspruch ergibt sich *nicht aus einem Recht zu sterben,* sondern aus dem Recht auf Unversehrtheit - einem Recht, das wir auch kleinen Kindern und völlig unselbständigen Geistesgestörten zuschreiben, das also *nicht* im Selbstbestimmungsrecht gründet.

Dagegen schließen die moralischen Grenzen eines jeden Rechts den Gedanken aus, man sei auch berechtigt, *in unerlaubter Absicht* auf lebensnotwendige Behandlung zu verzichten. Freilich gibt das dem *Arzt* noch kein Recht zum unerbetenen Eingriff. Auch sprechen Komplexität der Situationen und Mischung der Motive dafür, das *gesetzliche* Recht auf Nicht-Behandlung nicht nach *moralischen* Gesichtspunkten einzugrenzen.

Rechte auf Hilfe zur Selbsttötung oder auf Tötung auf Verlangen gibt es - bisher - noch nicht einmal im Gesetz. Ein moralisches Recht kommt hier wegen *beider* Grenzen des Rechts auf Selbstbestimmung nicht in Frage. Nicht nur wäre es ein »Recht auf Unrecht«. Auch wer dies nicht zugibt, weil er Tötung und Selbsttötung unter gewissen Bedingungen billigt, muß anerkennen, daß die *Betätigung und die Leistung anderer,* im Unterschied zur Unterlassung von Eingriffen, über das hinausgeht, was *Autonomie* zu fordern erlaubt; daß also dieses Recht dem Lebensmüden zwar ungehinderte Selbsttötung garantiert, daß aber ein Anspruch auf Beihilfe zur Selbsttötung oder auf Euthanasie sich *anderen Rechten* zu verdanken hätte.

Aber welche Rechte sollten dies sein? Unter der Voraussetzung, daß Selbsttötung und Euthanasie erlaubt sind, könnte man allenfalls einen »Sterbehelfer« durch Vertrag verpflichten oder etwa einem nahen Angehörigen oder Freund gegenüber ein allgemeines Recht auf Unterstützung geltend machen. Mit den Aufgaben eines *Arztes* sind Patientenrechte, die sich auf Euthanasie oder »ärztliche« Hilfe zur Selbsttötung erstrecken, nicht vereinbar (5.4).

Autonomie - oder Autorität?

Die euthanasiastische Berufung auf das Selbstbestimmungsrecht hat auch einen weniger prinzipiellen, aber nicht weniger signifikanten Pferdefuß, der einmal beim Namen genannt werden muß.

Wieso soll eigentlich *Selbstbestimmung* gerade darin zur Geltung kommen, daß man sich von einem *anderen* töten läßt? Der Anschein, die Autonomie des Euthanasiebereiten begründe Einwilligung in sein Verlangen oder erfordere sie gar, beruht ja auf dem Wert der *Freiheit*, also der eigenen Entscheidung in eigenen Belangen, nicht auf dem Wert des Privilegs, zur Erfüllung eigener Wünsche die Dienste anderer in Anspruch nehmen zu können. Freilich schließt Selbstbestimmung die Hilfe anderer nicht aus. Sie bezieht sich jedoch auf jenen Bereich des Lebens, den ein Mensch grundsätzlich selbst gestalten kann, und in diesem Bereich schränkt Angewiesenheit auf andere die Freiheit ein.

Das gilt auch für das Herbeiführen des Todes. Menschen, die von einem anderen getötet zu werden wünschen, sind im allgemeinen durchaus in der Lage, sich selbst zu töten, notfalls durch »Hungerstreik«. Wenn sie statt dessen Euthanasie verlangen, läßt dies auf zwei Motive schließen. Das eine ist wohl die Furcht vor Beschwerden und Ungewißheiten, die mit bestimmten Formen der Selbsttötung verbunden sind. Möglichkeiten, diesen Beschwerden und Ungewißheiten entgegenzuwirken, werden in der Diskussion jedoch kaum erwogen - ein Hinweis darauf, daß eigentlich ein anderes Motiv am Werk ist. Das aber dürfte der Wunsch sein, die *Verantwortung für den eigenen Tod* nicht selbst oder nicht allein übernehmen zu müssen und durch die bestätigende Initiative des »Fachmanns«, einer Instanz, die »es ja wissen muß«, *entlastet* zu werden. Wenigstens im Hinblick auf die Fälle, in denen ein Euthanasie-Wunsch dieses zweite Motiv, die Absicherung durch *Autorität*, verrät, ist Achtung der *Autonomie* kein sehr überzeugender Grund, den Wunsch zu erfüllen.

Kein Wunder, wenn bei Ärzten, die Euthanasie praktizieren, das Motiv, den Wunsch des Patienten zu erfüllen, auf Dauer hinter das Motiv zurücktritt, seine Leiden zu beenden. In den Niederlanden begann die Euthanasie-Bewegung ausdrücklich unter dem Vorzeichen »Respektierung der Patienten-Autonomie«. Die aber hat dort im Lauf der Jahre eine faktisch immer geringere Rolle gespielt (3.1); zusehends tun Ärzte auch ohne Verlangen des Patienten, was der als das Richtige erkennen und verlangen *sollte*. - Man kann nur hoffen, daß auch in Zukunft die meisten Ärzte sich auf weniger tödliche Weise der Zumutung entziehen werden, für einen anderen Menschen eine Entscheidung *auszuführen*, die dieser selbst noch nicht einmal in uneingeschränkter Verantwortlichkeit zu *treffen* bereit ist.

Auch beim Gesetzgeber wird die Autonomie des Patienten auf Dauer nicht gut aufgehoben sein. Vorschläge, Euthanasie zu legalisieren, machen deren Erlaubtheit von *zwei* Bedingungen abhängig. Die *begründende Bedingung* soll etwa mit einer unheilbaren Krankheit des Euthanasiebereiten, die *rechtfertigende* mit dessen Einwilligung gegeben sein. Die erste dieser Bedingungen müßte zwar unter rechtlicher Perspektive *eigentlich* ganz belanglos sein. Denn wenn ein gesetzlicher Anspruch, auf Verlangen getötet zu werden, der *Selbstbestimmung* halber bestehen soll, müssen die *Gründe* des Verlangens für den Anspruch völlig unerheblich sein. Um so bedeutsamer ist jedoch das *faktische* Gewicht gerade dieser »begründenden Bedingung«. Denn das *Motiv zur Gesetzgebung*, ebenso wie das Euthanasie-Motiv selbst, liegt eben in Wirklichkeit in der Absicht, Menschen von einem lebensunwerten Leben zu »befreien«. Man muß kein Pessimist sein, sondern nur in die bio-ethische Literatur und in die Niederlande schauen, um vorauszusehen, daß Legalisierung der Tötung auf Verlangen nur »ein erster Schritt in die richtige Richtung« sein wird. Darf denn das Gesetz - so wird es heißen - einem behinderten Säugling, einem hirngeschädigten oder dauerhaft komatösen Patienten, nur weil sie nicht entscheidungsfähig sind, die Wohltat vorenthalten, die es dem Euthanasiebereiten zugesteht? Der Gesetzgeber wird sich also in einem zweiten Schritt dieser Benachteiligten annehmen, indem er ihre »Interessen« - vielleicht sogar ihre Autonomie?! - durch geeignete Vormünder vertreten läßt.

Eine solche Gesetzgebung wird noch nicht einmal sicherstellen, daß niemand *gegen* seinen Wunsch getötet wird. Denn niemand kann wirtschaftliche, soziale und politische Verhältnisse ausschließen, unter denen die zuständige Instanz eine enge Auslegung des Begriffs der Entscheidungskompetenz favorisieren wird. »Sind nicht die kindische Weise, wie dieser Mensch die Wertlosigkeit seines Weiterlebens für ihn selbst verkennt, und die senile Hartnäckigkeit, mit der jener trotz Aussicht auf Leid und Einschränkung unbedingt am Leben bleiben will, selbst genügende Indizien dafür, daß diese Kranken bedauerlicherweise zu fundierten Urteilen und autonomen Wünschen nicht mehr in der Lage sind? Wir werden also an ihrer Stelle entscheiden müssen - natürlich nach Kriterien, nach denen *sie* entscheiden würden, wenn sie im Vollbesitz der Rationalität wären.«

Patienten-Testamente

Mit dem Stichwort »Selbstbestimmung des Kranken« verbinden viele die Frage nach Sinn und Autorität von *Vorausverfügungen*. Nicht nur euthanasiastische Gesellschaften, sondern auch Juristen und Ärzte treten für Patienten-Testamente oder -verfügungen ein. Ein solches Dokument soll wirksam werden, wenn der Kranke nicht mehr in der Lage ist, dem Arzt seine Wünsche persönlich mitzuteilen. In ihm kann der Patient im voraus seine

Vorstellung von den Maßnahmen äußern, die unter diesen oder jenen denkbaren Bedingungen getroffen oder nicht getroffen werden sollen.

Schriftliche Patienten-Äußerungen dieser Art sind aus verschiedenen Gründen sinnvoll. Nicht zuletzt, weil sie dem Patienten einen Anlaß geben, sich mit den Aussichten auf Genesung oder Verschlimmerung und mit dem Sterben auseinanderzusetzen. Aber auch, weil *zunächst einmal er selbst für seine Gesundheit und für den Umgang mit seiner Krankheit verantwortlich ist.* Und auf jeden Fall soll der Arzt darüber informiert sein, welche Motive seines Patienten für oder gegen eine bestimmte Behandlung sprechen.

Jedoch ist die Freiheit des Patienten, dies oder jenes zu bestimmen, moralisch begrenzt. Vor allem, insofern er seinen Tod nicht beabsichtigen darf. Schon das ist ein Grund, die verpflichtende Kraft von Patienten-Äußerungen einzuschränken. Dazu kommt die Bindung *des Arztes* an moralische Maßstäbe - nicht nur an das Tötungsverbot, sondern auch z.B. an seine Verantwortung beim Einsatz von Personal und im Umgang mit knappen Ressourcen. Ferner ist damit zu rechnen, daß Unkenntnis oder auch Dummheit Patienten dazu veranlassen, Unmögliches, Unnützes oder Schädliches zu verfügen und Nötiges oder Nützliches zu ignorieren - zumal sie häufig noch weniger als ihr Arzt die relevanten Faktoren der Situation vorhersehen können, in der die Verfügung in Kraft treten soll. Unvorhersehbar ist vor allem die eigene gesundheitliche Verfassung und damit auch, was (auch nach eigenen Kriterien) sinnvollerweise zu tun sein wird (vgl. 3.1). Schließlich können unter den veränderten Umständen, für die der Patient mit seiner jetzigen Verfügung Vorkehrungen treffen will, seine eigenen Wünsche den früheren Anweisungen widerstreiten!

Vielleicht aber sind diese Probleme irgendwie lösbar. Sollten wir nicht doch Patienten-Testamente akzeptieren, wie wir ja auch die bindende Kraft gewöhnlicher Testamente anerkennen?

Es gibt hier aber einen gravierenden Unterschied: Im zweiten Fall hat jemand im Besitz seiner geistigen Kräfte vorgesorgt für eine Situation, in der er *nicht mehr existiert.* Mit dem Patienten-Testament dagegen soll jemand über eine Situation entscheiden, in der er durchaus noch *existieren* wird, in der er *Bedürfnisse, Rechte und vielleicht auch Wünsche* haben, zur reflektierten *Selbstbestimmung aber nicht mehr* in der Lage sein wird.

In dieser Situation muß sich der Arzt am Wohlergehen und an den Rechten des Kranken orientieren, auch an seinen früheren Wünschen, aber wohl kaum an seinem Selbstbestimmungsrecht. Denn *Selbstbestimmung,* so scheint es, ist ihm unter den vorausgesetzten Umständen gar *nicht mehr möglich.*

Im Kontext von *Vertrag, Versprechen oder Testament* erhalten vergangene Absichten eines Menschen so etwas wie *unwiderrufliche Geltung*. Das ist vernünftig. Denn hier geht es darum, daß einer sich auf das künftige Verhalten eines *anderen* verlassen kann. Dem entspricht sein Recht, diesen anderen bei veränderter Interessenlage u.U. wieder zu *entpflichten*. Die *Patienten-Verfügung* dagegen würde genau dann, wenn sie akut wird, nicht nur andere binden, sondern auch über den zuvor Verfügenden jetzt so verfügen, daß *seine vielleicht veränderte Interessenlage keine Berücksichtigung finden darf.* In *diesem* Kontext scheint die unwiderrufliche Geltung vergangener Absichten also keinen guten Sinn zu ergeben.

(Freilich, auch Vertrag und Versprechen können mich gegen meine veränderten Interessen binden. Aber das kann wenigstens aus der Perspektive des Gegenübers sinnvoll sein. Die Patienten-Verfügung dagegen kennt kein begünstigtes Gegenüber. Hier ist mit der Unwiderruflichkeit der vergangenen Absicht *niemandem* gedient, wenn dem Patienten nicht gedient ist.)

Allerdings steht diesen Argumenten gegen das Patienten-Testament ein gravierender Gesichtspunkt gegenüber, der dagegen spricht, die Behandlung des nicht mehr entscheidungsfähigen Patienten allein dem Urteil des Arztes oder anderer Personen zu überlassen: Es ist denkbar, daß ein Patient *bestimmte Maßnahmen*, die einem Arzt gesetzlich erlaubt sind, *legitimerweise grundsätzlich ablehnt*. Dazu könnte eines Tages die Euthanasie gehören; es könnte sich aber auch z.B. um Empfang oder Spende von Organen handeln.

Für solche Belange dürften Verfügungen sinnvoll sein, durch die ein Patient die Handlungsfreiheit des Arztes verpflichtend *einschränken* (aber nicht positiv festlegen) kann. Denn er selbst betrachtet diese Belange *nicht* als Inhalte von *Wünschen*, die sich bei veränderter Interessenlage ändern könnten. Ob eine solche Verfügung ihre bindende Kraft dem Selbstbestimmungsrecht des Patienten verdanken würde - diese Frage mag hier offen bleiben.

Sieht man von der Durchsetzung von »Patienten-Prinzipien« im hier beschriebenen Sinne ab, so dürfte das Patienten-Testament, als bindende Vorausverfügung verstanden, aus den vorher angeführten Gründen ethisch bedenklich sein. Sinnvoll dagegen und von einiger Bedeutung sind bzw. wären berufbare, aber nicht verbindliche Äußerungen des Patienten im Blick auf seine eventuelle künftige Unfähigkeit zu entscheiden. Noch sinnvoller und hilfreicher wäre vermutlich die rechtzeitige Benennung eines Treuhänders, der weder Anlaß hat noch im Verdacht steht, seine Aufgabe mit eigenen Interessen zu vermischen.

Beide Möglichkeiten versetzen den Arzt in die Lage, Lebensumstände, Motive und Wünsche des Patienten in die Kriterien der eigenen Entscheidung einzubeziehen - auch etwa im Blick auf eine Begrenzung intensivmedizinischer Maßnahmen (vgl. den Schluß von Kapitel 5). Hier kommt kein Selbstbestimmungsrecht im strengen Sinne zum Zug, schon gar nicht ein »Recht zu sterben«. Wohl aber können Wünsche und Interessen des Patienten oder Hinweise seines Treuhänders triftige Gründe für das ärztliche Vorgehen liefern - gegebenenfalls auch für einen legitimen Behandlungsverzicht, der den Tod des Patienten in Kauf nimmt.

Im Zweifel für die Selbstbestimmung?

Bei näherer Betrachtung schrumpft demnach das moralisch gemeinte »Sterberecht« auf das Recht zusammen, vom Arzt in Ruhe gelassen zu werden, wo es *keine therapeutische oder palliative Aufgabe* gibt oder wo der Patient moralisch vertretbare Gründe hat, eine *lebensrettende Behandlung abzulehnen*. Warum aber löst die Forderung nach einem Recht zu sterben verbreitetes Interesse und spontane Zustimmung aus?

Küng dürfte für viele sprechen, wenn er die Meinung äußert, angesichts der Frage »Im Zweifel für das Leben oder für das Gewissen?« müsse »auch für den Arzt der *Respekt vor dem Gewissen des Patienten und seiner Selbstbestimmung ... den Vorrang haben*«; und: »etwas anderes als Gewissensrespekt schiene mir ein überholter medizinischer Paternalismus zu sein« (*Menschenwürdig sterben*, S. 60).

Mit dem Stichwort »Paternalismus« benennt er sicher eine der Ursachen für die Behauptung eines Sterberechts. Speziell im Kontext der Behandlung im Krankenhaus besteht tatsächlich die Gefahr, daß Ärzte und Schwestern es versäumen, dem todkranken Patienten die Informationen und die Entscheidungsspielräume zu gewähren, die ihm ein möglichst hohes Maß an Selbstbestimmung im Blick auf seine letzten Wochen oder Tage erlauben würden. Was der Kranke hier braucht, ist aber nicht die Anerkennung eines Rechts zu sterben, sondern Respekt vor seinem Recht, über alternative Möglichkeiten der Behandlung Bescheid zu wissen und - in den aufgewiesenen Grenzen - Behandlung zu erbitten oder abzulehnen.

Im Hintergrund der Idee eines Sterberechts dürfte jedoch noch etwas anderes stehen: die Befürchtung, die letzte Etappe des Lebens werde von Einsamkeit, von Mangel an Trost und Beistand, von Hilflosigkeit und Leid bestimmt sein. Aber ein Recht zu sterben ist keine Lösung dieses Problems, sondern lediglich der phantasielose Versuch, es abzuschaffen. In Wirklichkeit braucht, wer im Sterben liegt, - von Qualitäten des eigenen Charakters abgesehen - palliative Medizin und situationsspezifische Ausprägungen mitmenschlicher Tugend: Ehrfurcht und Wahrhaftigkeit, Geduld und Einfühlung, Verläßlichkeit, Humor u.a.m.

Völlig irreführend ist die Alternative »Für das *Leben* oder für das *Gewissen*«. Das Gewissen des Patienten ist nichts anderes als eine situationsbezogene Aktualisierung seines *moralischen Urteils*. Es ist irrtumsfähig und gerät u.U. mit dem ebenso irrtumsfähigen Gewissen des Arztes in Konflikt - nicht mit dem Leben! Wenn das Gewissen des *Patienten* Euthanasie gestattet (oder gar gebietet - aber wem?), so ist ein *Arzt* durch dieses Urteil und das entsprechende Verlangen keineswegs gebunden. Denn es ist ausschließlich sein *eigenes* Gewissen, dem sein Handeln *verpflichtet* ist. Das des *Patienten* hat er lediglich zu *respektieren*, und zwar im Hinblick auf vieles von dem, was dieser Patient meint, *tun* zu sollen, und was er an *Behandlungsverzicht* verlangt.

Etwas anders steht es um die Alternative »Für das *Leben* oder für die *Selbstbestimmung*«. Hier könnten *zwei Werte* einander gegenübergestellt werden. Konflikte zwischen ihnen kommen durchaus vor.

Zum Beispiel bewundern wir Menschen, die lieber im Kampf um ihre Freiheit umkommen als sich zu ergeben und als Sklaven weiterzuleben. Ihnen, so könnten wir sagen, ist Selbstbestimmung *mehr wert* als das Leben. Aber diese Ausdrucksweise muß den *unbedingten* Wert eines menschlichen Lebens nicht in Frage stellen. Die Einstellung der Freiheitskämpfer ist eher so zu verstehen: Ein Leben, das vorzeitig im Zuge der Verteidigung der Freiheit endet und so der Unfreiheit entgeht, ist in dieser Hinsicht einem Leben vorzuziehen, in dem man die bedrohte Freiheit nicht verteidigt und Jahre der Sklaverei in Kauf nimmt. Diese Einstellung ist aber mit der Überzeugung vereinbar, daß man weder sich töten noch seine Tötung veranlassen darf, um der Unfreiheit oder anderen Übeln zu entgehen.

Unter Voraussetzung dieser Überzeugung können Patient und Arzt *nicht* vor der Frage stehen: Ist ein durch Euthanasie oder Selbsttötung verkürztes Leben einem längeren Leben vorzuziehen, das man kaum noch selbst gestalten kann? Wohl aber kann eine »Wahl zwischen Leben und Selbstbestimmung« legitim sein, wenn die Zukunftsaussichten etwa in folgender Weise ambivalent sind: Weitere Behandlung führt zwar zu einer Verbesserung der-und-der Organfunktion, bringt aber eine schwer erträgliche Einbuße an Selbstbestimmung mit sich. Hier darf deren Wert durchaus ein Grund sein, auf die Behandlung zu verzichten (5.4).

Allerdings will Küng gerade die Voraussetzung, daß Euthanasie und Selbsttötung moralisch ausgeschlossen sind, mit der Formel »Für das *Leben* oder für die *Selbstbestimmung*?« in Frage stellen. Anders ausgedrückt: Nicht nur zwei Werte, sondern *Tötungsverbot und Autonomie* stellt Küng einander gegenüber; und nach seiner Auffassung hat »im Zweifel« das Verbot der Tötung dem Recht auf Selbstbestimmung zu weichen. Läßt sich diese Auffassung verteidigen?

In bezug auf *Selbsttötung* möchte ich die Beantwortung dieser Frage auf Kapitel 8 vertagen. Die Tötung eines anderen hingegen, auch *Tötung auf Verlangen*, hat sich bereits als Verletzung eines Rechts erwiesen (6.3). Und der gegenwärtige Abschnitt zeigt, daß die beiden *Grenzen des Rechts auf Selbstbestimmung* den Anspruch auf solche Tötung ausschließen.

Das Selbstbestimmungsrecht besagt ja *über die Art des Handelns*, zu dem es effektiv berechtigt, *überhaupt nichts*. Denn über die moralische Erlaubtheit dieses Handelns muß ich schon entschieden haben, bevor ich den Anspruch erhebe, nicht daran gehindert zu werden. Selbst wenn meine Tötung durch einen anderen in den Bereich meiner Selbstbestimmung fiele, müßte mein Beitrag zu diesem Geschehen sozusagen bereits als zulässig erwiesen sein, wenn ich den Anspruch erhebe, daß andere meine Entscheidung respektieren. Mit anderen Worten: Ob mein Euthanasie-Verlangen moralisch erlaubt ist, muß unabhängig vom Gesichtspunkt der Selbstbestimmung geklärt werden. Insofern ist hier kein Platz für einen moralischen Konflikt zwischen Ansprüchen der Selbstbestimmung und Ansprüchen des Lebens.

Damit scheint es sich anders zu verhalten, wenn es nicht um Leben und Selbstbestimmung eines und desselben Menschen geht, sondern um die kollidierenden Ansprüche von zwei Beteiligten: Könnte hier nicht sogar das Selbstbestimmungsrecht des einen das Lebensrecht des anderen einschränken, sofern dieser andere die *legitime* Selbstbestimmung des ersten behindert?

Konflikte und der Vorrang des Lebensrechts

Von Konflikten dieser Art ist besonders häufig in der Abtreibungsdiskussion die Rede - und zwar bei Teilnehmern, die grundsätzlich vom Lebensrecht des Ungeborenen ausgehen. Warum, so heißt es hier, soll dieses Recht *in jedem Fall* einen Vorrang vor dem Selbstbestimmungsrecht der Mutter haben?

Auch im Hinblick auf nicht-freiwillige Euthanasie scheint es möglich, ein Recht auf Selbstbestimmung gegen das Recht auf Leben ins Feld zu führen. Denn schwer behinderte Kinder oder pflegebedürftige Alte belasten andere und schränken ihren Handlungsspielraum ein. Eine Schwangerschaft stellt allerdings eine besondere Situation dar: das Leben des Ungeborenen greift unmittelbar und unweigerlich in das *organische Leben* seiner Mutter ein. Deren Selbstbestimmung wird durch die Schwangerschaft in einmaliger Weise eingeschränkt.

In der Absicht, dennoch einen erhellenden Vergleich mit dieser Situation zu ermöglichen, hat Judith Jarvis Thomson folgende Geschichte erfunden (»A Defence of Abortion«, abgedruckt in *Applied Ethics*, herausgegeben von Peter Singer, Oxford 1986): Eines Morgens wache ich auf und finde den Kreislauf eines berühmten Violinisten (mit seltener Blutgruppe) von musikbegeisterten Kidnappern, seinen Fans, an meinen Kreislauf »angeschlossen«. Meine Nieren sollen nämlich die Aufgabe seiner Nieren übernehmen, die vorübergehend funktionsuntüchtig sind, in neun Monaten aber wieder hergestellt sein werden - vorausgesetzt, ich mache mit.

Wenn ich mitmache und so sein Leben rette, ist das zweifellos sehr nett von mir. Aber, so würden wir sagen, ich bin nicht *verpflichtet*, mir die Beeinträchtigung gefallen zu lassen. Ebensowenig, meint Thomson, ist eine schwangere Frau ohne weiteres dazu verpflichtet, einem Ungeborenen, dessen Empfängnis sie nicht gewollt hat, ihren Körper zur Verfügung zu stellen; insbesondere dann nicht, wenn die Schwangerschaft auf Vergewaltigung zurückgeht.

Warum aber bin ich nicht verpflichtet, mit meinen Nieren das Blut des Violinisten zu entgiften? Hat hier *mein Recht auf Selbstbestimmung Vorrang vor seinem Recht auf Leben?* Keineswegs. Denn wenn ich den Anschluß des fremden Kreislaufs an den meinen unterbreche, verweigere ich damit zwar die lebensrettende Hilfe; und mein Recht, dies zu tun, hat vielleicht mit Selbstbestimmung zu tun. Der Violinistentod ist jedoch *in keiner Weise beabsichtigt*. Ich führe ihn noch nicht einmal als Nebenwirkung meiner Handlung herbei, sondern *lasse ihn lediglich zu* - wie wenn ich den »Anschluß« an meinen Körper von vornherein verhindert hätte; und wie wenn der Arzt eine Behandlung durch Abschalten einer Maschine einstellt. Das Lebensrecht des Violinisten wird hier also nicht verletzt. Denn es umfaßt den Anspruch, nicht getötet zu werden, nicht jedoch den Anspruch auf lebensrettende Hilfe.

Unter dieser Perspektive hat Thomson unfreiwillig in der Tat einen erhellenden Vergleich gezogen: *Im Gegensatz zur Abkoppelung des Violinisten verursacht Abtreibung des Ungeborenen dessen Tod.* Denn welche Faktoren eines Geschehens als moralisch relevante *Ursachen* zu betrachten sind, läßt sich nicht unabhängig davon bestimmen, was *normalerweise* geschieht. Da das Leben eines Menschen von Natur aus auf die Funktion seiner eigenen Nieren, nicht auf künstlichen Ersatz bzw. einen fremden Organismus angewiesen ist, wäre in Thomsons Beispiel *Nierenversagen die Todesursache. Deshalb* geht es hier *nicht* um *Tötung*. Dagegen gehört es sehr wohl zur normalen biologischen Kausalität, daß Ungeborene im Mutterleib entstehen und daß ihr

Leben von Leistungen dieses Organismus abhängt. Und *deshalb* ist Beendigung der Schwangerschaft *Tötung*.

Im Falle des *ungeborenen Menschen* zählt zum Recht auf Leben zunächst einmal der Anspruch darauf, daß ihm der mütterliche Körper nicht entzogen wird, ohne den er natürlicherweise nie zustande käme. Was könnte mit *seinem* Lebensrecht gemeint sein, wenn wir z.B. die Entfernung des lebenden Embryos aus dem Mutterleib billigten - mit der Erklärung: »Er hat wohl einen Anspruch darauf, nicht getötet zu werden; die Verantwortung für seine Lebensbedingungen ist eine ganz andere Frage«?

Anders gesagt: Während ein Anspruch des Violinisten auf meine Nierentätigkeit nicht unabhängig von besonderen Umständen wie Vertrag, Versprechen o.ä. zustande käme, ist der Anspruch eines Ungeborenen auf den mütterlichen Organismus von seinem Lebensrecht nicht zu trennen, das wir ihm zugestehen, sobald es existiert. Dieser Anspruch (und die korrespondierende Verantwortung!) ist also *nicht* von der Zustimmung der Mutter abhängig, auch nicht davon, daß die Schwangerschaft beabsichtigt oder wenigstens freiwillig ist.

Die Antwort auf das Unrecht einer Vergewaltigung kann daher nicht in der Abtreibung bestehen - die wäre nur ein weiteres Unrecht. (Warum sollte auch das Lebensrecht *des Ungeborenen* durch Umstände seiner Entstehung suspendiert werden?) Dagegen ist im Kontext des gesetzlichen Schutzes individueller Rechte etwas anderes zu fordern: daß der Staat, der die Vergewaltigung nicht verhindern konnte, mit wirksamer Hilfe bei der Bewältigung der Folgen dieser Rechtsverletzung, gegebenenfalls auch mit psychischer und finanzieller Erleichterung der Mutterschaft reagiert.

»In der Geschichte vom Violinisten hat Autonomie vor dem Lebensrecht eines anderen Vorrang. Der Fall der ungewollten Schwangerschaft unterscheidet sich von dieser Geschichte nicht wesentlich. Also hat Autonomie auch hier vor dem Lebensrecht Vorrang.« Diese Schlußfolgerung erweist sich in den vorangehenden Überlegungen als verfehlt: In Thomsons Beispiel tangiert meine Selbstbestimmung nicht wirklich das *Lebensrecht* des Violinisten.

Kann es aber nicht Situationen geben, in denen mein Selbstbestimmungsrecht mit dem Lebensrecht eines anderen kollidiert? - Gewiß doch, Schwangerschaft ist ein Beispiel für eine solche Situation. Insbesondere ist manches Verhalten einer schwangeren Frau, mit dem sie sonst lediglich ihr Selbstbestimmungsrecht in Anspruch nähme, jetzt dazu angetan, als *Nebenwirkung* den Tod oder eine Schädigung ihres ungeborenen Kindes zu verursachen oder zu riskieren. Hier kann man von moralischen Konflikten sprechen. Nur ist es im allgemeinen nicht zweifelhaft, daß eine

Frau die Forderung der *Verhältnismäßigkeit* verletzen würde, wenn sie in Ausübung des Selbstbestimmungsrechts den Tod des Ungeborenen in Kauf nähme. (Ich werde auf dieses Thema weiter unten nochmals zu sprechen kommen.)

Dagegen scheint mir die Rede von Schwangerschaftskonflikten irreführend, wo jemand die Tötung des Ungeborenen als *Mittel* erwägt, seiner Selbstbestimmung mehr Spielraum zu verschaffen. Man spricht ja auch nicht von einem Konflikt, wo jemand erwägt, einen pflegebedürftigen Angehörigen zu töten oder absichtlich sterben zu lassen, um sein Leben freier gestalten zu können.

Warum aber, könnte man immer noch fragen, soll das Recht auf Selbstbestimmung immer hinter anderen zurückstehen - hinter Rechten, die nicht als bloße Spezifizierungen des Rechts auf Selbstbestimmung gelten können? - Ich weiß nicht, ob tatsächlich *immer*, in diesem Sinne, andere Rechte einen Vorrang haben. Doch scheint mir eine Sicht plausibel, die ich abschließend wenigstens andeuten möchte:

Sofern sich das Selbstbestimmungsrecht nicht in der *Abwehr ungerechter Eingriffe* manifestiert, besteht seine Ausübung einfach darin, zu tun, was man zu tun wünscht. Es ist jedoch von vornherein klar, daß, wo mehrere Personen miteinander zu tun haben, kein *uneingeschränktes* Recht existieren kann, zu tun, was man zu tun wünscht. Im Gegenteil, dieses *umfassendste* Recht wird als erstes spezielleren Rechten weichen müssen.

Selbstbestimmung nimmt zwar sozusagen als *Programm*, oder besser: als *Muster eines menschenwürdigen Lebens*, einen besonders hohen Rang ein, und die Verfolgung des Programms muß daher durch ein Recht (und staatlicherseits vielleicht durch eine Reihe von Gesetzen und Freiheitsrechten) geschützt sein. Andererseits jedoch wird *eine grundsätzlich selbstbestimmte Daseinsgestaltung nicht dadurch beeinträchtigt, daß im Kollisionsfall die Ausübung solcher Rechte vorgeht, die aktuelle Erfordernisse schützen.* Und zweifellos: zu diesen Rechten gehört auch das Recht auf Leben.

Ferner ist, wie die partiellen Rechte (vgl. 6.2), so auch die Autonomie nur dann eine sinnvolle Einrichtung, wenn sie durch ein vorgeordnetes Recht auf Leben unterfangen wird. Sollen nun beide Rechte allen Menschen zustehen und praktizierbar sein, so darf das Selbstbestimmungsrecht des einen vor dem Lebensrecht des anderen keinen Vorrang beanspruchen - während umgekehrt ein Vorrang des Lebensrechts, das ja die Selbstbestimmung immer nur partiell beeinträchtigt, keine Probleme aufwirft.

Wenn es aber im Hinblick auf bestimmte Ziele erlaubt sein kann, den Tod eines Menschen als *unbeabsichtigte Nebenwirkung* einer Handlung in Kauf zu nehmen (5.3): kann dann nicht

Selbstbestimmung u.U. ein solches Ziel bedeuten? Wie steht es etwa um die Situation, in der das Leben oder die Gesundheit einer Frau nur durch Hysterektomie, die Entfernung ihrer Gebärmutter, gerettet werden kann? Ein solches Vorgehen gilt z.B. bei katholischen Moraltheologen des gewichtigen Zieles wegen auch dann als berechtigt, wenn es den Tod eines ungeborenen Kindes zur Folge hat. Jedoch ist das Ziel hier *Leben* oder *Gesundheit*: eine Voraussetzung, keine Aktualisierung von Selbstbestimmung.

Mir scheint, das Recht auf Selbstbestimmung kann die Tötung eines Menschen - und zwar als Nebenwirkung, nicht als beabsichtigtes Mittel! - höchstens dann rechtfertigen, wenn es nicht um diese oder jene Verwirklichung eigener Vorstellungen, sondern um Selbstbestimmung als *Lebensmuster*, als menschenwürdige Daseinsform geht. Das wäre beispielsweise der Fall, wo eine Gruppe von Sklaven ihre Freiheit *nur* dadurch gewinnen kann, daß sie ein Pfortenhaus sprengt, in dem ihr Wächter schläft.

Wenn das richtig ist, kann in der Tat das Selbstbestimmungsrecht mitunter vor dem Recht auf Leben *in der angedeuteten Weise* Vorrang haben. Ein solcher Vorrang betrifft aber nicht die Selbstbestimmung als diese oder jene Aktualisierung von Freiheit, sondern das selbstbestimmte Lebensmuster: die *Freiheit selbst*. Um Erlangung dieser Freiheit aber geht es, ehrlicherweise, weder der Euthanasie noch der Abtreibung, weder dem Euthanasie-Verlangen noch der Selbsttötung. Vor allem aber sind die tödlichen Folgen dieser Handlungen keine unbeabsichtigten Nebenwirkungen. Abtreibung, Euthanasie usw. lassen sich also zwar als Akte der Selbstbestimmung verstehen, nicht jedoch als Handlungen, in denen legitimerweise das Tötungsverbot dem Recht auf Selbstbestimmung weicht.

7 Personen, Menschen, Lebewesen und das Recht auf Leben

7.1 Das Ungeborene - kein Mensch?

Die bisherigen Überlegungen, insbesondere auch die des vorangehenden Kapitels, gehen davon aus, daß wir allen Menschen Rechte zuschreiben können und daß speziell das Recht auf Leben tatsächlich jedem zukommt. In der Abtreibungs- und Euthanasie-Debatte wird aber diese Voraussetzung einer doppelten Prüfung unterzogen. Erstens fragt man nach ihrer *Deutung*: Wer ist gemeint, wenn von »allen Menschen« die Rede ist? Und zweitens fragt man, ob es denn *wirklich* alle Menschen *oder* vielleicht nur diejenigen mit den Merkmalen einer »Person« sind, die ein Recht auf Leben haben.

Ich will hier zunächst der *Deutungsfrage* nachgehen. In den weiteren Abschnitten dieses Kapitels nehme ich zu den Gründen Stellung, die angeblich dafür sprechen, einzelnen Gruppen von Menschen, sogenannten Nicht-Personen, das Recht auf Leben abzusprechen.

Was zum Menschsein gehört

Wenn wir das Recht auf Leben als ein »*Menschenrecht*« behandeln, sollten wir wissen, unter welchen Umständen ein Wesen denn als Mensch zu bezeichnen ist, so daß es den Schutz dieses Rechtes genießt.

Anscheinend wissen wir, was ein Mensch ist, ohne uns auf eine Definition zu stützen. Wir haben keine Schwierigkeiten, Menschen als solche zu erkennen, wenn sie uns, einigermaßen wahrnehmbar, begegnen. Es bedarf keiner Prüfungsverfahren. Aussehen, Verhaltensweise und Umgebung sind im allgemeinen charakteristisch genug für die Identifizierung von Menschen.

Zweifellos liegt hierin ein wichtiger Ausgangspunkt für die Antwort auf unsere Frage. Gibt dieser Ausgangspunkt uns aber auch einen genügenden Hinweis für Fälle, in denen die alltäglichen Anhaltspunkte teilweise fehlen - wie etwa bei Neugeborenen mit schweren Mißbildungen? Unterscheidet sich ein solches Wesen von einem normalen Erwachsenen nicht viel stärker, als zwei Mitglieder eng miteinander verwandter Tierarten?

Nun, der Begriff des Menschen scheint dehnbar genug zu sein, um den Unterschied zu verkraften: Eine *schwere Mißbildung* bringt uns bei einem Erwachsenen nicht auf den Gedanken, er sei kein Mensch; und daß ein *Säugling* vergleichsweise winzig ist und noch keine Vernunft verrät, beunruhigt uns ebensowenig. Warum also sollte ein *Säugling mit schwerer Mißbildung* kein *Mensch* sein?

Der Grund für die »Dehnbarkeit« dieses Begriffs liegt offenbar darin, daß er sich an der Zugehörigkeit zu unserer *Lebensform* oder *Spezies* orientiert. Deren Kennzeichen, die uns unabhängig von aller Biologie und vor aller Genom-Analyse selbstverständlich sind, erschöpfen sich *nicht* in Faktoren der individuellen Gestalt, Verhaltensweise usw. Sie erstrecken sich auf *Muster des Zusammenhangs und des Zusammenwirkens.*

Zu den Mustern des Zusammenhangs gehört vor allem die Kontinuität der Stadien eines menschlichen Lebens von der Entstehung über das Heranwachsen bis hin zu Verfall und Tod. Zu den Mustern des Zusammenwirkens, des sozialen Lebens, sind Grundformen der Begegnung, der Kooperation und der Arbeitsteilung sowie deren institutionelle Organisation zu rechnen. Schließlich sind Zusammenhang und Zusammenwirken insbesondere in den typischen Vorgängen der Fortpflanzung präsent.

Die Fortpflanzung als Element der menschlichen Lebensform ist es, die uns zu sagen erlaubt: Mensch ist jedes Lebewesen, das *von menschlichen Eltern abstammt.* Insofern diese Einordnung schon mit dem Menschsein der Eltern arbeitet, macht sie natürlich die Orientierung an den erwähnten alltäglichen Merkmalen nicht überflüssig. Diese Merkmale und die Muster des Zusammenhangs und des Zusammenwirkens lassen uns auch da problemlos von *Menschen* sprechen, wo etwa extra-uterine Befruchtung, Leihmutterschaft oder andere Abweichungen vom Normalfall menschlicher Empfängnis und Geburt vorliegen.

Weniger problemlos ist die Entscheidung der Frage, *wann* innerhalb des Fortpflanzungsgeschehens ein Mensch zu existieren beginnt. Die weithin akzeptierte Praxis der Abtreibung und möglicherweise auch die Zulassung der Kindstötung in manchen Kulturen weisen darauf hin, daß vielleicht noch nicht einmal die Geburt und erst recht nicht die Empfängnis eines menschlichen Wesens ohne jeden Zweifel als Kriterien für die Existenz eines *Menschen* gelten.

Diese Feststellung ist Mißverständnissen ausgesetzt, denen ich durch einige Erläuterungen vorbeugen möchte: 1. Was in dieser oder jener Kultur nicht - oder nicht unbezweifelt - als Kriterium *gilt*, kann selbstverständlich dennoch ein angemessenes Kriterium *sein*. 2. Die Billigung von Kindstötung oder Abtreibung *muß* nicht auf einem engen Begriff des *Menschseins* beruhen. Sie kann ebensogut der Vorstellung entspringen, nur unter gewissen *Bedingungen* sei einem Menschen das Recht auf Leben zuzubilligen. 3. Angesichts dieser *Alternative* ist freilich auch damit zu rechnen, daß man sich über die *wirklichen Grundlagen* seiner moralischen Einstellungen *keine Rechenschaft* gibt. Das gilt in besonderem Maß, wo die *Klärung* der Grundlagen *eine bequeme Einstellung unterminieren* könnte.

Bequem ist beispielsweise - um das Gemeinte beim Namen zu nennen - die Billigung der Abtreibung; und eine Rückkehr zur bedingten Billigung der Kindstötung wird uns ebenfalls schon wieder schmackhaft gemacht, wenn auch meist »im Interesse der Betroffenen« und unter der feineren Bezeichnung »Früh-Euthanasie«. Ohne den damit angedeuteten Hintergrund des schlichten Egoismus ist ein fast durchgängiger Mangel der öffentlichen Abtreibungsdebatte kaum zu verstehen: Meist blieb und bleibt nämlich unerörtert und unentschieden, ob das Ungeborene noch nicht eigentlich Mensch ist *oder* aber nicht zu *den* Menschen gehört, die ein Recht auf Leben haben. Für die gewünschten praktischen Konsequenzen genügt es ja auch tatsächlich, wenn eine der beiden Möglichkeiten - gleich, welche - zutrifft. Sich zur einen oder zur anderen ausdrücklich zu bekennen, wäre wohl manchem Befürworter der Abtreibung ehrlicherweise nicht möglich.

Freilich, auch wer Menschsein und Lebensrecht des Ungeborenen bejaht, tut dies häufig nur mit einem Augenzwinkern. Man denke an die Leichtigkeit, mit der man von einem *Konflikt* spricht, in dem das Recht des Ungeborenen auf Leben dem Recht der Mutter auf Selbstbestimmung zu weichen habe. (Soll etwa in einem vergleichbaren »Konfliktsfall« das Lebensrecht eines Erwachsenen oder auch eines Kindes ebenso weichen? - Vgl. *Konflikte und der Vorrang des Lebensrechts* unter 6.4.)

Betrachtet man das Ungeborene wirklich als einen Menschen, so läßt sich Abtreibung nur rechtfertigen, indem man einen Weg findet, das Lebensrecht auf einen Teil der Menschheit einzuschränken (7.2). Lehnt man eine solche Einschränkung ab, so kann man Abtreibung nur dadurch als zulässig erweisen, daß man dem Ungeborenen, wenigstens in einem frühen Stadium seiner Entwicklung, das Menschsein abspricht.

Vormenschliche Entwicklung zum Menschen?

Es gibt verschiedene Möglichkeiten, dies zu tun. Eine jede von ihnen besteht darin: in der Entwicklung von Zygote, Embryo oder Fötus so etwas wie eine Zäsur oder Grenze oder eine Station zu bezeichnen, an der aus einem organischen Etwas, das kein Mensch ist, ein Mensch wird; und ein *Kriterium* des Menschseins plausibel zu machen, das jedes Ungeborene von jener Station der Entwicklung an, jedoch nicht vorher erfüllt.

Begriffliche und biologische Überlegungen, die ich hier nicht ausbreiten werde, lassen bekanntlich jede Angabe einer solchen Zäsur als ziemlich willkürlich und problematisch erscheinen. Nach Auskunft von Biologen und Medizinern determiniert die genetische Ausstattung einer Zygote schon vieles von dem, was sich hernach, in geeigneter Umgebung, als kontinuierliche, für den Menschen typische Entwicklung und als Ausprägung seiner individuellen Merkmale manifestiert.

Denkbar wäre eine Zäsur, sobald eine Teilung in eineiige Zwillinge nicht mehr möglich ist. Denn man könnte argumentieren, ein Embryo, aus dem vielleicht noch *zwei* Menschen werden könnten, sei nicht als menschliches Individuum anzusehen. Aber auch diese Überlegung ist nicht zwingend, u.a. deshalb nicht, weil *die* Zygote, die schließlich zu zwei Embryonen wird, sich *von vornherein* durch die Anlage dazu von anderen unterscheiden könnte. Vermutlich wäre eine derartige Zygote *nicht* als Mensch zu bezeichnen. Daß dies auch für die normale Zygote zu gelten hätte, ist keineswegs klar.

Praktisch sind solche Erörterungen ohnehin von geringer Bedeutung. Denn die Abtreibungsdiskussion hat im allgemeinen gar nicht speziell das allerfrüheste Stadium der Schwangerschaft im Blick. Und die meisten Beteiligten zeigen sich keineswegs besonders gewissenhaft darum bemüht, soweit nur möglich zu klären, wann denn der ungeborene Mensch zu existieren beginnt, um (auch in Zweifelsfällen) *keine Verletzung seines Lebensrechts zu riskieren.*

Gewiß ist die *Geburt* eine wichtige Zäsur - nicht nur für die Blicke der Öffentlichkeit und für die Anforderungen an die Eltern, sondern auch für die prägende Beeinflussung des Kindes durch die Umwelt. Wenn man aber an die Kontinuität seines Wachstums, an das »Retorten-Baby« oder daran denkt, daß auch zu früh geborene Kinder zu einem immer früheren Zeitpunkt überleben können, dann wird klar, daß es recht willkürlich wäre, in der Geburt einen Grund zu erblicken, erst jetzt von einem Wesen zu sprechen, das vorher nicht existiert habe.

Die folgenden Überlegungen erweisen eine solche Grenzziehung, aber auch andere Zäsuren, sogar als unvereinbar mit dem weiteren begrifflichen Kontext, in dem der Begriff des Menschseins einen Platz hat.

1. Führt man nämlich Kriterien des Menschseins ein, nach denen das Ungeborene zu irgendeiner Zeit *noch kein Mensch* ist, so muß man damit rechnen, daß nach diesem oder jenem Kriterium so mancher Erwachsene, z.B. ein Patient im Koma, schon (oder vorübergehend) *kein Mensch mehr* ist. Was aber ist er dann? - Allerdings wird dieses Argument kaum jene bewegen, die einem solchen Erwachsenen ohnehin das Recht auf Leben

abzusprechen gedenken - eine Position, auf die ich zurückkommen werde (7.2).

2. Aber auch im Blick auf das Ungeborene läßt sich fragen: Was mag es eigentlich sein, wenn nicht ein Mensch? Ist es etwa in irgendeinem Stadium seiner Entwicklung Teil des mütterlichen Organismus, wie manche behaupten, um Abtreibung als Akt der Selbstbestimmung deklarieren zu können? Aber offenkundig ist es weder ein Organ der schwangeren Frau noch ein »Gewächs«. Und etwas im Leben unserer Spezies so Normales und für jede menschliche Population so Unentbehrliches wie Schwangerschaft mit Krankheit gleichzusetzen, ist schlicht absurd. - Vielleicht aber ist das Ungeborene eine nicht-menschliche Art von Organismus? So etwas wie eine Pflanze und etwas später ein Tier - wie man früher gelegentlich meinte? Auch diese Vorstellung ist nicht plausibel, und zwar aus zwei Gründen.

3. Zum einen ist von unserem Begriff des lebenden Individuums, wie für den Fall des Menschen gezeigt, die Idee seiner Spezies nicht zu trennen, zu der u.a. auch Muster des Zusammenlebens und der Fortpflanzung gehören. *Welcher Spezies* aber sollen wir das Ungeborene zurechnen, wenn es kein Mensch ist? Weder untereinander noch mit nicht-menschlichen Organismen bilden menschliche Embryonen oder Föten ein Muster des Zusammenlebens und der Art-Erhaltung. Das Leben des Ungeborenen läßt sich nur im Kontext der Fortpflanzung unserer Spezies und als Etappe im Leben eines menschlichen Individuums verstehen.

4. Ein damit verwandter Gesichtspunkt ist vielleicht noch wichtiger: Ein Tier ist nicht das, was »übrigbleibt«, wenn man in der Vorstellung von einem Menschen spezifisch menschliche Lebensvollzüge wie Planung, Reflexion usw. »wegläßt«. Ebensowenig ist eine Pflanze, was »übrigbleibt«, wenn man von Wahrnehmung, Instinkt usw. »abstrahiert«. Ähnliches gilt vom Embryo: Auch er ist nicht einfach ein besonders winziger Mensch, bei dem etwas spezifisch Menschliches »weggeblieben« ist. Aber er ist unter normalen Bedingungen *vom Augenblick der Empfängnis an auf dem Weg zu einem Stadium, in dem er u.a. auch plant, reflektiert, Behauptungen aufstellt usw.* - dies gehört zu unserem Begriff des menschlichen Embryos.

5. Von einer Pflanze oder einem Tier läßt sich Analoges nicht behaupten. Im *Lebensmuster* einer typischen Pflanze ist für Wahrnehmung und Instinkt *keine Stelle* vorgesehen. Ebenso bildet das Leben einer Spezies von Tieren ein sozusagen *komplettes* Muster, in dem Verstehen oder Überlegung höchstens andeutungsweise einen Platz haben. Das Leben eines Ungeborenen dagegen ist nicht in dieser Weise komplett, sondern Fragment im Lebensmuster der Spezies Mensch, zu dessen Vollständigkeit gerade Verstehen, Überlegen, Behaupten usw. gehören.

6. Unsere Begriffe von *Aspekten eines individuellen Lebens* nehmen weitgehend auf die *Lebensform als ganze* Bezug, in der die Aspekte auftreten. Ein Beispiel dafür sind die Begriffe von *Behinderung und Krankheit*: Wie sollen die sich auf einen Embryo, der *nicht* als Mensch gilt, anwenden lassen? Denn diese Begriffe haben mit Funktionsbeeinträchtigungen zu tun, die sich z.T. erst später, am »inzwischen entstandenen Menschen«, manifestieren. Beispielsweise zeigt sich der Veitstanz, dem ein genetischer Defekt zugrunde liegt, meist um das fünfzigste Lebensjahr. Wie aber sollte eine Krankheit, die jetzt erst *schadet*, eine Krankheit *des Embryos* sein, wenn nicht dessen Leben *das Leben desselben Individuums* wäre wie das Leben, in dem sich die Krankheit manifestiert? Nicht weniger deutlich erhält der Begriff des *Geschlechts*, den wir selbstverständlich auf einen Embryo anwenden, seinen Sinn erst von der Möglichkeit späterer Lebensäußerungen her. Wären diese nicht Vollzüge *desselben* Individuums, wie könnte der Embryo dann weiblich oder männlich sein?

Gelegentlich suchen Abtreibungsgegner ihr Heil in der Annahme, das Ungeborene sei, insbesondere in seinen frühen Stadien, zwar noch kein wirklicher, aber bereits ein potentieller Mensch: ein Wesen, das seiner *Möglichkeit* nach Mensch und im Hinblick darauf zu schützen sei.

Diese Annahme nimmt zwar auf die Tatsache Rücksicht, daß in der Zygote charakteristische menschliche Lebensäußerungen *angelegt* sind, die erst das Kind, der Jugendliche oder gar der Erwachsene *realisieren*. Aber schon diese Zusammenhänge sind mit dem Begriff der *Möglichkeit* nur *unzulänglich* erfaßt. Denn *möglich* ist, aufgrund besonderer Eingriffe, auch die Entwicklung eines Menschen aus einer Ei- oder einer Samenzelle allein. Dagegen zeigt die aus ihnen entstandene Zygote von sich aus die aktive *Tendenz*, zu dem heranzuwachsen, was wir sind.

Wäre ein Embryo *nur potentiell* ein Mensch, so ergäbe sich daraus auch kaum sein Recht auf Leben. Man könnte sagen, er hätte eben potentiell, aber nicht wirklich dieses Recht. Nur wenn er als *wirklicher* Mensch zu betrachten ist, gibt es *keinen Grund, sein Lebensrecht in Frage zu stellen*.

7.2 »Mensch, aber nicht Person«

Der Embryo - ein wirklicher Mensch: das scheint der Tatsache zu widersprechen, daß wir Vollzüge geistigen Lebens, die dem Ungeborenen fernliegen, zu den *Wesensmerkmalen* des Menschen zählen. Fehlt also nicht doch dem Ungeborenen etwas Wesentliches zum Menschsein?

Nun mag man darauf hinweisen, daß ja nicht nur das Ungeborene, sondern auch noch der Säugling, der geistig schwer Behinderte und der Apalliker so etwas wie geistiges Leben kaum manifestieren und dennoch als Menschen gelten. Dieser Hinweis ist durchaus relevant. Er erweist sich aber, wo das Lebensrecht seine Selbstverständlichkeit verloren hat, als zweischneidig. Die Antwort könnte nämlich lauten: Dann müssen wir eben den Status von Säuglingen, geistig schwer Behinderten, Apallikern usw. ebenfalls überdenken!

Die Frage nach dem eigentümlich Menschlichen

Freilich bestreitet *diesen* Gruppen kaum jemand das *Menschsein*. Das scheint hier irgendwie, vom unmittelbaren Eindruck her, nicht gut möglich - aber auch »nicht nötig«, wenn es darum geht, ihr Lebensrecht in Frage zu stellen. Denn auf welcher Basis schreiben wir dieses Recht überhaupt einem Menschen, nicht aber einem Tier oder einer Pflanze zu? Offenbar muß die Grundlage des Rechts auf Leben in Qualitäten bestehen, die *den Menschen unterscheiden*. Dieses Unterscheidende aber treffen wir allem Anschein nach da an, wo jemand *Vernunft* manifestiert. Dazu jedoch sind nicht nur Ungeborene, sondern auch Säuglinge, geistig schwer Behinderte, Alzheimer-Patienten im fortgeschrittenen Stadium, Apalliker und mancher andere unfähig. Warum also sollte man ihnen, denen das *eigentlich Menschliche* zu fehlen scheint, ein Recht auf Leben zugestehen?

Gewiß, man hat das spezifisch Menschliche unterschiedlich definiert. Die christliche Tradition z.B. schreibt dem Menschen eine unsterbliche *Geistseele* zu, die den Menschen zum Abbild seines Schöpfers mache. Aufgrund dieser Würde komme ihm das moralische Recht auf Leben zu.

Theologische Erwägungen sollen uns hier aber nicht beschäftigen. Und wenn auch der Begriff der Seele weder als spezifisch religiös noch als überholt gelten muß, so wirft er doch mehr Probleme auf, als er in unserem Zusammenhang zu lösen vermag.

Vielleicht aber liegt das Charakteristikum des Menschen eben doch in nichts anderem als in der *Zugehörigkeit zur Spezies Mensch* mit dem ihr eigentümlichen »Muster des Zusammenhangs und des Zusammenwirkens«? Dann besteht - dem Ergebnis des vorangehenden Abschnitts entsprechend - kein Anlaß, Ungeborenen und anderen, bei denen sich keine Vernunftbetätigung findet, das Recht auf Leben streitig zu machen.

Aber diese Auffassung erregt bei vielen Bio-Ethikern den Verdacht, daß wir *dem Menschen und nur ihm* ein Recht auf Leben einzig deshalb zugestehen, weil *wir* eben Menschen sind. Die Beschränkung des Lebensrechts und anderer Rechte auf Mitglieder unserer Spezies bezeichnen sie als *Speziesismus*. Der »Speziesist« folgt nach ihrer Meinung bewußt oder unbewußt einer Theorie, die in parteiischer und objektiv unbegründeter Weise die eigene Spezies begünstigt - nicht anders, als der Rassist, der Sexist und der Egoist in parteiischer und objektiv unbegründeter Weise das eigene Geschlecht, die eigene Rasse oder sich selbst begünstigen.

In der Tat ist die gängige Moral eine »*Menschenmoral*«: in ihr spielt der Mit-Mensch als solcher eine ausschlaggebende Rolle. Ob allerdings die ihr entsprechende Einstellung des »*Speziesisten*« genauso häßlich und mißgebildet sein muß wie sein Name, bleibt zu prüfen (7.3). Zuvor aber müssen wir uns mit Motiven und Konsequenzen einer Alternative zur Menschenmoral etwas näher vertraut machen.

Gegen »Speziesismus«: die Alternative Auffassung

Die erwähnten Bio-Ethiker leugnen nicht, daß auch Ungeborene und Komatöse als Menschen zu gelten haben. Diese Tatsache verliert jedoch erheblich an Bedeutung, wenn man sich auf das Dilemma einläßt, vor das sie uns stellen: *Entweder* nehmt ihr das Recht auf Leben für *alle Menschen* oder doch für solche Menschen in Anspruch, die wenigstens *empfindungsfähig* sind. Dann besteht die Grundlage dieses Rechts vermutlich im Leben oder in der Fähigkeit, Angenehmes und Unangenehmes zu empfinden. Diese Grundlage findet sich aber auch bei *nicht-menschlichen Organismen* bzw. bei den meisten *Tieren*. Daher solltet ihr unter dieser Voraussetzung konsequenterweise das Recht auf Leben auch ihnen zugestehen und nicht nur euren Artgenossen. *Oder* ihr wollt diese Konsequenz vermeiden. Dann benennt bitte eine schmalere Basis für dieses Recht, die bei Pflanzen und (den meisten) Tieren nicht anzutreffen ist, sagen wir: das *Personsein*. Nur müßt ihr dann die Folgerung akzeptieren, daß auch *nicht allen Menschen jederzeit* ein Recht auf Leben zusteht.

Die erste hier angebotene Möglichkeit werde ich nicht weiter diskutieren. Leserinnen und Leser, die sich zu ihr hingezogen fühlen, werden in dem Buch *Das Tier - ein Rechtssubjekt?* von Thomas B. Schmidt (Regensburg 1996) Argumente dafür finden, daß Pflanzen- und Tierrechtsideen weder kohärent vertretbar noch auch vonnöten sind, um unserem Umgang mit der lebendigen Natur moralische Maßstäbe zu geben. Auch von dem unter 6.1 skizzierten Begriff eines Rechtes dürfte kein Weg zu einem Lebensrecht aller (empfindungsfähigen) Organismen führen.

Die zweite Option - ich bezeichne sie einfach als *Alternative Auffassung* - ist die der meisten Bio-Ethiker. Sie ersetzt die Menschenmoral durch eine »*Personenmoral*«. In Deutschland ist sie vor allem durch Peter Singer zu Ansehen gelangt; sie wird aber auch von John Harris, Norbert Hoerster, Michael Tooley, Mary Anne Warren und vielen anderen vertreten. Allerdings in unterschiedlichen Varianten. Was nämlich näherhin menschliches Personsein ausmacht bzw. *welche* Qualitäten oder Vollzüge es sein sollen, die ein Wesen vorweisen muß, um als Person und Träger des Rechts auf Leben zu gelten, darüber besteht kaum Einigkeit.

Genannt werden Ich- und Zukunftsbewußtsein, Erinnerungs- und Reflexionsvermögen, zukunftsbezogene Wünsche, Voraussicht und Planung, Freiheit der Wahl und Autonomie, die Fähigkeit zur Kommunikation und andere Ausprägungen von Rationalität. John Harris entscheidet sich für die Fähigkeit, das eigene Dasein wertzuschätzen (*Der Wert des Lebens*, Berlin 1995, S. 48). Für das Lebensrecht ist diese Qualifikation gleich doppelt bedeutsam: Durch Tötung raubt man einer Person nicht lediglich vieles, das sie schätzt; man raubt ihr zugleich »die Bedingung der Möglichkeit, überhaupt irgendetwas wertzuschätzen«.

Gemeinsam ist den meisten Varianten der Alternativen Auffassung die Idee, das Recht auf Leben gründe - wie auch sonstige moralische Ansprüche, z.B. auf Nicht-Schädigung, Achtung oder Wohlwollen - in einem *Interesse, am Leben zu bleiben* und eine »lebenswerte« Zukunft zu haben. Ein solches Interesse, heißt es, könne ein Wesen dann und nur dann haben, wenn es Qualitäten und Vollzüge wie die genannten aufweise.

7.3 Personsein und Lebensrecht auf Zeit

Aus einer solchen Sicht ergibt sich unmittelbar, daß nicht alle Menschen ein Recht auf Leben haben, da nicht alle die Kriterien des Personseins erfüllen. Insbesondere trifft das auf Ungeborene, Säuglinge und geistig schwer Behinderte zu, vielleicht aber - je nach Variante der Alternativen Auffassung - auch auf Kranke, die ihre geistigen Fähigkeiten eingebüßt haben oder endgültig bewußtlos sind.

Kein Recht für Nicht-Personen

Dieses Ergebnis kommt nicht überraschend. Denn der hier artikulierte Person-Begriff beruft sich zwar auf Erörterungen des Engländers John Locke, eines Philosophen des 17. Jahrhunderts; in die zeitgenössische Ethik aber wurde er von vornherein im Dienst der Debatte um Euthanasie und Abtreibung eingeführt.

Etwas überraschender ist ein zweites Ergebnis der Orientierung am Person-Begriff: Auch nicht-menschliche Wesen können grundsätzlich die Bedingungen für das Recht auf Leben erfüllen. Je nach Interesse und Phantasie des Autors sind es Menschenaffen, Delphine, Marsbewohner oder Götter (selbstverständlich jeweils mit Ausnahme der noch unentwickelten oder senilen, geistig zurückgebliebenen oder hirngeschädigten Exemplare), die einen Anspruch darauf haben, von uns (und, das wollen wir doch hoffen, auch von ihresgleichen!) nicht getötet zu werden.

Daß Nicht-Personen kein Lebensrecht haben, bedeutet auch nach der Alternativen Auffassung keineswegs ohne weiteres, daß man sie töten dürfe. Es kann ja gute, u.U. sogar zwingende Gründe geben, sie am Leben zu lassen. Ein Säugling ist seinen Eltern meist so viel wert, daß fast jeder Grund, ihn zu töten, hinter ihren Interessen zurückstehen muß. Auch kann ein Versprechen oder der Vertrag mit einem Dritten der an sich erlaubten und vielleicht erwünschten Tötung ein moralisches Hindernis in den Weg legen. Nicht zuletzt werden insbesondere Utilitaristen darauf hinweisen, daß eine generelle Freigabe der Tötung von Nicht-Personen zu unerwünschten Konsequenzen führe, weil die Kriterien des Personseins ungewiß und unscharf seien. Aus pragmatischen Gründen will Singer die Früh-Euthanasie auf Säuglinge mit schweren Schäden beschränken. (Vgl. Hoersters nicht-utilitaristisches, aber eindeutig pragmatisches Argument in 6.2.) Auch vergessen Vertreter der Alternativen Auffassung nicht, darauf hinzuweisen, daß die Tötung einer Nicht-Person unter Vermeidung unnötiger Schmerzen vorzunehmen sei.

Das alles kann über die gravierenden Konsequenzen der Alternativen Auffassung nicht hinwegtäuschen. Diese Auffassung kann Nicht-Personen bestenfalls aus sekundären Gründen, die mit der Achtung eines Lebensrechtes nichts zu tun haben, wohlwollende oder schonende Behandlung zugestehen. Eine Popularisierung der Personenmoral wird mittelbar zu tiefgreifenden Verwerfungen unserer Rechtsvorstellungen führen. Aber auch die unmittelbaren praktischen Folgen sind nicht zu unterschätzen: die Alternative Auffassung wirkt als beruhigende Legitimation der ohnehin praktizierten Abtreibung und der »verbrauchenden« Embryonen-Forschung; sie bahnt der Früh-Euthanasie den Weg ans Licht der Öffentlichkeit; und sie übt - vor allem unter den jetzigen fiskalischen und demographischen Verhältnissen - Druck auf die Gesetzgebung in Sachen »Sterbehilfe« aus.

Zu den Implikationen der Alternativen Auffassung gehört vor allem, daß der nicht-freiwilligen und sogar der unfreiwilligen Euthanasie an Menschen, die - aus welchen Gründen immer - zu *personalen* Vollzügen nicht oder nicht mehr in der Lage sind, *grundsätzlich* nichts im Wege steht.

Autoren wie Hoerster (*Abtreibung*, S. 77 f.) versuchen, sich dieser Konsequenz mit folgendem Argument zu entziehen: Bewußtlosigkeit z.B. hindert einen Menschen zwar daran, seine Wünsche präsent zu haben. Daraus folgt aber nicht, daß er in diesem Zustand keine Interessen und deshalb keine Rechte mehr hätte. Denn vorher hatte er vermutlich Wünsche, aus denen sich insbesondere sein jetziges Überlebensinteresse ergibt. Ebenso könnten frühere Wünsche eines Menschen, der seine geistigen Fähigkeiten verloren hat, die Basis seines jetzigen Interesses und Rechtes sein, am Leben zu bleiben. In ähnlicher Weise gründet Singer ein solches Recht auf frühere Präferenzen.

Gerade die Situation des nicht mehr zukunftsbewußten Patienten zeigt jedoch, wie ungereimt es ist, Interessen und Rechte an bisherigen Wünschen und überhaupt am Personsein im Sinn der Alternativen Auffassung festzumachen.

Diese Auffassung bindet Personsein und Rechte im allgemeinen nicht an *aktuelles Bewußtsein* oder gar an aktuelle Beschäftigung mit Zukunftsplänen u.ä. Sie vermeidet so zunächst die bizarre Konsequenz, daß jemand Personsein und Lebensrecht verliert, sobald er einschläft. Meist geht sie statt dessen davon aus, daß *zum Personsein Fähigkeiten und Dispositionen genügen*, die man im bewußtlosen Zustand zwar nicht betätigt, aber auch nicht verliert.

Wer schläft und wer vorübergehend bewußtlos oder nicht bei Sinnen ist, darf dann zwar nicht getötet werden. Die Erleichterung darüber bezahlen wir aber mit dem Zugeständnis, daß die Interessen eines Menschen an die Wünsche gebunden bleiben, die er unterhielt, als er noch bei Bewußtsein war und seine geistigen Kräfte noch betätigte. Am Beispiel des Bewußtlosen will ich die problematischen Konsequenzen verdeutlichen, die sich so oder so aus der Alternativen Auffassung ergeben.

Grundrecht auf schwankendem Grund

1. Nehmen wir an, die *früheren Wünsche* eines jetzt Bewußtlosen seien uneingeschränkt auf Weiterleben ausgerichtet gewesen. Diese Wünsche können wir ihm vielleicht sogar jetzt noch zuschreiben. Auf jeden Fall aber sind sie nach Hoerster der Grund, ihn nicht zu töten. Entweder schreiben wir ihm ein *früheres Recht* zu, in seinen damaligen Überlebenswünschen auch jetzt respektiert zu werden; oder wir sagen, auf der Basis dieser Wünsche behalte er *auch jetzt ein Lebensrecht*.

Allerdings kann Bewußtlosigkeit unterschiedlich lange dauern. Den Schlafenden kann man jederzeit wecken. Aus der Narkose wacht man nach einigen Stunden wieder auf. Dagegen kann sich ein Koma über Wochen und Monate hinziehen. Vor allem ist seine Dauer *ungewiß*. Unter welchen Bedingungen es irreversibel ist, bleibt umstritten. Ein Apalliker taucht aus dem Wachkoma häufig nie mehr auf. Andererseits wird gelegentlich auch von einer Rückkehr zum Bewußtsein noch nach zwei bis drei Jahren berichtet. - Was sollen wir in den verschiedenen Fällen über die Relevanz der früheren Wünsche sagen?

Je weniger weckbar das Bewußtsein und je länger die Bewußtlosigkeit, desto geringer unsere Neigung, dem Betroffenen Wünsche zuzuschreiben. Ein solcher Ausfall klarer Kriterien für ungewöhnliche Situationen findet sich bei vielen unserer Begriffe und ist an sich nicht weiter beunruhigend. Bindet man aber wichtige moralische Maßstäbe an die Handhabung solcher Begriffe, so ergeben sich Probleme. Speziell für die Personenmoral ergibt sich ein Dilemma, da sie zwischen zwei Varianten der Alternativen Auffassung wählen muß: Entweder hält sie an Hoersters Vorstellung fest, Interessen und Rechte des Bewußtlosen gründeten in seinen mutmaßlichen *früheren* Wünschen. Oder sie orientiert sich an dessen *gegenwärtiger* Verfassung.

Im ersten Fall ist zwar auch Langzeit-Bewußtlosen (die vermutlich früher zukunftsbezogene Wünsche hatten) sozusagen das Leben gerettet. Gerade das aber dürfte dem »Geist« der Personenmoral widerstreiten: Sie ist ja in der Absicht angetreten, das Lebensrecht an das Personsein zu binden. Nun aber soll die Tötung von geradezu paradigmatischen Nicht-Personen ausgeschlossen sein: Menschen, die seit Jahren, vielleicht seit Jahrzehnten, zu keinem personalen Vollzug in der Lage sind und vermutlich bis zu ihrem Lebensende noch nicht einmal ihre Sinne betätigen können, dürfen nicht getötet werden. Ihre Tötung ist zwar nicht aus dem »speziesistischen« Grund verboten, daß sie Menschen sind, sondern weil »aufgeklärte Wünsche« einstmals ihr uneingeschränktes Überlebensinteresse bekundeten (oder hätten bekunden können). Aber auch diese Begründung frustriert im Ergebnis ein Hauptmotiv der Alternativen Auffassung: die Orientierung des Tötungsverbots am aktuellen Personsein.

Auch unabhängig von dieser Perspektive muß folgendes auffallen: Der Überlebenswunsch eines Menschen begründet hier sein Recht, auch bei anhaltender Bewußtlosigkeit nicht getötet zu werden, kaum anders, als sein testamentarischer Wille das Recht darauf begründet, daß sein Leichnam beerdigt und nicht verbrannt wird. Das Verbot, den Apalliker zu töten, hat nichts damit zu tun, was er *jetzt* ist.

So weit die eine Seite des Dilemmas. Will man den Konsequenzen von Hoersters Position entgehen, muß man als Basis für das Lebensrecht *gegenwärtige* Zukunftsorientierung verlangen. Allerdings nicht *aktuell bewußte Wünsche* - sonst wäre z.B. der

Schlafende als Nicht-Person gefährdet. Also *dispositionelle Wünsche* oder die *Disposition, Überlegen und Handeln an der Zukunft zu orientieren*. Dann aber stellt sich die schon aufgeworfene Frage nach der »Haltbarkeit« derartiger Dispositionen.

Wer vorübergehend in Ohnmacht fällt, wünscht immer noch, z.B. übermorgen in die Oper zu gehen; wir können also einstweilen die Karte für ihn abholen. Wer dagegen zwei Tage vor der Aufführung durch Unfall einem Koma verfällt, dem werden wir nicht nur diesen, sondern auch andere Wünsche und vergleichbare Dispositionen *nach einiger Zeit* nicht mehr zuschreiben. *Ab wann aber?* Diese Frage müssen wir nicht beantworten, weil die Antwort ihre praktische Bedeutung hier verliert. Die Personenmoral jedoch muß sie beantworten, um das Tötungsverbot zu begrenzen.

Indessen kann ihre Antwort nur willkürlich ausfallen. Denn *innerhalb* des Spektrums zwischen kurzer Ohnmacht oder Schlaf und lebenslangem Koma lassen sich in den Lebensäußerungen der Betroffenen *keine Unterschiede* feststellen, die *Personen und Nicht-Personen voneinander zu scheiden* erlaubten. Bereits die »Verschonung« Schlafender und Ohnmächtiger erscheint auf dieser Basis als Privileg. Nur ist eine beliebige Grenzziehung nicht weniger willkürlich, als wenn man mit Hoerster an der Stelle beobachtbaren Personseins vergangene Wünsche zum Kriterium von Rechten macht. All das ist freilich für die Vertreter der Alternativen Auffassung kein Hindernis, Entscheidungen über Leben und Tod auf diese oder jene Variante ihrer Theorie zu stützen.

2. Hoersters Variante ist zudem insofern ungereimt, als sie die Komatösen (ebenso wie die geistig schwer Behinderten) zwei disparaten Klassen mit *unterschiedlichem moralischem Status* zuteilt.

Wer *nie das Stadium des Zukunftsbewußtseins erreichen* konnte, mag in seiner jetzigen Lebensweise einem anderen völlig gleichen, der irgendwann einmal die Gelegenheit hatte, *zukunftsbezogene Wünsche zu entwickeln*, bevor er diese Fähigkeit wieder verlor. Dennoch hat nach Hoerster der zweite ein Recht auf Leben, der erste nicht. Für die Entscheidung, ob ein Kranker ohne Bewußtsein (oder mit schwerer geistiger Behinderung) getötet werden darf oder nicht, spielt dieser Theorie zufolge seine *jetzige* Verfassung nicht die geringste Rolle.

3. Was sind die Interessen des ehemals wunschbegabten Apallikers? Da er nicht bei Bewußtsein ist, läßt die Alternative Auffassung mindestens zwei Antworten zu. Hoersters Auskunft lautet: Basis seiner Interessen sind die früheren, durch Bewußtlosigkeit sozusagen eingefrorenen Wünsche. Dann liegt jedoch die Frage nahe: Warum sollten die *jetzigen Interessen* eines Kranken,

dessen *Bedürfnisse* sich erheblich *verändert* haben, davon abhängen, was er *damals vernünftigerweise wünschte*, als er bei Bewußtsein war - nur weil er *jetzt* zu kohärenten Manifestationen von *Vernunft* nicht in der Lage ist? - Plausibler scheint es daher vielleicht, die Interessen des Apallikers daran zu messen, was er *jetzt wünschen würde*, wenn er wünschen könnte.

Wir haben bereits gesehen, daß auch diese zweite Antwort nicht genügt, weil der vorgeschlagene Maßstab wiederum auf Interessen zurückverweist (6.2). Hier aber ist der Vorschlag schon deshalb verfehlt, weil die Besonderheit der fraglichen Interessen u.a. *gerade daraus resultiert,* daß der Kranke *zu Wünschen gar nicht imstande* ist. Was soll da heißen: »was er wünschen würde, *wenn er wünschen könnte*«? Wenn er wünschen könnte, hätte er weitgehend andere Interessen!

4. Probleme treten auch zutage, wenn man die *zeitlichen Dimensionen des Rechts auf Leben* durch die Brille der Alternativen Auffassung betrachtet. Eines dieser Probleme habe ich angedeutet, ohne seine Implikationen zu verfolgen: Hat ein früher zukunftsbewußter Bewußtloser *auch jetzt ein Lebensrecht,* oder profitiert er nur noch von seinem *früheren Status?* Da nun die Personenmoral auch für die Themen Früh-Euthanasie und Abtreibung folgenreich ist, will ich hier ein anderes Problem aufwerfen, das den »*vor-personalen*« Zustand des Menschen in den Blick nimmt.

Nach Hoerster - das sollte schon stutzig machen - kann eines Menschen Recht auf Leben bereits *verletzt* werden, bevor er dieses Recht überhaupt *besitzt!* Denn »wer ein menschliches Individuum als Fötus mit Aids infiziert, so daß dieses Individuum *als Jugendlicher* stirbt, verletzt ein später real vorhandenes Überlebensinteresse« (*Abtreibung,* S. 101 f.). Da dieses Interesse durch ein Recht geschützt ist, verstößt der Schuldige auch gegen dieses Recht - bevor es existiert! - es sei denn ...

Ja, tatsächlich erlaubt ihm die Alternative Auffassung, die Rechtsverletzung zu vermeiden: Er muß nur dafür sorgen, daß jenes »menschliche Individuum« stirbt, bevor es zur Person wird! Durch solche Tötung verletzt er ja kein Lebensrecht. Im Gegenteil: durch sie *verhindert er nachträglich, daß die vorangegangene Schädigung eines Menschen dessen künftiges Lebensrecht verletzt* (verletzt hat? oder verletzen wird?)! Aber auch dieser Satz ist problematisch. Sofern er nämlich die Rechtsverletzung *durch Tötung des künftigen Rechtsträgers* verhindert, verhindert er natürlich bereits die Existenz des künftigen Rechtes, das überhaupt verletzt werden könnte!

Vermutlich sind heroische Vertreter der Personenmoral bereit, solche Kröten zu schlucken. Denn wenn man den von Hoerster selbst eingeführten Fall so analysiert, wie ich ihn hier, die Alternative Auffassung voraussetzend, analysiert habe, und wenn man sich die Ergebnisse vergegenwärtigt, so scheinen diese zwar höchst seltsam, vielleicht jedoch nicht eigentlich widerspruchsvoll zu sein. Ein *Widerspruch* wird allerdings deutlich, wenn man folgendes bedenkt.

Wer einen Fötus mit Aids infiziert, zieht dadurch (unter Hoersters Voraussetzungen) offenbar sich selbst die *Pflicht* zu, *ihn umzubringen*. Worin aber liegt der Grund dieser Pflicht? Um diese Frage zu beantworten, unterscheide ich zwei mögliche Fälle. 1. Der Schuldige bringt den Fötus *nicht* um. Die Pflicht, die er in diesem Fall verletzt, resultiert aus nichts anderem als dem *Lebensrecht* des Jugendlichen. 2. Der Schuldige bringt den Fötus um. Woher jedoch die Pflicht, die er in diesem Fall erfüllt? *Sie* kann aus keinem Lebensrecht resultieren. Denn *vor* der Tötung hat der getötete Mensch, als Nicht-Person, kein Recht auf Leben; und durch die Tötung wird ihm die Chance genommen, Person zu werden und Rechte zu beanspruchen.

Dies bedeutet: *Was immer* im *zweiten* Fall der *Grund* der (nicht verletzten) »Tötungspflicht« sein mag: ganz offenkundig kann er *nicht* mit dem Grund identisch sein, der im *ersten* Fall die (verletzte) Tötungspflicht begründet, also mit dem *Lebensrecht* des Jugendlichen. Denn dessen Mißachtung wird ja im zweiten Fall zeitig verhindert, indem der Fötus *getötet* wird, damit *ein Lebensrecht gar nicht zustande kommt.* Ein *nicht bestehendes*, bestenfalls hypothetisches *Recht* jedoch kann sicher keine *tatsächliche Pflicht* begründen. Die im zweiten Fall befolgte Pflicht muß also einen anderen Grund haben als die im ersten Fall verletzte.

Dieses Ergebnis dürfte Hoersters Konstruktion als baren Unsinn erweisen. Denn *welchen Grund eine und dieselbe Pflicht hat* (hier die Pflicht, den Fötus zu töten): *dies kann nicht davon abhängen, ob die Pflicht erfüllt wird oder nicht.* Anders ausgedrückt: Aus der Alternativen Auffassung folgt, wie Hoersters eigenes Beispiel zeigt, die widersprüchliche »Möglichkeit«, daß eine bestimmte Pflicht ihren Grund im Lebensrecht eines Menschen hat und gleichzeitig nicht hat.

Warum keine Menschenmoral?

Die tiefere Ursache für Unstimmigkeiten und Inkonsistenzen der Personenmoral liegt in ihrer Annahme, Personsein und Lebensrecht ließen sich einem Menschen *auf Zeit* zusprechen - wie etwa Mündigkeit und Wahlrecht. Bevor ich diese Annahme in Abschnitt 7.4 zu korrigieren versuche, will ich zeigen, daß sie noch nicht einmal unbedingt die Konsequenzen hat, mit deren Hilfe die Vertreter der Alternativen Auffassung die herkömmliche Moral revidieren wollen.

1. Die Alternative Auffassung geht davon aus, daß Nicht-Personen kein Recht auf Leben zustehen kann, wenn sich die Moral am Personsein statt am Menschsein orientiert. Ist es aber nicht denkbar, daß die Moral die Tötung all jener Wesen verbietet, die - ob selbst Personen oder nicht - *einer »Personen-Spezies« angehören*, also einer Art, in deren Lebensform das (zeitweise) Personsein typischer Individuen eine unentbehrliche Rolle spielt? Eine solche Moral würde *jedem Menschen* das Recht auf Leben zugestehen, ohne »speziesistisch« zu sein!

2. Daß die Moral nicht speziesistisch sein dürfe, ist im übrigen keineswegs selbstverständlich. Was ist eigentlich so verkehrt an einer Menschenmoral, an einer Lebensorientierung also, die den Mitgliedern meiner Spezies, weil sie Menschen sind wie ich, eine »privilegierte« Rolle für Begründung und Begrenzung von Zwecken und Mitteln meines Handelns sichert? Diese Moral läßt ja offenkundig Raum für strenge Maßstäbe des Umgangs mit Tieren - und meinetwegen auch für die »Achtung der Interessen nicht-menschlicher Personen« aus dem Urwald oder vom Mars.

Allerdings enthält diese Moral in ihren *Fundamenten* auch *Motive und Einstellungen*, die sich in Reaktionen wie diesen artikulieren: »Bin ich nicht ein Mensch wie er?« oder »Dein Schicksal könnte jeden von uns treffen«. Sie mutet uns Gerechtigkeit, Hilfsbereitschaft, Barmherzigkeit usw. nicht ohne die Basis *zwischenmenschlicher* Solidarität zu. Sie ist die Moral von Wesen, die sich (in allen Kulturen) über die Geburt eines Kindes - einer Nicht-Person *ihrer Spezies!* - freuen und davor Angst haben, im Alter von *ihresgleichen* abgeschoben zu werden. Sie baut darauf, daß Menschen ihrer Natur nach imstande sind, mit anderen *Menschen*, so verschieden sie auch seien, aber nicht mit Eichhörnchen oder Delphinen zum gegenseitigen, alle Lebensbereiche umfassenden Verstehen, Austausch und Zusammenleben zu gelangen. Sie ist die Moral von Wesen, die auf einen noch so fremden *Menschen*, dem sie im abgelegensten Winkel der Erde begegnen, ganz anders reagieren als auf ein beliebiges Tier. Sie ist verflochten mit Einrichtungen des Familienlebens, des Rechts, der Kooperation, der Kommunikation usw., die wir überall - aber auch nur - in unserer *Spezies* antreffen. Und - sie ist selbst *eine menschliche Einrichtung!* Warum sollte die Tatsache, daß wir so etwas wie Moral ausschließlich, aber auch ausnahmslos da finden, wo wir *unsere Spezies* finden, für den Inhalt der Moral belanglos sein?

Verflochtenheit mit den genannten (und vielen anderen) Einstellungen und Einrichtungen von *Menschen* und mit spontanen Reaktionen und Impulsen gegenüber *Menschen* gehört zu den

Fundamenten der herkömmlichen Moral (die ich deshalb als Menschenmoral bezeichne). Es ist zumindest nicht ausgemacht, ob ohne diese »speziesistischen« Zusammenhänge irgendetwas bestehen könnte, was die Bezeichnung *Moral* verdient.

Und warum muß es willkürlich sein, *die Grenze der Spezies, nicht aber die der Rasse, des Geschlechts o.ä.* als moralisch bedeutsam zu behandeln? Kein Vertreter der Alternativen Auffassung hat gezeigt, daß der »Speziesismus« nicht nur mengentheoretisch, sondern auch ethisch mit Sexismus, Rassismus, Nationalismus usw. auf einer Ebene steht. Ein solcher Vergleich ist wenig plausibel, wenn man bedenkt, wie eng moralische Grund-Erfordernisse wie Gerechtigkeit, Wahrhaftigkeit, Verläßlichkeit, Mitleid, Solidarität usw. mit den angedeuteten Elementen der *Lebensform unserer Spezies* verbunden sind - während dieselbe Moral (die Moral, zu der wir uns jedenfalls *bekennen*) keinen wichtigen Aspekt enthält, den man plausibel mit nichts anderem als Differenzen der *Rasse* oder des *Geschlechts* in Verbindung bringen kann.

3. Unter 7.2 war vom *Unterschied der Bedingungen* die Rede, an die verschiedene Vertreter der Alternativen Auffassung das *Personsein* knüpfen. Schon dieser Dissens ist ein Hinweis auf das Willkürliche jeder Personenmoral. Der Hinweis wird durch die bisherigen Erörterungen dieses Abschnitts (vgl. *Grundrecht auf schwankendem Grund*) bestätigt. Aber selbst wenn klar wäre, welche Art von Zustand, Fähigkeit oder Disposition ein Wesen besitzen muß, um zu einer gegebenen Zeit als Person mit Lebensrecht zu gelten: selbst dann würde dieses Kriterium nicht leisten, was es verspricht. Denn ob die festgesetzte Bedingung bei diesem oder jenem Wesen in *ausreichendem Maß* erfüllt ist und welches Maß überhaupt »genügen« soll: dies wird kaum ohne Willkür zu entscheiden sein.

Wer sagt z.B., ab wann ein Säugling, der von Tag zu Tag ein wenig deutlicher Wünsche signalisiert, ein Zukunftsbewußtsein hat? In welche Zukunftsdimensionen müssen seine Pläne und Erwartungen sich erstrecken, damit wir ihm ein Recht auf Leben zuerkennen? Genügen Minuten? Oder sollten es Stunden, Wochen, Jahre sein? Wie desorientiert darf ein Kranker werden, bevor er aufhört, Person zu sein? Wer stellt fest, ob das angenommene Kriterium des Personseins *schon* oder *noch* oder *nicht* erfüllt ist? Und welches Verfahren der Feststellung ist akzeptabel?

Angesichts dieser Probleme scheint die Möglichkeit einer begründbaren, eindeutigen und »fairen« Grenzziehung zwischen Personen und Nicht-Personen so aussichtslos, daß sie der Anerkennung eines Rechts auf Leben nicht zugrunde liegen kann. Sobald wir den Gedanken aufgeben, daß in dem fundamentalen Recht auf Leben *alle Menschen* - oder wenigstens alle »Unschuldigen« - gleich sind, sobald wir es überhaupt an Bedingungen des Personseins knüpfen und auf diese Weise einschränken, hat dieses Recht - und mit ihm auch die Idee der Gerechtigkeit überhaupt - die Kraft verloren, den Zielen menschlichen Handelns irgendwelche absoluten Grenzen zu setzen. Die Willkür der Kriterien macht es vielmehr zum flexiblen Instrument einer neuen Form von Unterdrückung der Schwachen durch die Starken.

Zur »Rationalität« der Alternativen Auffassung

Jede Theorie muß sich an der Plausibilität ihrer Konsequenzen messen lassen. Eine Moraltheorie überzeugt nicht, wenn sie zu Forderungen oder Erlaubnissen führt, die paradigmatischen Ideen von Recht und Unrecht widerstreiten. Ein Beispiel mag zeigen, was ich meine:

Falls die Alternative Auffassung zutrifft, stellt die Tötung eines wenige Wochen alten, kerngesunden Säuglings *kein Unrecht* dar (es sei denn, sie widerstritte dem Einspruch der *Eltern* oder anderer Personen, die ihre eigenen Rechte geltend machen). Nun belehrt uns aber die Logik darüber, daß das Umgekehrte nicht weniger wahr ist: *Falls* die absichtliche Tötung des Säuglings (ganz unabhängig von Rechten anderer) *ein Unrecht* darstellt, *trifft die Alternative Auffassung nicht zu.*

Welche Konsequenz wir angesichts der beiden völlig gleichberechtigten Implikationen ziehen werden, hängt davon ab, *wie gewiß* uns ihr jeweiliger Ausgangspunkt ist. Wenn uns die Personenmoral der Alternativen Auffassung plausibler ist als die Unzulässigkeit der Kindstötung, werden wir damit einverstanden sein, dem Säugling das Recht auf Leben abzusprechen. Sträubt sich aber alles in uns gegen diese Konsequenz, so ist es nicht nur psychologisch kaum vermeidbar, sondern auch *intellektuell in bester Ordnung, wenn wir die Theorie zurückweisen,* aus der sich die inakzeptable Konsequenz ergibt. Es ist in diesem Falle keineswegs an uns, der Theorie einen Irrtum nachzuweisen (was ich gleichwohl in diesem Abschnitt versuche, da ich die Menschenmoral *verteidigen* will). Es ist im Gegenteil vernünftig, die Theorie zu verwerfen, solange kein Argument *zu ihren Gunsten* uns so gewiß ist wie unser Gegen-Argument: die absolute Unzulässigkeit der Kindstötung.

Über diese Verhältnisse der Begründbarkeit und der Beweislast täuschen uns Verfechter moralphilosophischer Theorien gerne hinweg. Gerade Bio-Ethiker erwecken häufig den Eindruck, als könne nur Mangel an *Rationalität* (oder böser Wille) einen dazu führen, an der Alternativen Auffassung von Interesse, Person und Recht sowie an einer mehr oder weniger utilitaristischen Bilanzierung von Werten und Unwerten des Lebens zu zweifeln. Aber davon müssen wir uns nicht einschüchtern lassen. Nur die kritische Besinnung auf *fraglose Paradigmen tatsächlichen Urteilens und Folgerns* fördert Prinzipien rationalen Urteilens zutage, in moralischen wie in allen anderen Belangen. Dies zu leisten, ist die erste Aufgabe einer Theorie - bevor sie dann unsere weniger gewissen Urteile an den so gewonnenen Prinzipien messen mag.

Warum beeindruckt der Anspruch der Alternativen Auffassung, die einzig vernünftige Basis von Rechten aufzuweisen? Teilweise liegt das sicher daran, daß diese Auffassung *zunächst* einmal unsere *weniger fraglosen* Urteile unter die Lupe nimmt - z.B. das Urteil, man dürfe auch anenzephalen und hirntoten Patienten nicht das Leben nehmen.

Stimmen wir aber erst einmal der These zu, diese Patienten hätten kein Lebensrecht, *weil sie keine Personen seien*, erwarten uns noch ganz andere Konsequenzen dieser Personenmoral: Ein neugeborenes Mädchen, dessen Eltern sich etwa einen männlichen Erben gewünscht haben, darf eigentlich getötet werden: es ist ja keine Person; Menschen mit schwerer geistiger Behinderung oder im fortgeschrittenen Stadium der Alzheimer-Krankheit, die vielleicht ständig quengeln, dürfen grundsätzlich getötet werden: sie sind ja keine Personen. Konfrontierte man uns von vornherein mit Konsequenzen *dieser* Art, so wären wir wohl eher geneigt, deren theoretischen Ausgangspunkt in Frage zu stellen.

7.4 Personsein als Lebensform

Als Ausgangspunkt der Alternativen Auffassung habe ich bisher die These behandelt, Basis eines Rechts auf Leben sei das Personsein, verstanden etwa als Qualifikation zur bewußten Orientierung an der Zukunft. Ich habe Gründe angeführt, diese These für falsch zu halten. Ihre suggestive Wirkung wird sie aber vermutlich erst dann verlieren, wenn sich der zugrunde gelegte *Person-Begriff* als haltlos erweist.

Denn wenn das *Recht auf Leben* zur Würde des Menschen gehört, dann wegen einer *Besonderheit* dieses Wesens, die mit dem Wort »*Person*« zwar ungenau, aber angemessen benannt zu sein scheint. Daher ist eine Theorie, die den Sinn des Wortes »Person« *spezifiziert*, um auf diesem Weg unser *Lebensrecht* zu begründen, von vornherein willkommen - solange sich nicht herausstellt, daß diese Spezifizierung dem Wort eine willkürliche Deutung gibt.

Daß die Alternative Auffassung tatsächlich mit einem *willkür-lichen Person-Begriff* arbeitet, soll dieser Abschnitt zeigen. Es geht mir nicht um den Nachweis, daß ihr Person-Begriff nicht kohärent sei. Ich möchte nur folgendes zeigen: 1. Die Alternative Auffassung mit ihrer Vorstellung vom bedingten und zeitweiligen Personsein verkennt die Struktur, die der gängige, etwas vage Person-Begriff aufweist. 2. Gerade dieser gängige Person-Begriff ist unserem Verständnis des menschlichen Lebens und des Rechts auf Leben angemessen.

Besonderheiten des Person-Begriffs

Den Vertretern der Alternativen Auffassung wird gelegentlich *Dualismus* nachgesagt. Es heißt, sie teilten den Menschen in Selbst-Bewußtsein und Organismus auf. Vermutlich ist dieser Vorwurf zu grob. Er zielt aber auf den verborgenen *Grund* der weitreichenden praktischen Konsequenzen der Personenmoral: auf die Vorstellung, das charakteristisch Menschliche betreffe und präge *nicht das ganze Leben* eines Menschen, sondern nur bestimmte *Facetten* eines *Ausschnitts* seiner Existenz. Die Alternative Auffassung sieht ja im *Personsein*, wie immer es näherhin definiert wird, nicht eine *Lebensform*, sondern eine bloße *Qualifikation*, die der menschliche Organismus bei geeigneter Veranlagung und Umgebung erwirbt und u.U. vor seinem Tod wieder einbüßt. Wie beispielsweise der Jongleur ein Mensch ist, der jonglieren kann, so ist die menschliche Person ein Wesen, das, sagen wir, sein Handeln und Wünschen an Vorstellungen von der eigenen Zukunft orientieren kann.

Kommt aber eine andere Sicht überhaupt in Frage? Denn in der Tat ist der Mensch doch insofern *Person*, als ihn bestimmte Fähigkeiten auszeichnen, derentwegen wir auch sagen, er sei *Geist*. Und diese Fähigkeiten besitzt und betätigt er *lediglich in einem Abschnitt seines Lebens* - sofern ihn nicht schwere Beeinträchtigung oder früher Tod *von vornherein* daran hindern.

Selbst wenn wir jedoch das Personsein des Menschen an solchen zeitweisen Fähigkeiten *festmachen* können, folgt daraus nicht, er *sei* nur zeitweise (oder auch niemals) Person. Diese Folgerung ignoriert die *Unterschiedlichkeit und Komplexität begrifflicher Strukturen*. Der Qualifikationsbegriff, bei näherem Hinsehen selbst auf seine Weise kompliziert genug, könnte ja als Modell für das Verständnis von Personalität zu einfach sein. - Um unseren Blick überhaupt für andersartige Begriffsstrukturen zu öffnen, lenken wir ihn am besten zunächst einmal in eine ganz andere Richtung. Betrachten wir etwa den musikalischen Begriff des *Kanons*.

Ein Kanon ist dadurch gekennzeichnet, daß verschiedene Ausführungen einer einzigen Melodie in Phasenverschiebung zueinander gleichzeitig ertönen. Wenn nun so ein Kanon gesungen wird, beginnt bekanntlich eine Stimme allein, erst dann fällt die zweite ein, dann die dritte ... Erst mit dem letzten Einsatz wird der Klang erreicht, der für diesen Kanon charakteristisch ist.

Aber *erstens* ist nicht nur dieser Klang, sondern auch der sukzessive Einsatz der Stimmen für einen Kanon charakteristisch. Und *zweitens* wird niemand sagen, die Anfangsstadien seiner Ausführung gehörten nicht zur Realisierung des Kanons, weil dessen charakteristische Mehrstimmigkeit erst mit dem Zusammenklang aller Stimmen erreicht sei. - Beide Beobachtungen geben uns einen Wink (nicht mehr!) zum besseren Verständnis des Personbegriffs - der ansonsten natürlich unvergleichlich facettenreicher und erheblich ungenauer ist als der relativ einfache Begriff des Kanons.

Von enormer Bedeutung für unser Thema ist die Tatsache, daß zu den Kennzeichen einer Spezies, also auch des Menschen, ein ganz bestimmtes *Muster der Entwicklung* gehört. Jeder Organismus, der nicht einer sehr primitiven Lebensform angehört, beginnt seine Karriere in einem unfertigen Zustand. Der Begriff des *Unfertigen* ist zwar dem Kontext menschlichen Produzierens entnommen. Er ist hier aber angebracht, insofern der Organismus eine anfängliche Lebens- und Entwicklungsphase hinter sich bringen muß, um *erst dann* in hinreichendem Maß die Funktionen der Nahrungssuche, der Fortpflanzung usw. aufzuweisen, die für das Leben der Spezies *charakteristisch* und für das Überleben einer Population *erforderlich* sind.

Von diesem Muster bildet *unsere Spezies* keine Ausnahme. Im Gegenteil, der Mensch bedarf einer besonders langen und umwälzenden Entwicklung, bevor er die Funktionen des fertigen Exemplars in hinreichendem Maß an den Tag legt. *Zu diesen Funktionen* gehört nun beim Menschen die Betätigung der *Vernunft* in Begriffsbildung, Urteil und Folgerung, in Planung und Handlung, in Technik und Tausch, in Regelbefolgung und Institution, in der Entfaltung von Emotionen, in Kommunikation, Kooperation und Moral, in Reflexion und Wissenschaft, in Kunst und Religion, in Recht und Politik.

All dies ist für Menschen charakteristisch, und vieles davon benötigen sie, um zu gedeihen oder auch nur zu überleben. Auf diesem Hintergrund ist die Tatsache zu sehen, daß für den *Begriff* des Menschenlebens das Stadium des gesunden, funktionsfähigen Erwachsenen eine privilegierte und normierende Rolle spielt. Was »Mensch« bedeutet, verstehen wir *nicht, indem wir abstrahieren und artikulieren, was allen Exemplaren der Spezies* - Menschen jedes Entwicklungsstadiums und jeder gesundheitlichen Verfassung - *gemeinsam ist*. Dieser »gemeinsame Nenner« genügt sicher *nicht*, um unseren Begriff des *Menschseins* zu bestimmen. *Warum also sollte etwas, das allen Personen gemeinsam ist, - und das fordert die Alternative Auffassung - den Begriff des Personseins bestimmen?*

Verschreibt man sich aber nicht mit der These, unser Paradigma des Menschen sei der leistungsfähige Erwachsene, dem *Sozialdarwinismus?* - Genau das Gegenteil ist der Fall. Gerade indem ich zeige, wie der *Begriff* des Menschen auf ein solches *Paradigma* und *nicht* auf *übereinstimmende Qualitäten* verweist und wie Vernunftgebrauch für das Menschsein *charakteristisch* sein kann, ohne sich bei *jedem Individuum* zu finden: gerade damit zeige ich, wie auch *Personalität* ein Begriff sein kann, der u.a. auf Fähigkeiten des Vernunftgebrauchs rekurriert, ohne doch nur dann auf ein Individuum zuzutreffen, wenn es zum Vernunftgebrauch imstande ist. Gerade damit also unterminiere ich die Basis der Auffassung, Ungeborene, Säuglinge, geistig schwer Behinderte, permanent Bewußtlose usw. seien keine Personen und hätten daher nicht das Lebensrecht, das wir dem geistig funktionstüchtigen Menschen zubilligen. - Aber ich eile voraus. Führen wir zunächst den Gedanken des Entwicklungsmusters etwas weiter.

Eine Spezies von Personen

Von der Empfängnis bis in die Jugend hinein ist jeder von uns, wie gesagt, ein unfertiges Exemplar seiner Art. Da aber die fertigen Exemplare nicht vom Himmel fallen, gehört die *Herausbildung* der charakteristischen Funktionen eines Menschen selbst zu seinen *Lebensäußerungen*.

Ja, sie gehört sogar zu seinen *Charakteristika*. Denn die Entwicklung des menschlichen Individuums ist nicht nur in dem Sinn typisch, daß sie sich von der Entwicklung eines Huhns oder auch eines Menschenaffen in allen möglichen Aspekten *unterscheidet*. Vielmehr werfen die *charakteristisch menschlichen Funktionen des Erwachsenenlebens* bereits in einem *Muster der Entwicklung* ihre Schatten voraus. *Anlagen und Lebensäußerungen* eines Ungeborenen oder eines Heranwachsenden haben nicht nur für sein unmittelbares Weiterleben eine Funktion, sie sind auch bereits durch ihre Bedeutung für sein *künftiges* Leben geprägt; und die *Entwicklung* eines Säuglings verdankt dem Einfluß der ihn umgebenden *Menschenwelt* ihre besondere, menschliche Gestalt. Auch der unfertige Mensch ist also *in den Mustern seiner Anlagen, Lebensäußerungen und Entwicklungsschritte spezifisch menschlich* geprägt.

Dem *alten Dualismus* von Leib und Geist hält zu recht seit Arnold Gehlen die Anthropologie entgegen, daß unser geistiges Leben sich in spontanen Reaktionen, in Worten und Taten, in Techniken und Institutionen *wahrnehmbar bekundet*; daß all das *nicht Zutat* zum Leben eines unabhängig davon überlebensfähigen und verstehbaren Organismus ist, sondern in der Verhaltensbiologie des Menschen genausowenig fehlen darf wie Nistgewohnheiten in der des Falken; und daß Leben und Gedeihen *unserer* Spezies auf Hypothesenbildung, Absicht, Regelbefolgung, Selbstbestimmung, Moral usw. - kurz: auf den Geist - nicht weniger angewiesen ist als auf Atmung und Stoffwechsel.

Aus derselben Anthropologie ergibt sich, in Verlängerung dieser Einsichten, die richtige Erwiderung auf den *neuen Dualismus* von »rein biologischem Leben« und »Personsein« des Menschen. Sie lautet: Zwar zeigen sich Ichbewußtsein, Überlegung und andere Qualitäten, Vollzüge und Fähigkeiten, *derentwegen* wir den Menschen als Geist - oder eben als Person - bezeichnen, nicht in jedem Stadium eines individuellen Lebens. Das heißt aber nicht, die *Bedingungen und Manifestationen des Personseins* ließen sich auf eine *Etappe* dieses Lebens beschränken; genausowenig, wie sie sich - man denke nur an die Sprache und andere Institutionen - am *Individuum* allein beobachten lassen.

Um es in grober Vereinfachung zu sagen: Wenn es abwegig ist, den *Menschen* als eine Art *Affen-Organismus* zu denken, dem ein experimentierfreudiger Schöpfer den Geist per Sonderzuteilung *beigesellt* hat: dann ist es nicht weniger abwegig, *menschliches Leben* als ein *Vegetieren* zu denken, das sehr bald durch Sinnestätigkeit und in einem späteren Stadium (allmählich?) durch das Personsein *ergänzt* wird - durch eine Art Veredelung, die freilich nicht immer bis zum Ende des Vegetierens hält und gelegentlich ganz ausbleibt.

Wie plausibel es ist, das Personsein *nicht* erst mit dem Aufblitzen des ersten Wunsches für übermorgen einsetzen zu lassen, wird insbesondere daran deutlich: Kinder bringen *von vornherein* die Fähigkeit und die Tendenz mit, Dinge zu *lernen*, die kein Tierjunges lernt, die aber gelernt sein wollen, wenn Ichbewußtsein, Orientierung an der eigenen Zukunft usw. auftreten sollen. Diese allgemeine Fähigkeit, diese Tendenz und auch das hier gemeinte Lernen selbst sind Teil einer *Lebensform* - in einer Weise, wie die spezielle Fähigkeit, jonglieren zu lernen, und das Jonglieren-Lernen *nicht* zu einer Lebensform gehören.

Die Anlage zum Lernen und zur Praxis personaler Vollzüge illustriert die umfassende Weise, in der das Personsein alle Bereiche des menschlichen Lebens durchdringt und prägt. Hierin ist das *Personsein* nicht mit der *Fähigkeit zu jonglieren* vergleichbar, sondern allenfalls mit einem ebenso *durchgängigen Zug* wie etwa

Sexualität. Auch diese tritt nicht zeitweilig auf, nur als Fähigkeit zu geschlechtlicher Fortpflanzung oder gar als sexuelle Betätigung, sondern betrifft das Leben eines Menschen *umfassend*: vom Anfang bis zum Ende, anatomisch und physiologisch, hormonell und emotional, ontogenetisch, individuell und sozial.

Auf ähnliche Weise ist *Personsein* ein zentraler und umfassender Faktor einer *Lebensform*. So ist die menschliche Hand das unspezialisierte Organ eines Wesens, dessen *Vernunft* ihm unzählige Spezialisierungen des Haltens, Greifens, Nehmens, Schlagens, Ziehens, Pressens, Verbindens, Gestikulierens usw. eingibt. Das menschliche Gesicht gestattet Weisen der Wahrnehmung und der Wahrnehmbarkeit, der Artikulation, der Äußerung und des Ausdrucks, wie sie ein Wesen benötigt, das *Gedanken* entwickelt und mitteilt, das Individuen seinesgleichen *erkennt und versteht*, das auf rasch etabliertes *Vertrauen* baut usw.

Die Anthropologie macht auf viele weitere Beispiele für die Allgegenwart des Personseins in der menschlichen Lebensform aufmerksam. Unter ihnen möchte ich noch eines hervorheben, das mit dem Stichwort »Muster des Zusammenwirkens« (7.1) schon angeklungen ist: den charakteristischen *Umgang* der Menschen miteinander. Zu ihm gehört auch die *Bedeutung*, die einer für den anderen hat bzw. gewinnen kann. Von dieser Bedeutung aber sind auch Bewußtlose und Senile nicht ausgeschlossen. Auch sie *betrachten und behandeln wir als unseresgleichen*: in unseren Erinnerungen *an sie*; in der Wahrnehmung ihrer Gesichtszüge und anderer verbliebener Lebensäußerungen; in Ehrfurcht, Mitgefühl und anderen emotionalen Reaktionen; in Sorge und Pflege; und schließlich im Beistand beim Nahen des Todes. Unsere Einstellung zu ihnen ist nicht die Einstellung zu einem niederen Lebewesen, sondern die Einstellung zu *einem der unseren*, dem etwas Wichtiges fehlt.

Man könnte meinen, diese *Einstellung* sollte das *Resultat* einer angemessenen Klärung des Person-Begriffs und seiner Implikationen sein. Aber selbst wenn das zutrifft, gilt doch wenigstens ebensosehr das Umgekehrte: Was »*Person*« bedeutet, lesen wir u.a. daran ab, was Personen für uns bedeuten, wie wir mit ihnen im Unterschied zu anderen Lebewesen umgehen, wen wir in diese Weise des Umgangs einbeziehen und schließlich auch: welche *moralischen Maßstäbe* wir in diesen Dingen anerkennen. Denn Moral *reguliert* ein menschliches Leben, *zu dessen Eigenart bereits moralische Orientierung gehört*. So ist es möglich, daß der Person-Begriff, der uns angeblich über den richtigen Umgang mit »subnormalen« Menschen belehren muß, ohne Rekurs auf den als richtig akzeptierten Umgang mit ihnen gar nicht adäquat verstanden wird.

Personsein und das Recht auf Leben

Die anthropologischen Überlegungen dieses Abschnitts haben gezeigt, wie plausibel ein Person-Begriff ist, der zwar auf Zukunftsbewußtsein, Vernunftgebrauch und andere Aspekte geistigen Lebens »abhebt« oder *Bezug nimmt*, aber nicht, um den individuellen Besitz entsprechender Fähigkeiten zum Kriterium des Personseins zu machen, sondern um eine *Lebensweise* zu bezeichnen, in welcher Zukunftsbewußtsein, Vernunftgebrauch usw. eine ausschlaggebende Rolle spielen. Diese Lebensweise kennzeichnet die *Lebensform der Spezies Mensch*, die somit eine Spezies von Personen ist. Für die Unterscheidung zwischen menschlichen Personen und menschlichen Nicht-Personen ist in dieser Sicht kein Platz. Und genauso wenig, wie man anfängt und aufhört, Mensch zu sein, fängt man an oder hört man auf, Person zu sein. Die menschliche Person ist es, die mit der Empfängnis zu existieren beginnt und mit dem Tod ihr Dasein beendet.

Auf der Basis dieser Konzeption ist es ganz und gar irreführend, das Leben eines Embryos oder eines Komatösen suggestiv als *Vegetieren* zu bezeichnen. Weder ungeborene noch neugeborene Kinder, weder schwer Behinderte noch Alzheimer-Patienten oder Apalliker sind als paradigmatische Vertreter einer *Spezies* denkbar. Deshalb stehen ihre Lebensäußerungen *nicht* auf einer Ebene mit denen eines Spargels oder einer Muschel. Vielmehr sind sie, im ersten Fall, die typischen Lebensäußerungen eines Menschen, der *noch nicht* das paradigmatische Stadium erreicht hat, von dem her wir das spezifisch Menschliche verstehen. Die Lebensäußerungen von Menschen mit schweren Gebrechen wiederum bleiben wegen dieser oder jener *Schädigung* hinter dem Paradigma zurück; anders als einer Pflanze oder einem Tier, *fehlt diesen Menschen etwas*, da sie sich ihrer selbst, ihrer Zukunft usw. nicht bewußt sind. *Als* Personen sind sie schwer beeinträchtigt.

All dem entspricht auch der gängige Sprachgebrauch. Dessen diffuse Einzelheiten und seine Herkunft aus Theater- und Rechtssprache, Theologie und Philosophie interessieren hier nicht; und eine klar normierte Verwendung des Wortes »Person« scheint die Umgangssprache nicht zu kennen. Man denke aber immerhin an die übliche Unterscheidung zwischen *Personen* und *Dingen* oder auch *Tieren*: sie grenzt *alle Menschen* von *anderen Körpern* ab und würde nicht funktionieren, wenn das Personsein als zeitweilige Eigenschaft gälte, die einem Menschen ganz oder zeitweise fehlen kann.

Der Sprachgebrauch, den die Alternative Auffassung einführt, läßt sich dagegen als *Mißverständnis* einer Tatsache erklären, die niemand bestreiten wird: daß nämlich die Qualitäten und Vollzüge, denen der Person-Begriff sein *Interesse* verdankt und auf die er unsere *Aufmerksamkeit* lenkt, die menschliche Spezies kennzeichnen, *ohne* sich *jederzeit und ausnahmslos* an allen ihren Individuen zu finden.

Welche Bedeutung hat das in diesem Abschnitt skizzierte Verständnis des Person-Begriffs für die Themen Abtreibung und Euthanasie? Es erlaubt die Formulierung: »Würde und Recht auf Leben hat *jeder* Mensch *als Person*«. Dagegen glaube ich nicht, daß man das Lebensrecht eines Menschen durch Rekurs auf seine Personalität *begründen* kann - oder müßte (vgl. 6.2). Dennoch ist der Aufweis einer überzeugenden Alternative zur Alternativen Auffassung wichtig.

Denn solange diese Auffassung den Anspruch und den Eindruck aufrechterhalten kann, mit einem *selbstverständlichen* Verständnis von »Personsein« und der einzig *vernünftigen* Begründung eines Lebensrechts zwingend (und natürlich praxis-relevant) zu folgern, daß man kleine Kinder, Apalliker, Demente und andere Kranke grundsätzlich ohne Bedenken töten darf; solange keine *andere*, wenigstens ebenso plausible Vorstellung von Person mit anderen Implikationen in Sicht ist: so lange wird es nicht viel helfen, darauf hinzuweisen, wie beliebig und untereinander unverträglich die Kriterien sind, an denen die *verschiedenen* Vertreter einer Personenmoral das Recht auf Leben festzumachen gedenken. Sobald dagegen deutlich wird, wie unbegründet und wenig zwingend die Alternative Auffassung tatsächlich ist, erscheint der Schneid, mit dem nicht wenige ihrer Vertreter haarsträubende Konsequenzen für die Revision der Moral aus ihr ziehen und einer hilflosen Öffentlichkeit präsentieren, schlicht unverantwortlich.

8   »Wenn der Selbstmord erlaubt ist, dann ist alles erlaubt«

8.1   Ergebnisse, Konsequenzen und offene Fragen

Wohin haben uns die bisherigen Erörterungen geführt? Ihr Ausgangspunkt ist die Frage, ob man nicht, um menschlichen Rechten und menschlichem Wohlergehen Rechnung zu tragen, manche Individuen töten dürfe oder gar solle. In den Kapiteln 4 bis 7 prüfe ich gängige Argumente für entsprechende Einschränkungen des Tötungsverbots. Die ersten beiden dieser Kapitel fragen nach den *Gründen*, die man haben mag, einen Menschen zu töten, der in irgendeiner Weise beeinträchtigt ist. Die beiden anderen untersuchen, welche *Rechte* eine solche Tötung verbieten oder aber rechtfertigen mögen.

In Kapitel 4 stellt sich heraus, daß der *Wunsch* eines Menschen, getötet zu werden, einem anderen noch keinen Grund gibt, ihn zu töten, während der Gesichtspunkt seines *Wohlergehens* sogar für unerbetene Euthanasie sprechen könnte - *wenn* man ihn als Grund betrachtet. Ob man das tun soll, hängt davon ab, ob und wie man den *Wert* eines menschlichen Lebens bestimmen und gegebenenfalls verrechnen darf. Die Idee eines lebenswerten bzw. -unwerten Lebens erweist sich als problematisch; zu den Angelpunkten unserer Einstellung zu Leben und Tod scheint zu gehören, daß wir *jedem* Menschenleben unbedingten Wert oder Würde zuerkennen, nicht nur Erlebnis- oder Gebrauchswert. Daher kann auch die Würde des Sterbens nicht darin bestehen, daß Leid durch den »Gnadentod« verhindert wird.

Zweifelsohne darf im Umgang mit Leben und Tod die Bewertung von Handlungsfolgen eine Rolle spielen. Doch kennt die Moral im Unterschied zu ihrer utilitaristischen Deutung bzw. Revision auch andere, vorrangige Prinzipien der Verhaltensorientierung. Kapitel 5 erörtert die Bedeutung dieser *Prinzipien der begrenzten Verantwortlichkeit* für die Entscheidung der Frage, unter welchen Umständen es erlaubt sei, den Tod eines Menschen zu bewirken oder zuzulassen. Die Anerkennung solcher Umstände spricht weder für Abtreibung noch für Euthanasie.

Selbst wenn absichtliche Tötung in diesem oder jenem Sinne eine Wohltat sein könnte, wäre sie nicht zu *rechtfertigen*. Das Recht auf Leben stünde ihr entgegen; und das weniger fundamentale Recht auf Selbstbestimmung oder gar ein »Recht zu sterben« ändern daran nichts. Die Möglichkeit, das Lebensrecht nicht in Anspruch zu nehmen, würde voraussetzen, daß dieses Recht in subjektiven Wünschen, Interessen o.ä. gründet. Kapitel 6 stellt aber diese Voraussetzung in Frage. Freilich zeigt sich, daß die »Unveräußerlichkeit« des Lebensrechts am besten als Ausdruck *jener selben Überzeugung* verstanden wird, die auch Lebenswertvergleiche und daher die Vorstellung ausschließt, Tötung lasse sich als Wohltat begründen. Ich meine die Überzeugung, daß jedes menschliche Leben als unbedingter Wert zu behandeln ist. Insofern hat die Unrechtmäßigkeit der Tötung dieselbe Wurzel wie ihre Unbegründbarkeit.

Kapitel 7 wendet sich vor allem gegen die These, es sei nicht der Mensch als solcher, der ein Leben von besonderem Wert und daher ein Recht habe, nicht getötet zu werden, sondern einzig die »*Person*«: nur wer ein Bewußtsein habe, das zukunftsbezogene Wünsche und Wertungen gestatte, habe auch ein Recht auf Leben. Diese These erlaubt - je nach näherer Spezifizierung der Kriterien des Personseins - die Tötung von Ungeborenen, Säuglingen, geistig Behinderten, verwirrten oder komatösen Kranken usw. Eine solche Einschränkung des Lebensrechts erweist sich als willkürlich. Ihre Plausibilität verliert sie aber erst, wenn man Personsein nicht als zeitweilige Eigenschaft, sondern als zentrales Merkmal der menschlichen Lebensform versteht.

Stimmt man den hier resümierten Überlegungen zu, kommt *absichtliche* Tötung - auch auf Verlangen - nicht in Frage. Sie läßt sich weder als Wohltat begründen noch im Gegeneinander von Rechten rechtfertigen. Dieses Ergebnis ist unabhängig davon, ob Euthanasie oder Abtreibung zur Debatte stehen, ob es um einen »zukunftsbewußten« und entscheidungsfähigen Menschen geht oder nicht, ob er jung oder alt, gesund oder krank, dem Sterben nahe ist oder nicht. Unabhängig ist das Ergebnis auch davon, ob der beabsichtigte Tod durch Eingriff oder durch Unterlassung zustande kommen soll.

Welche Konsequenzen hat dieser moralische Standpunkt für Fragen der Gesetzgebung? Welche Konsequenzen sollte und könnte man in Erwägung ziehen oder anstreben? - Diese Fragen habe ich zwar in einzelnen Zusammenhängen (z.B. unter 6.1) gestreift; sie würden jedoch zu weit führen, als daß ich sie gründlich behandeln könnte. Nur zu dem Argument, genauso wie Selbsttötung sei auch Tötung *auf Verlangen* im Prinzip eine Angelegenheit der privaten Moral, nicht des staatlichen Rechtes, möchte ich zwei Hinweise geben.

Zum einen hat es sich als fragwürdig erwiesen, das Lebensrecht eines Menschen einzig mit seinen individuellen Interessen zu begründen, auf deren Wahrnehmung zu verzichten ihm freistehe (6.2 und 6.3). Rechte können sehr verzweigte Wurzeln haben. Gerade eines Menschen Lebensrecht ist offensichtlich nicht nur aus seiner eigenen Perspektive schützenswert.

Mein zweiter Hinweis gilt der Tatsache, daß von privater Moral zumindest da nicht mehr die Rede sein kann, wo *nicht auf Verlangen* oder aber *auf Verlangen anderer* getötet werden soll. Ich denke insbesondere an Früh-Euthanasie und Embryonenforschung. Beider Legalisierung ist durch eine Abtreibungsgesetzgebung vorbereitet, die das Recht der Betroffenen den Ansprüchen »privater Moral« *geopfert hat*. Aber auch bei einer rechtlichen Zulassung der Tötung euthanasiebereiter Alter und Kranker würde das Gesetz natürlich nicht ausschließlich *deren* Verlangen entgegenkommen, sondern zugleich dem Druck, den das Verlangen von Angehörigen, Krankenkassen- und Rentenbeitragszahlern etc. auf sie ausüben würde.

Überhaupt muß der Gesetzgeber auf berechtigte »Dammbruch-Argumente« Rücksicht nehmen. Gemeint sind Argumente, die auf gefährliche Folgeerscheinungen einer Legalisierung von Verhaltensweisen aufmerksam machen, die er unabhängig davon nicht zu Straftaten erklären würde. Offensichtlich ist, wie gegen Ende von 4.6 schon angedeutet, gerade in der Euthanasie-Debatte die Warnung vor Dammbrüchen angebracht.

Nun liegen aus der Perspektive dieses Buches - und das ist die der individuellen moralischen Urteilsbildung - Fragen der Politik und der Gesetzgebung an der Peripherie der Betrachtung. Allerdings scheinen auch andere Fragen noch offen zu sein, die eher ins Zentrum führen: Worin gründet eigentlich letzten Endes die Würde oder der unbedingte Wert des menschlichen Lebens? Warum ist es unmoralisch, wenn man diesem Leben nur einen Gebrauchswert zuerkennt? Und: Welchen *Sinn* kann *in der Situation akuten Leidens* ein Mensch darin erkennen, Euthanasie und Selbsttötung von sich zu weisen?

Ein solcher Sinn ist ja nicht dadurch garantiert, daß man den Sinn der Unerlaubtheit dieser Handlungen einsieht. Aus der Unerlaubtheit ergibt sich zwar die konkrete Forderung. Doch ergibt sich aus der Sinnhaftigkeit des Euthanasie- und Suizidverbots nicht ohne weiteres die erlebbare Sinnhaftigkeit des konkreten Tuns, mit dem man das Verbot respektiert. Was werden mir »zwingende Gründe« gegen Euthanasie bedeuten, welches Gewicht werden sie haben, wenn am Ende meines Lebens die Alternativen wirklich heißen sollten: *langsames, qualvolles Sterben* oder *Befreiung von Leid* unter Absage an *Maßstäbe, aus deren Geltungsbereich ich ohnehin ausscheide*?

8.2 Wem Töten schadet

Einen ersten Versuch, diesen schwierigen Fragen zu begegnen, möchte ich aus der Perspektive dessen unternehmen, der von einem anderen, vielleicht seinem Freund, um Euthanasie gebeten wird. Stellen wir uns folgendes vor: In den *Hinweisen auf einen unbedingten Wert des Lebens* (4.4), der mit keinem Wert und mit niemandes Interessen zu verrechnen ist, erkennt dieser Mensch seine eigene Einstellung wieder. Daher erweckt in ihm die Verzweiflung oder die elende Lage seines Freundes zwar tiefes Mitgefühl; sie bedeutet für ihn aber keinen *Grund, ihn zu töten.* Desweiteren verbietet ihm derselbe unbedingte Wert des Lebens auch die Erwägung, im »Verzicht« auf das Lebensrecht eine *Rechtfertigung* der Euthanasie zu sehen. Wird nun dieser Mensch, wenn er dem Freund die Bitte um Tötung abschlägt, sein eigenes Handeln nicht nur *richtig* und *vernünftig* begründbar, sondern auch *sinnvoll* finden können?

Wird er nicht daran denken müssen, daß es reiner Zufall ist, wenn sein Freund noch wochenlang zu leiden hat, während dem Nachbarn eine tödliche Lungenentzündung ein gleiches Schicksal erspart hat? Müssen nicht Millionen Menschen, die gern am Leben blieben, unterernährt oder medizinisch unterversorgt, in jungen Jahren sterben? Was bedeutet im Verhältnis dazu die Tötung eines Menschen, der, vielleicht aufgrund hervorragender Behandlung recht alt geworden, nur noch von seinem Leid erlöst sein möchte?

Nach einer Antwort auf solche Fragen kann die Moralphilosophie, an den Grenzen ihrer Kompetenz, nur tasten. Immerhin aber kann sie darauf hinweisen, daß der Kern der Moral, die Gerechtigkeit, damit steht und fällt, daß wir bereit sind, Handlungen nicht ausschließlich nach ihren Ergebnissen zu bewerten, sondern nach ihrer *inneren Bedeutung.*

Was damit gemeint ist, mag ein einfaches Beispiel erläutern: Meine Tante, eine berühmte Schauspielerin, hinterläßt mir ihre Tagebücher. Allerdings mußte ich vor ihrem Tod versprechen, daß ich sie nicht veröffentlichen, sondern lesen und dann vernichten würde. Bei der Lektüre stelle ich fest, wie gut sich diese Tagebücher vermarkten ließen. Der toten Tante könnte dies nicht schaden; und Angehörige oder Freunde, die Anstoß nehmen könnten, gibt es nicht. Dennoch wäre es unzulässig, das gegebene Versprechen zu brechen, um die eigene Kasse aufzubessern. Warum?

Gewiß, es ist sehr nützlich, vielleicht lebensnotwendig, daß Versprechen gegeben und gehalten werden. Und es ist wahr, daß sich Unehrlichkeit, vor allem auf Dauer, für alle Beteiligten ungünstig auswirkt. Aber im beschriebenen Fall besteht zu solchen Befürchtungen wenig Anlaß. Vor allem wären *sie* nicht mein Motiv, auf die Veröffentlichung zu verzichten. Um moralisch zu handeln, muß ich mich, im Gegenteil, darauf eingestellt haben, auch unabhängig von Gesichtspunkten des Nutzens und des Schadens, Versprochenes zu halten, *weil* ich es versprochen habe. Dieses Motiv - bzw. seine Abwesenheit - macht die »innere Bedeutung« meines Handelns aus.

Ähnliches gilt für den Umgang mit menschlichem Leben. Wie das Beispiel der Überlebenslotterie verdeutlicht hat (5.3), verlangt die Gerechtigkeit, daß ich meine noch so guten Ziele nicht durch Tötung irgendeines Menschen zu erreichen suche. Orientiere ich mein Handeln an dieser Forderung, so liegt *darin* seine innere Bedeutung - die nicht vom Wert seiner Folgen oder von einem Vergleich mit den denkbaren Folgen alternativer Handlungsmöglichkeiten abhängt.

Findet das Tötungsverbot seinen Sinn überhaupt in der Vermeidung schlechter Handlungsfolgen? Die Frage klingt seltsam. Einerseits möchte man erwidern: Genügt es nicht, daß die Tötungshandlung im Tod eines Menschen resultiert? Andererseits löst diese rhetorische Gegenfrage den Gedanken aus: Für wen aber ist der Tod dieses Menschen ein *Schaden*?

Wenn wir sagen: »Vor allem natürlich für ihn selbst!«, so müssen wir uns klarmachen, daß wir jetzt von einem Schaden sprechen, der von allem anderen, was ihm schadet, grundverschieden ist. Jeder andere Schaden ist dazu angetan, ihn auf die eine oder andere Weise zu *berühren*: den Ausfall von Funktionen, die Begrenzung von Handlungsmöglichkeiten und Perspektiven, die Erfahrung von Leid usw. mit sich zu bringen. Auf keine solche Weise *berührt* der Tod den Toten.

Auf dieses Problem hat übrigens auch die *Personenmoral*, wie etwa Hoerster, Harris und Singer sie vertreten keine Antwort: Werden die *Präferenzen oder Wünsche* eines Menschen *durch Tötung* frustriert, so liegt darin *kein* für ihn *erlebbarer Schaden*. Soll also die »Achtung vor der Person« uns daran hindern, ihn umzubringen, so darf sie sich nicht an seinem Bewußtsein orientieren; es darf ihr nicht einzig darum gehen, wie der andere *in seinen Wünschen erlebbar frustriert und somit berührt wird*. Dann aber liegt das Motiv des gebotenen achtungsvollen Umgangs mit ihm nicht darin, erlebbare Beeinträchtigungen zu vermeiden. *Nicht deshalb* sind dann Ich- und Zukunftsbewußtsein moralisch relevant, sondern eher, weil die mit ihnen begabten Wesen *als solche* besondere Achtung verdienen. Dann aber ist überhaupt nicht einzusehen, warum diese Achtung (und damit das Tötungsverbot) ein *Stadium* seines Daseins betreffen soll und nicht das ganze Leben eines solchen Wesens.

Auch Utilitaristen stehen der Frage, welchen Schaden denn die Tötung eines Menschen eigentlich anrichte, ziemlich hilflos gegenüber. Ihre Antworten gehen in vier Richtungen: 1. »Die Verhinderung lebenswerten Lebens ist schlecht, weil möglichst viel Glück existieren soll.« Dieser Antwort zufolge wäre Tötung eine »Schädigung« des Universums, die gleichwohl *niemand berührt.* 2. »Tötungshandlungen sind für das Opfer meist mit Ängsten und Schmerzen verbunden.« Aber daraus ergibt sich nur die Forderung, *unversehens und schmerzlos zu töten.* 3. »Durch die Tötung eines Menschen bringt man Leid über Angehörige, Freunde usw.« Nicht der Getötete hat hier den Schaden, sondern *andere,* die unter dem *Entzug* zu leiden haben. 4. »Wo Tötung erlaubt ist, greifen Angst und Ungewißheit um sich: die Lebensqualität nimmt Schaden.« Auch diese Antwort, die gar nicht die einzelne Tötung, sondern eine *Praxis* bewertet, verlagert den Schaden vom Opfer auf *andere.*

Selbst wenn mit diesen Gesichtspunkten der *Sinn* des Tötungsverbotes getroffen wäre, so hätten sie doch offenbar wenig mit der *Gesinnung* zu tun, die das Tötungsverbot von uns verlangt. Und noch weniger mit dem *Sinn, den man darin erblicken könnte, einem Freund die Bitte um Tötung zu verweigern.* Gerade der Utilitarist muß ja eingestehen, daß diesem Freund das *Weiterleben* so etwas wie Schaden zu bringen scheint.

Kehren wir zu der Frage zurück, ob die *innere Bedeutung des Euthanasie-Verzichts,* die Orientierung des Handelns an einem unbedingten Wert des Lebens, diesem Handeln nicht nur seinen moralischen Charakter verleiht, sondern auch Sinn zu geben vermag.

Nach dem bereits Gesagten gehört zur Orientierung an einem unbedingten Wert des menschlichen Lebens *nicht* der Gedanke, es liege alles daran, daß möglichst *viele* Menschen auf der Erde, in einem gegebenen Gebiet, zu einer bestimmten Zeit o.ä. geboren werden und daß sie möglichst *lange leben.* Der Wert jedes Menschenlebens, den spontane Verhaltensmuster und Moral implizieren, verlangt nicht, daß wir beliebige Mittel einsetzen, um in diesen Dimensionen ein Maximum zu erreichen. Fände die Moral des Umgangs mit dem Leben von Menschen in einem solchen Maximum ihren Sinn, so bestünde die entsprechende Tugend vor allem in der Bereitschaft, zu zeugen oder zu gebären und im unbeirrbaren Kampf mit Kräften des natürlichen Verfalls usf. In Wirklichkeit kommt es offenbar in erster Linie darauf an, daß *nicht wir* es sind, durch deren Schuld die Lebenden *sterben.*

Wie verschiedentlich gesagt, ist ein adäquater *Begriff des unbedingten Wertes menschlichen Lebens* von der *Weise, wie wir ihn anerkennen,* nicht zu trennen. Der vorangehende Absatz zeigt, daß sich diese Anerkennung nicht am bloßen *Dasein von*

Menschen orientiert. Sie bekundet sich insbesondere darin, daß man die Forderung akzeptiert, den Tod eines Unschuldigen nicht absichtlich zu verursachen; und schließlich darin, daß man solches Verursachen selbst als ein Übel betrachtet, das zu vermeiden noch wichtiger ist als die Vermeidung des Todes selbst.

Auf diese Weise ist es denkbar, daß man einen Sinn darin findet, die Bitte des Freundes um Euthanasie zurückzuweisen, ohne daß dieser Sinn sich aus einer Antwort auf die Frage ergibt, welche Art von *Schaden* sein Tod bedeuten würde. Die Stellung, die man dem Wert des menschlichen Lebens bzw. seiner Anerkennung im eigenen Denken und Handeln gegeben hat, verleiht dann dem *Euthanasie-Verzicht selbst* die Wichtigkeit, eben jene »innere Bedeutung«, durch die er vielleicht als sinnvoll erlebt werden kann. Eine solche Einstellung könnte sich etwa so artikulieren: »Der eigentliche Schaden läge nicht im Tod meines Freundes, sondern es würde unseren Seelen schaden, wenn ich es fertigbrächte, das Leben eines Menschen zu vernichten, oder wenn er bei seinem Euthanasie-Wunsch bliebe«.

8.3 Selbsttötung und gutes Leben

Mit diesen Andeutungen rückt die Perspektive dessen in den Blick, der versucht ist oder sein könnte, *um Euthanasie zu bitten* bzw. *sich selbst zu töten*. Wie kann er es sinnvoll finden, dies nicht zu tun? Wie kann er sich mit einem leidvollen Warten auf den Tod aussöhnen?

Ich will diese Fragen hier unmittelbar auf die Möglichkeit der Selbsttötung, nicht der Tötung auf Verlangen beziehen. Denn die Wurzel echter Euthanasiebereitschaft ist der Wunsch, für das eigene Ende zu sorgen; und diesen Wunsch setzt der Selbstmörder am deutlichsten in die Tat um. Zwar würde die moralische Zulässigkeit der Selbsttötung, das hat sich gezeigt, nicht ohne weiteres die Zulässigkeit der Tötung auf Verlangen nach sich ziehen. Umgekehrt ist aber klar: Wenn es mir nicht erlaubt ist, mich umzubringen, darf ich auch keinen anderen bitten, dies für mich zu tun, und kein anderer darf die Bitte erfüllen.

Das besondere Problem

Ist Selbsttötung immer unerlaubt? Viele Philosophen, die die absichtliche Tötung Unschuldiger fraglos ablehnen, nehmen die Selbsttötung ausdrücklich aus. Andere, wie etwa Augustinus, Thomas von Aquin, gelegentlich auch Immanuel Kant, behandeln sie als eine Art von Mord. Und in gewisser Weise tut dies ja auch die deutsche Sprache mit dem Ausdruck »Selbstmord«.

Diese Sicht wird gelegentlich auf recht oberflächliche Weise lächerlich gemacht; z.b. mit der Frage: Sollen wir etwa auch sagen, mit dem Griff in die eigene Kasse begehe man »Selbstberaubung«? Wenn das Recht auf Leben ein unveräußerliches Recht ist, dessen Wurzeln tiefer reichen als nur bis zu den aufgeklärten Wünschen des Betroffenen (6.3), dann erweist sich der Vergleich als vordergründig. Erkennt man insbesondere jedem menschlichen Leben, im Sinne von 4.4 und 6.2, einen unbedingten Wert zu, so scheinen Fremd- und Selbsttötung tatsächlich *aus einem und demselben Grund verwerflich* zu sein.

Dennoch hinterläßt die Erklärung, Selbsttötung sei *nichts anderes als* ein Mord, bei dem Täter und Opfer identisch sind, ein Unbehagen. Dieses Unbehagen wird zum Zweifel, wenn man bedenkt, daß ein Mörder, *ohne Selbstmörder zu sein*, auf ganz gewöhnliche Weise sein eigenes Opfer werden kann. Wir müssen uns nur hinreichend ungewöhnliche Umstände vorstellen. Zum Beispiel: daß ein Sozialrevolutionär durch einen computer-gestützten Mechanismus alle Bürger umbringt, die mehr als eine Million auf ihrem Konto haben. Dabei ist ihm, aber nicht dem Computer, entgangen, daß auch sein eigenes Guthaben dem Fortschritt im Weg steht.

Das Unabsichtliche und Unfreiwillige seines Todes ist hier *nicht* das Entscheidende. Man kann sich vorstellen, daß ihm die Million auf seinem Konto noch rechtzeitig einfällt, daß er sich aber heroisch, oder fanatisch, für ein »konsequentes Vorgehen« entscheidet, für sich also keine Ausnahme machen will. Auch dann könnte kaum von *Selbsttötung oder Selbstmord* die Rede sein. (Daher werde ich diesen »zufälligen Selbst-Mord« in die weiteren Überlegungen nicht einbeziehen.) Der Täter wird hier Opfer seines eigenen Anschlags, und zwar *als Mitglied der besitzenden Klasse.*

Darin liegt nun der entscheidende Hinweis. Zur eigentlichen Selbsttötung gehört ganz offensichtlich, daß es jenes »als« nicht gibt: daß man sich *nicht als Exemplar* einer Sorte Mensch sieht, gegen die es vorzugehen gilt und zu der auch andere gehören könnten, die man nach Möglichkeit ebenfalls töten sollte. Man hat zwar, so scheint es, *bestimmte Gründe*, sich umzubringen; doch auf jeden Fall beabsichtigt man den *eigenen* Tod als solchen: man hätte keine entsprechenden Gründe, *auch einen anderen* umzubringen. Man hat es nicht auf ein *Objekt* abgesehen, das zufällig mit einem selbst identisch ist, sondern auf *sich selbst* als *Subjekt* all seines Erfahrens und Handelns.

Warum aber sollte gerade das *verwerflich* sein? - Mit den folgenden Erörterungen will ich mich einer Antwort auf diese schwierige Frage nähern. Ich werde versuchen, die von verschiedenen Philosophen vertretene Auffassung plausibel oder wenigstens verständlich zu machen, dem Menschen sei Selbsttötung insofern nicht erlaubt, *als sein gesamtes Handeln überhaupt unter dem unbedingten Anspruch moralischer Forderungen stehe.* Dieser Versuch ist freilich *nicht als Alternative,* sondern nur *als Ergänzung* zu dem schlichteren Hinweis gemeint, daß Selbsttötung, wie auch die absichtliche Tötung eines anderen, *nicht mit der Anerkennung eines unbedingten Wertes jedes menschlichen Lebens vereinbar* ist.

Ein besonderes Argument

Unter dem 10. Januar 1917 findet sich in Ludwig Wittgensteins Tagebüchern der Eintrag: »Wenn der Selbstmord erlaubt ist, dann ist alles erlaubt. Wenn etwas nicht erlaubt ist, dann ist der Selbstmord nicht erlaubt. Dies wirft ein Licht auf das Wesen der Ethik. Denn der Selbstmord ist sozusagen die elementare Sünde.«

Warum, mag man sich fragen, sollte alles erlaubt sein, wenn der Selbstmord erlaubt ist? Und die spontane Antwort könnte lauten: Wer sich tötet, entzieht sich damit jeder weiteren moralischen Forderung, so daß ihm jedenfalls *nichts mehr verboten* ist.

Ähnliches hat wohl Kant im Sinn, wenn er in seiner von Gerd Gerhardt herausgegebenen *Vorlesung über Ethik* (Frankfurt/Main 1990, S. 161) von der Selbsttötung meint: Sie »ist der obersten Pflicht gegen sich selbst zuwider, denn dadurch wird die Bedingung aller übrigen Pflichten aufgehoben. Dieses geht über alle Schranken des Gebrauchs der freien Willkür, denn der Gebrauch der freien Willkür ist nur dadurch möglich, daß das Subjekt ist.« Und wenig später: »Wer es schon so weit gebracht hat, daß er jedesmal ein Meister über sein Leben ist, der ist auch Meister über jedes anderen sein Leben, dem stehen die Türen zu allen Lastern offen, denn ehe man ihn habhaft werden kann, ist er bereit, sich aus der Welt wegzustelen.«

Auf den Untergang des Dritten Reiches zurückblickend, weist auch der Dichter Reinhold Schneider in seinem kleinen Buch *Über den Selbstmord* (Baden-Baden 1947, S. 24 f.) darauf hin, wie der *Bereitschaft* zur Selbsttötung äußerste Verantwortungslosigkeit entspringt: Da »wirft ein Verzweifelter, der die Pistole schon in der Tasche, das Gift im Munde trägt, die letzte Karte auf den Tisch - um einen jeden, ein ganzes Volk zu zwingen, dasselbe zu tun. So kommt es freilich zu einem Spiele, dessengleichen noch nicht gespielt worden ist. Geht es aber verloren, so steht niemand dafür ein. Denn die es tun müssen, sind von Anfang an entschlossen, es nicht zu tun, sondern sich zu töten.«

Nun, so könnte man meinen, all dies bedeutet nur: Durch Selbsttötung entledigt man sich jeder weiteren Verantwortlichkeit, moralischen Forderungen zu entsprechen; und wo man moralisch versagt hat, entzieht man sich durch Selbsttötung der Notwendigkeit, zu akzeptieren, daß man schuldig ist und Strafe verdient. Die Frage, ob man sich so verhalten *dürfe*, ist damit noch gar nicht geklärt.

Die angeführten Wittgenstein- und Kant-Zitate geben aber mehr her. Sie besagen nämlich nicht: *Wenn man sich umbringt*, dann ... Ihr Argument ist vielmehr: *Wenn es erlaubt ist, sich umzubringen*, dann ist es mir *erlaubt*, mich jeder moralischen Forderung und jeder Verantwortlichkeit zu entziehen; dann verlieren diese ihren *unverfügbaren* und *absoluten* Charakter, die *Unabhängigkeit von meiner Zustimmung*. Diese Unabhängigkeit oder Absolutheit ist der Moral jedoch wesentlich. Daher läßt sie für die *Erlaubtheit der Selbsttötung* keinen Platz.

Dieses Argument baut auf die Unbedingtheit des moralischen Anspruchs. Der Moral entspringen zwar *auch bedingte* und »*lokkere*« Forderungen: Die Tagebücher meiner Tante darf ich nur deshalb nicht veröffentlichen, weil ich ihr dies *freiwillig versprochen* habe; die Bitte eines anderen zu erfüllen, wird *oft* eine gute Tat, aber *nicht geboten* sein. Aber auch hinter Forderungen dieser Art stehen *unbedingte* moralische Ansprüche: Versprechen zu halten und hilfsbereit zu sein. Ebenso *unbedingt* bin ich gehalten, kein Feigling und kein Verschwender zu sein, nicht zu töten, zu stehlen, zu betrügen oder zu lügen. Und wenn es Situationen gibt, in denen eine dieser Handlungsweisen zulässig ist, so liegt es doch nicht in meiner Macht, nur in Situationen zu geraten, in denen ich alles, was ich tun kann und tun will, auch tun darf.

Mit anderen Worten: Zur Verfassung des Menschen gehört es, grundsätzlich jederzeit und ungefragt unter Forderungen zu stehen, die in keiner Weise seinem Belieben unterworfen sind. Wäre aber Selbsttötung erlaubt, so wäre genau dies nicht der Fall: Wäre es *erlaubt*, sich zu töten, dann wäre es dadurch jederzeit *erlaubt*, sich einer gerade relevanten Forderung *nicht* zu unterwerfen - und das kann grundsätzlich *jede* Forderung sein. Es würde dann *nicht* zur Verfassung des Menschen gehören, jederzeit unter Forderungen zu stehen, die seinem Belieben nicht unterworfen sind. An die Stelle der unbedingten Forderung »Unterlaß dies!« träte die bedingte Forderung »Unterlaß dies - sofern du es nicht vorziehst, dich aus dem Leben zu verabschieden!«

Wittgensteins Tagebuch-Eintrag leuchtet also in der gegebenen Deutung durchaus ein: »Wenn der Selbstmord erlaubt ist, dann ist alles erlaubt.« Und das heißt, umgekehrt: Wenn es überhaupt moralische Forderungen gibt, wenn irgendetwas unerlaubt ist, dann ist der Selbstmord unerlaubt.

Gegen das soeben vorgetragene Argument läßt sich der Einwand erheben, es zeige nur, daß es keine moralischen Forderungen gäbe, wenn man sich ihnen *nach Belieben* entziehen dürfte, wenn also *jede Art* der Selbsttötung zulässig wäre. Man müsse sich mit einer Folgerung wie dieser begnügen: Es ist nicht erlaubt, sich selbst zu töten, *um sich so einer moralischen Forderung zu entledigen.* Unter dieser Einschränkung beträfe das Verbot vermutlich nicht den Kranken oder Verzweifelten, der sich töten (oder sich töten lassen) will, um schwerem Leid zu entgehen. Was hat so jemand mit dem Schurken zu tun, der, jederzeit bereit, sich selbst zu töten, vor nichts zurückschreckt?

Betrachten wir also den Fall eines Menschen, der moralischen Forderungen einen unbedingten Anspruch zuerkennt. Widerspricht er diesem Anspruch, wenn er sich tötet, nicht um sich einer bestimmten Verantwortlichkeit zu entziehen, sondern »nur« um dem Leid des Siechtums o.ä. zu entgehen?

Immerhin verschließt er sich durch Selbsttötung den moralischen Forderungen, die das weitere Leben an ihn stellen würde. Und wer will zu irgendeinem Zeitpunkt von sich sagen, er stehe jetzt unter keiner weiteren moralischen Verantwortlichkeit, noch nicht einmal unter der Forderung, sich zu bessern?

Insofern gilt für jeden, *gleich, welchen Grund* er haben mag, sich zu töten: Wer hierzu bereit ist, verleugnet die Unbedingtheit moralischer Forderungen. Wenn es sich aber so verhält, dann bleibt es bei der uneingeschränkten Geltung von Wittgensteins Tagebuch-Eintrag.

Allerdings atmet man bei Überlegungen dieser Art, was die Basis des Argumentierens betrifft, in dünner Luft. Einerseits nämlich stellt sich die Frage, mit welcher Sicherheit man behaupten könne, die Moral verlange die Bemühung um moralische Vollkommenheit - denn nichts Geringeres habe ich soeben vorausgesetzt. Und andererseits mag man daran zweifeln, daß ein Mensch in tiefer Not überhaupt noch einen Sinn darin erblicken kann, moralischen Forderungen Priorität vor allen anderen Belangen zu geben. Die beiden Probleme hängen miteinander zusammen, und ich will wenigstens ansatzweise auf sie eingehen.

Die »Aufgabe Leben« als Quelle von Sinn

Das Beispiel des Versprechens (8.2) weist auf folgenden Zusammenhang hin, den ich hier nur skizzieren kann (vgl. eine ausführlichere Darstellung in *Ende der Moral?*, Kapitel 5, vor allem S. 188-192): Die Erfüllung moralischer Forderungen - also die Praxis der Gerechtigkeit, aber auch der übrigen Tugenden - hat für das Wohlergehen einer Gesellschaft eine entscheidende *Funk-*

tion. Indessen hängt die *Verläßlichkeit,* mit der das moralische Handeln diese Funktion erfüllt, davon ab, daß es sich *nicht an dieser Funktion orientiert.* Damit ist näherhin folgendes gemeint:

1. Der einzelne darf die Erfüllung der jeweiligen Forderung im allgemeinen nicht davon abhängig machen, ob dadurch nach seiner Überzeugung auch *hier und jetzt* tatsächlich dem Wohlergehen aller am besten gedient sei. Andernfalls könnten z.B. Versprechen und Verträge ihre Funktion nicht erfüllen.

2. Aus diesem Grund darf sich die *Motivation* des Handelns nicht in der *Aussicht auf seine gute Wirkung* erschöpfen. Sie muß, gerade in Grenzsituationen, in denen diese Aussicht kaum besteht, vor allem in der *Übereinstimmung des Handelns mit der moralischen Forderung* liegen, in seinen *sittlichen Qualitäten* selbst. Andernfalls hat man z.B. kein angemessenes Motiv, auch jenes Versprechen zu halten, das man der verstorbenen Tante gegeben hat.

3. Schließlich darf die moralische Forderung nicht nur als *Einschränkung* wirken; Motive der Gerechtigkeit usw. dürfen den Zielen des Handelnden nicht als *zusätzliche Rücksicht auf äußere Vorgaben* gegenübertreten. Andernfalls stünde die moralische Orientierung, wie beim Verzicht auf die Veröffentlichung von Tanten-Tagebüchern, fast ständig in Spannung zu dem, was der Handelnde eigentlich will.

Diese dritte Bedingung dafür, daß moralisches Handeln dem Wohlergehen einer Gesellschaft effektiv zugute kommt, hat es unmittelbar und in erster Linie mit dem *Wohlergehen des Handelnden selbst* zu tun: mit der *Harmonie,* der sich jemand in dem Maß nähert, in dem er die Gesichtspunkte der Moral zu seinen *eigenen Anliegen* macht. Das Ideal, dem er sich nähert, läßt sich so charakterisieren: Unbedingte moralische Forderungen werden nicht mehr *so* respektiert, wie man an eine unvermeidbare Zumutung die nötigen Zugeständnisse macht, sondern als vorrangige Faktoren im Gesamt der Ziele, die man sich zu eigen gemacht hat.

Projiziert man die drei hier formulierten Bedingungen in eine zeitliche Folge, so entsteht das Bild einer Eigendynamik der Moral von ihrer *Funktionalität* hin zum *Selbstzweck:* 1. Die Verläßlichkeit ihrer Funktion verlangt, daß sie sich von der Bindung an diese Funktion im Einzelfall löst. 2. Dies erfordert beim Handelnden moralische Motivation. 3. Moral und Klugheit verlangen schließlich, daß er selbst um seiner Integrität und seines Wohlergehens willen ein Leben anstrebt, dessen moralische Qualität das Zentrum seiner Ziele ausmacht.

Man könnte sagen: Wer sich einmal auf die Moral - und nicht nur auf den taktischen Schein der Tugend - einläßt, der liefert sich ihrer motivationalen Verselbständigung und Dominanz aus.

Das hat zwei Aspekte: Einerseits wird sozusagen das ganze Leben zur Aufgabe; andererseits wird die moralische Orientierung selbst zu einem sinngebenden Element dieses Lebens.

Der erste Aspekt ist uns bereits begegnet: In meiner Wittgenstein-Deutung ergibt sich das Verbot von Selbsttötung und Euthanasie aus der Forderung, an der moralischen Qualifizierung des eigenen Lebens zu arbeiten. Diese Forderung selbst erweist sich jetzt als eine Konsequenz der Tatsache, daß der moralische Anspruch seiner Eigendynamik nach total ist. Menschen, die sich auf diesen Anspruch einlassen, artikulieren ihre Einstellung - ich werde sie einfach die *Ethische Einstellung* nennen - tatsächlich mitunter in Begriffen, die das Leben als *Aufgabe* darstellen.

Aber die Vorstellung, man dürfe sich das Leben deshalb nicht nehmen, weil es einem als nicht selbst gewählte Aufgabe gestellt sei, ist nur die eine Seite einer moral-zentrierten Orientierung. Die andere Seite ergibt sich daraus, daß man unter dieser Orientierung ja den unbedingten Anspruch der Moral *nicht als Fremdkörper* im Haushalt der eigenen Motive erlebt, sondern *als zentralen Bestandteil eines wirklich erstrebenswerten Lebens*. Dadurch wird die Erfüllung der »Aufgabe Leben« zugleich zur Quelle von Sinn; denn was man als sinnvoll erlebt, hängt davon ab, an welchen Werten man sich orientiert.

Der Verzicht auf Selbsttötung bzw. Euthanasie ist dann nicht Erfüllung einer Forderung, die den eigenen Daseinsentwurf *durchkreuzt*, sondern *Folge und insofern Teil des Entwurfs*. Die Ethische Einstellung kann einen Menschen dazu führen, noch in großem Leid seinen Tod geduldig abzuwarten, weil dieses Warten aus einer Konzeption vom guten Leben, von der er durchdrungen ist, seinen Sinn erhält.

Freilich handelt es sich hier um ein Ideal, und der Aufweis eines solchen Ideals führt an Grenzen. Begrenzt sind die Möglichkeiten, das Ideal durch Argumente plausibel zu machen; begrenzt ist aber auch die menschliche Kraft, es zu verwirklichen.

8.4 Grenzen

Der Gedanke, man könne sich das Lebensziel zu eigen machen, ein möglichst guter Mensch zu werden, klingt vermutlich in den Ohren der meisten Zeitgenossen wie ein »Märchen aus uralten Zeiten«. Aber davon wird sich nicht beunruhigen lassen, wer es ohnehin ablehnt, einen Lebensentwurf aus seiner Umgebung zu kopieren.

Beunruhigender könnte die Tatsache scheinen, daß man der hier skizzierten Argumentation so manches Wenn und Aber entgegenhalten kann. Aber schon in den Abschnitten 1.1 und 1.2 wurde klar, daß aus begrifflichen Gründen Widerlegungs- und Verteidigungsbemühungen gleichermaßen nur begrenzte Bedeutung für die Rationalität einer fundamentalen Überzeugung beanspruchen können. So könnten mir auch Argumente, die den Überlegungen dieses Kapitels an Stringenz überlegen wären, keine *Begründung* im engeren Sinne für die Überzeugung liefern, daß ich unter einem unbegrenzten Anspruch stehe, an meiner moralischen Qualifizierung zu arbeiten; daß ich mich diesem Anspruch nicht entziehen darf; und daß ein entsprechender Verzicht auf Selbsttötung bzw. Euthanasie aus einer moralisch geprägten Konzeption des guten Lebens auch seinen Sinn erhält. - Heißt das: Hier stößt die Vernunft an ihre Grenzen?

Religiöse Einstellung?

In der Tat wird mancher meinen, das *Leben als Aufgabe* sei ein Thema der Religion und nicht der Ethik; bereits die Vorstellung setze den Glauben an einen Gott oder Götter voraus, die Aufgaben stellen und vielleicht dafür sorgen, daß deren Erfüllung sich auszahlt.

Das wäre ein Irrtum. Viele bedeutende Philosophen erblicken in der *Vernunft* die Quelle einer Forderung nach moralischer Vervollkommnung. Und die Auffassung, das Leben der Ethischen Einstellung sei ein erstrebenswertes und sogar beglückendes Leben, das auch in Kauf genommenem Leid einen Sinn zu geben vermöchte: diese Auffassung vertritt z.B. Aristoteles, der gewiß nicht im Verdacht steht, einen befehlenden und belohnenden Gott zu predigen. Im übrigen beanspruche ich für die Überlegungen von Abschnitt 8.3, auch wenn sie nicht die *Gewißheit* von *Gründen* aufweisen, durchaus die Qualität des *Arguments*.

Natürlich *können* religiöse Überzeugungen auf die Einstellung zum Leben, zur Moral und zur Selbsttötung den vermuteten Einfluß haben. Nicht weniger erwähnenswert - und philosophisch interessanter - ist allerdings die *umgekehrte Möglichkeit*: Die Ethische Einstellung kann sich mit dem Gefühl verbinden, nicht nur unter einer Aufgabe, sondern unter einem *Auftrag* zu stehen; oder etwa mit dem Gefühl, wer sein Sterben nicht zu Ende leide, müsse diese Prüfung oder Reinigung irgendwie »nachholen«. Hier handelt es sich um religiöse Gefühle in einem weiten Sinne. Und sobald man sie artikuliert, ist in der Tat die Frage nach einer *beauftragenden oder läuternden Instanz* nicht weit.

Auf diesem Hintergrund, der hier nicht weiter zu entfalten ist, läßt sich ebenfalls Wittgensteins Anwendung des religiösen Ausdrucks »Sünde« zur Qualifizierung der Selbsttötung verstehen.

Auch Kant erwägt, die Selbsttötung als Verletzung einer Pflicht gegen Gott zu sehen, »dessen uns anvertrauten Posten in der Welt der Mensch verläßt, ohne davon abgerufen zu sein«. Es sind aber auch bei diesen Philosophen nicht religiöse *Voraussetzungen*, von denen ihre Stellungnahme zur Selbsttötung abhängt.

Zulässig oder verzeihlich?

Im Verlangen eines Menschen, sich zu töten oder getötet zu werden, kann sich zwar eine geistig-seelische Störung zeigen. Häufig aber wird sich in diesem Verlangen das Fehlen der Ethischen Einstellung und der mit ihr verbundenen Sinnerfahrung bekunden. Wie Verwandte und Freunde, Krankenschwestern und Ärzte einer solchen Situation begegnen sollen, ist *eine wichtige moralische Frage*.

Gewiß, sie können und sollen die Überzeugung vertreten, daß Tötung auf Verlangen und Hilfe zur Selbsttötung sich weder gut begründen noch rechtfertigen lassen. Daß sie nicht erleben, was der Patient erlebt, ist kein Einwand dagegen (vgl. 2.2). Dennoch beantwortet die gegebene Auskunft die aufgeworfene Frage nur zum Teil. Wir wollen genauer wissen, welche Reaktion, welcher Rat und welcher Einfluß hier gut und möglich sind; was Takt, Sympathie und Sorge um das Wohl des Gegenübers erlauben und gebieten. Diese Frage bedarf des weiteren Nachdenkens; und vor allem der Erfahrung, wie man sie etwa in der palliativen Krankenbegleitung sammelt. Der Verzweifelte, dessen inneren Konflikten ich nicht mit *Ehrfurcht* begegne, wird kaum seinen Euthanasie-Wunsch durch mich in Frage stellen lassen. Und wem die Menschen seiner Umgebung keine *Wertschätzung* entgegenbringen, den werden sie schwerlich von der Würde und dem unbedingten Wert seines Lebens überzeugen.

Von den Fragen, die über dieses Thema hinaus verbleiben, scheint mir eine besonders wichtig: Ist nicht mancher, auch wenn er sich die Ethische Einstellung zu eigen gemacht hat, schlicht *überfordert*, wenn ihm - selbst unter erdrückenden Lasten von Elend und Leid - Euthanasie und Selbsttötung nicht erlaubt sind? Zu dieser Frage hier noch zwei Anmerkungen.

Zum einen tritt wohl der Euthanasie- bzw. Selbsttötungswunsch *aus Verzweiflung* nur auf, wo Moral *nicht* integriert, wo eine Verfassung der »Moral-Distanz« *nicht* überwunden ist. Denn aus meiner Beschreibung der Ethischen Einstellung ergibt sich: Für einen Menschen, der die Anliegen der Moral als eigenes Lebensziel bejaht, liegt grundsätzlich - wenn auch vielleicht nicht immer erlebbar - ein *Sinn* darin, den Erfordernissen der »Aufgabe Leben« zu entsprechen.

Freilich, die Stunde der Bedrängnis wird nicht für jeden der richtige Zeitpunkt sein, eine solche Einstellung noch zu erwerben! Wenn jemand dann noch auf der Frage beharrt: »Was habe ich davon, mein Sterben tapfer durchzustehen?«, so hat er vermutlich die Gelegenheit verpaßt, eine Konzeption vom guten Leben zu entwickeln, unter der eine Antwort auf diese Frage entbehrlich ist.

Wie aber, wenn nicht Verzweiflung, sondern innere Nöte anderer Art oder körperliche Beschwerden das Leben unerträglich machen? Sie können *jeden* befallen, auch einen Menschen, in dem die Ethische Einstellung rechtzeitig Wurzeln geschlagen hat. Und sie können doch ein Ausmaß erreichen, das ihn *überfordert!* Läßt sich die Ablehnung von Selbsttötung und Euthanasie auch angesichts solcher Überforderung aufrechterhalten? - Auf diese Frage bezieht sich meine zweite Anmerkung:

Sicher steht es kaum einem Menschen zu, im Angesicht der extremen Situation eines anderen zu erklären, dessen Kräfte seien noch nicht an ihre Grenzen gekommen. Indessen ist Überforderung *kein Faktor der Handlungsumstände*, der den Inhalt moralischer Forderungen mitbestimmen bzw. modifizieren könnte - wie etwa der Umstand, daß die Vorräte nicht alle Mitglieder der Expedition ernähren können, aus meinem freiwilligen Nahrungsverzicht, der unter anderen Umständen Selbsttötung bedeuten würde, eine erlaubte, ja sogar eine heroische Tat macht. Daher ergibt sich aus der Möglichkeit der Überforderung nicht die Konsequenz, daß Selbsttötung gelegentlich *zulässig* sei, sondern daß sie - wie jedes moralische Versagen - in manchen Fällen *Verzeihung* verdient, vielleicht sogar *nicht schuldhaft* ist. (Eine von vornherein *eingeschränkte Forderung* würde im übrigen das Problem der Überforderung nur auf abgesenktem Niveau wieder einführen.)

Wenn also Küng die Zuversicht äußert, daß »Menschen, die aus übergroßer Lebensnot heraus ihr nicht mehr als menschenwürdig empfundenes Leben beendet haben, einen gnädigen Richter finden werden« (*Menschenwürdig sterben*, S. 63), so kann man zustimmen, ohne doch mit ihm zu folgern, daß manche Selbsttötung moralisch vertretbar sei. Selbst Tötung auf Verlangen kann *verzeihlich* sein - wenn etwa ein Mensch es nicht mehr erträgt, die furchtbaren Schmerzen eines anderen mitanzusehen und seiner Bitte zu widerstehen. Aber auch diese *Verzeihlichkeit* ist nicht mit *Erlaubtheit* zu verwechseln.

Je quälender und für die Selbstachtung eines Menschen bedrohlicher die Umstände seines letzten Lebensabschnitts sind, desto mehr *Verständnis* bringen wir für (ernst gemeintes) Euthanasie-Verlangen und für Selbsttötung auf. Aber desto mehr *Bewunderung* ringt uns auch tapfere Bewältigung solcher Umstände ab - eine Bewunderung, die wir dem versagen, der völlig trivialer Ziele wegen freiwillig schweres Leid erträgt. Ihn halten wir nur für dumm. In diesem Gegensatz scheint ein Hinweis darauf zu liegen, daß wir die konsequente Erfüllung der »Aufgabe Leben« durchaus nicht für sinnlos halten.

Humanität

Wer sich gegen Selbsttötung, gegen jede Form von Euthanasie und gegen Abtreibung ausspricht, sollte auch für Bedingungen eintreten, unter denen Menschen nicht in die Versuchung geraten, sich oder anderen das Leben zu nehmen. Das Gespräch mit Ursula Lehr (Kapitel 3) macht deutlich, welche Umgebung Behinderte, Alte, Kranke und Sterbende brauchen, um zu erleben, daß man sie schätzt, ihre Selbstbestimmung achtet, Erwartungen an sie hat usw. Daß in ähnlicher Weise schwangere Frauen (und ihre Männer) ein förderliches Umfeld benötigen, um das Leben der Ungeborenen zu bejahen, weiß ohnehin inzwischen jeder.

Wenn wir dem Leben jedes Menschen einen unbedingten Wert zusprechen, bleibt diese Einstellung halbherzig, solange wir das inhumane gesellschaftliche Klima ignorieren, das ihr entgegensteht. Allerdings macht die positive Aufgabe, sich für lebensfreundliche Einstellungen und Einrichtungen zu engagieren, die Bekämpfung euthanasiastischer Argumentation, Propaganda und Praxis nicht überflüssig. Im Gegenteil: Viele Menschen und Institutionen werden sich nur, wenn Moral und Gesetzgebung die »bequeme Lösung« beharrlich ablehnen, den Herausforderungen stellen, die das Leben hilfloser und behinderter, leidender und sterbender Menschen für alle bedeutet.

1920 beschrieb Alfred Hoche (*Freigabe*, S. 62) einen Entwicklungsgang der Euthanasie-Frage »in Spiralform«: »Es gab eine Zeit, die wir jetzt als barbarisch betrachten, in der die Beseitigung der lebensunfähig Geborenen oder Gewordenen selbstverständlich war; dann kam die jetzt noch laufende Phase, in welcher schließlich die Erhaltung jeder noch so wertlosen Existenz als höchste sittliche Forderung galt; eine neue Zeit wird kommen, die von dem Standpunkte einer höheren Sittlichkeit aus aufhören wird, die Forderungen eines überspannten Humanitätsbegriffes und einer Überschätzung des Wertes der Existenz schlechthin mit schweren Opfern dauernd in die Tat umzusetzen«. - Noch haben wir Gelegenheit, auf diese Art neuer Zeit, ernüchterter Humanität und höherer Sittlichkeit zu verzichten.

VERLAG FÜR GEISTES-, SOZIAL- UND
WIRTSCHAFTSWISSENSCHAFTEN

Anselm Winfried Müller
in Zusammenarbeit mit Werner Greve,
Yung-Yae Han und Klaus Rothermund

Ende der Moral?

Mit einem Gespräch mit Hildegard Hamm-Brücher
1995. 192 Seiten. Kart. DM 29,-/öS 212,-/sFr 26,50
ISBN 3-17-013543-0
ETHIK AKTUELL 1

Moral scheint zur Zeit keine Konjunktur zu haben -
das Reden über Moral um so mehr. Allerdings bleibt
dieses Reden in vielfacher Hinsicht unbefriedigend -
häufig in einem unzugänglichen Fachjargon oder aber,
um Verständlichkeit bemüht, vage-unverbindlich.
An Fragen fehlt es nicht; es fehlt an fundierten
Antworten. Glaubt man aber überhaupt an die
Möglichkeit fundierter Antworten?

"Ende der Moral?" beschreibt Phänomene, benennt
Faktoren und deckt philosophische Wurzeln einer
erstarkenden Moralverneinung auf, zeigt aber
zugleich, daß Moral die Maßstäbe einer kritischen
Rationalität nicht zu fürchten hat. In einem Gespräch
mit den Autoren dieses Bandes nimmt
Hildegard Hamm-Brücher aus der Perspektive
der Politik Stellung zum Thema Moral in der
heutigen Gesellschaft.

MEDIEN+WISSEN WW Kohlhammer

W. Kohlhammer GmbH · 70549 Stuttgart

Vᴇʀʟᴀɢ ꜰüʀ Gᴇɪsᴛᴇs-, Soᴢɪᴀʟ- ᴜɴᴅ
Wɪʀᴛsᴄʜᴀꜰᴛswɪssᴇɴsᴄʜᴀꜰᴛᴇɴ

Anselm Winfried Müller/Christoph Friedrich
Bernhard Vogel

Demokratie - Illusionen und Chancen

Mit einem Gespräch mit Bernhard Vogel
1996. 208 Seiten. Kart.
DM 34,80/öS 254,-/sFr 32,50
ISBN 3-17-013916-9
ETHIK AKTUELL 2

Unser Verhältnis zur Demokratie, dieser scheinbaren
Selbstverständlichkeit, ist zwiespältig: Einerseits sind
wir überzeugt, daß es keine bessere Staatsform
gibt. Andererseits stehen wir vielen Realitäten dieser
Demokratie nicht nur kritisch, sondern enttäuscht und
"politikverdrossen" gegenüber.

Die Autoren überprüfen diese beiden Seiten unserer
Einstellung auf ihre unreflektierten fragwürdigen
Voraussetzungen und Folgen hin. Sie decken
Fehlverständnisse und daraus resultierende illusionäre
Erwartungen auf, mit denen wir die Demokratie
überfordern. Zugleich aber zeigen sie auch, welche
Chancen in den anonymen Strukturen und Verfahren
eines demokratischen Staates liegen - Chancen, die
allerdings auf Bürger angewiesen sind, die die
begrenzten Möglichkeiten ihres politischen Beitrags
als ethische Aufgabe wahrnehmen.

W. Kohlhammer GmbH · 70549 Stuttgart